Günter von Hummel

Nach Lacan
Physik, Psychoanalyse und die
‚Metapher des Genießens‘

Das Umschlagsbild zeigt in künstlerischer Form Schleifen und Durchschlingungen, die an mathematisch-topologische Darstellungen erinnern. Die Topologie ist die moderne, Einstein′sche Form der Geometrie oder auch Gummigeometrie genannt, wie sie sowohl in der Physik wie auch in der Psychoanalyse Eingang gefunden hat. Als Beispiel mögen dies gleich in der Abbildung 1 die ballon-schlauchartigen Gebilde demonstrieren. Die Fläche, die diese Gebilde umfassen, ist definiert als die maximale Anzahl von möglichen Schnitten entlang geschlossener Kurven, so dass die Fläche nach dem Schnittvorgang, also nach allen gemachten Schnitten, immer noch zusammenhängend ist. Die Bedeutung der Topologie in den modernen Wissenschaften wird gerade wegen ihrer Verformbarkeit nach strengen Regeln zunehmend wichtiger. In dem Umschlagsbild wird dies jedoch frei ästhetisch ausgedrückt, was vielleicht noch mehr und auf jeden Fall anders etwas von dieser Welt der Schlingen und Knoten vermittelt. Das Bild stammt aus der Reihe „durchunddurch" von T. Heydecker.

Herstellung und Verlag: BoD – Books on Demand, Norderstedt 2021
ISBN   9738754343548
Lektoriert von F. X. Gfirtner und S. Möckel, München

Inhaltsverzeichnis

I. Verschränkungen

II. ENS – CIS – NOM

I. Verschränkungen

1. Einführung in die Thematik

Einer der ersten Physiker, die auf fragwürdige Weise argumentiert haben wie Geist und Materie zusammenhängen, war Capra mit seinem 'Tao der Physik', in dem dieser nicht uninteressant die Frage der Raum-Zeit-Problematik mit den Auffassungen der Leere im Zen Buddhismus verglich.[1] Auch fragte er sich, ob die Quark-Symmetrie (also die Ordnung kleinster Elementarteilchen) nicht ein neues Koan ist, also aufgebaut wie ein Zen buddhistisches Rätselwort. Viele Esoteriker, sogenannte Quantenpsychologen und andere Autoren sind ihm hinsichtlich dieser Analogien gefolgt, ja haben sie sogar als etwas Identisches sehen wollen. Wenn ich hier neben etlichen anderen Aspekten die Psychoanalyse Lacans[2] und die physikalische *String Theorie* (sowie auch andere moderne Theorien wie die *Supersymmetrie* und Theorien zur sogenannten ‚Verschränkung)) vergleiche, scheine ich das Gleiche vorzuhaben. Doch die faszinierende Gemeinsamkeit zwischen beiden erwähne ich aus einem ganz anderen Grund.

Die Psychoanalyse ist enorm sprachbezogen, Lacan hat sich durch den Einbezug der Linguistik ganz auf den Begriff der Signifikanten gestützt, um dieses Wort-Wirkende differenzierter auszudrücken. Trotzdem kommt auch bei ihm das Bild-Wirkende zu kurz, so sehr er es auch durch den Bezug zur Topologie, Knotentheorie und seiner ‚Faden-Geometrie' berücksichtigt hat. Er weist zwar gelegentlich auch auf den ‚imaginären Signifikanten', also exakt auf dieses Bild-Wirkende hin, aber der sprachliche Signifikant überwiegt in seinen Ausführungen erheblich. Die Unterscheidung dieser zwei Schwerpunkte hat mit dem Trieb-Struktur-Konzept der Psychoanalyse zu tun, das laut Freud auf zwei

---

[1] Capra, F., Das Tao der Physik, Scherz Verlag (1987) S. 246
[2] Jacques Lacan, französischer Psychoanalytiker (1901 – 1981), der die Schriften Sigmund Freuds neu interpretierte. Hierbei griff er unter anderem auf Ansätze und Methoden des Strukturalismus und der Linguistik zurück, später auch auf graphische Modelle der Topologie.

Grundtriebe zurückführbar ist. Es geht um den Eros-Lebens- und den Todes-Trieb, deren Thematisierung unbefriedigend blieb. Lacan setzte diesem Konzept den des Wahrnehmungs-Schautriebs (schon von Freud so beschrieben) und des Entäußerungs-Sprechtriebs (Invokationstrieb) gegenüber. Nun passte ersterer zum Bild-Wirkenden, Imaginären, letzterer zum Wort-Wirkenden, Symbolischen (Sprachlichen).

Die enorme Sprachbezogenheit der Psychoanalyse beherrscht auch die Praxis. So werden selbst Traumbilder ganz nach ihrer sprachlich-symbolischen Aussage bewertet und nicht nach ihrem Bildgehalt. Als ein Patient berichtete, er habe von ‚*van Houten*‘, einer Kaukau-Marke geträumt, fragte Freud nach: „*Wen haut* denn die Mutter“? Genial oder zu sehr wortversessen? In Freuds Schrift ‚Zur Psychologie des Alltagslebens‘ finden sich mehrere solcher Deutungen, die, selbst wenn sie wortversessen waren, sich doch therapeutisch von großen Nutzen erwiesen. Dennoch möchte ich die Praxis um eine Bild-Blick-Bezogenheit erweitern, obwohl letztlich der Symbol-Wort-bezogenheit – einem typischen Ausdruck folgend – das letzte Wort gebührt. Mit Topologie und ‚Faden-Geometrie‘ alleine wird sich die Praxis nicht füllen lassen. Selbst Mathematik benötigt für ihre aus dem Arabischen übernommenen Bild-Zeichen (1, 2, 3, etc.) sprachlich formulierte Axiome, wie auch die Strings, die Fäden der String Theoretiker, erklärende Worte brauchen.

Aber als Bild sind sie faszinierend (mathematisch konstruierte Zeichnungen unter String Theorie/Bilder im Internet). Die *String-theorie* ist also eine Errungenschaft der modernen Physik, der es annähernd gelungen ist, die Einstein'sche Relativitätstheorie (vereinfacht: die Theorie des ganz Großen, also der Sterne und der Gravitation) und die von N. Bohr begründete Quantenmechanik (Theorie des ganz Kleinen, also der Elementarteilchen) zu vereinen.[3] Fast ein Jahrhundert hat man damit leben müssen, dass von

---

[3] Eine ausführliche Darstellung unter Nutzung geometrisch-topologischer Vermittlung ist in ‚Spektrum der Wissenschaft‘, 4/16, S. 49 – 53 veröffentlicht worden. Ich werde dazu noch Stellung nehmen.

diesen beiden physikalischen Konzepten jedes für sich richtig und schlüssig war, es aber unmöglich schien, sie zu verbinden. Obwohl sie der gleichen Naturwissenschaft und Mathematik angehören und sich mit den letztlich gleichen Substanzen des Universums befassten, ließen sie sich nicht verheiraten bzw. vereinen (wenn ich das einmal so lasziv sagen darf).

Der *String Theorie* könnte das Problem der sogenannten Dunklen Materie und Dunklen Energie in etwa klären. Dunkle Materie und Energie sind schon seit langem als rätselhafte Monster im Universum bekannt, denn sie nehmen ein Mehrfaches der sichtbaren Materie und der messbaren Energie ein. Die Dunkle Materie lässt sich z. B. dadurch nachweisen, dass sie eindeutige Schwerkraftwirkungen zeigt. Es muss sie also wirklich geben, aber man kann sie nicht sehen, da sie kein Licht und keine Strahlung aussendet. Bei der Dunklen Energie ist es ähnlich, da man sie zur Erklärung der Expansion des Universums benötigt. Was treibt die Sterne auseinander, wo alle ihre Kräfte nur untereinander Effekt haben.

Die diesbezügliche Hilfe der *String Theorie* besteht darin, dass sie von einem Multiversum ausgeht, das sich aus zwei, drei oder mehr Universen zusammensetzt und eines dieser Teiluniversen (sagen wir z. B. das unsrige) mit einem anderen derartigen Teil- bzw. Paralleluniversum in einer ganz bestimmten minimalen Form wechselwirkt. Die Wechselwirkung wird in erster Linie von den Schwerkraftwellen oder Schwerkraftteilchen (auch Gravitonen genannt) getragen. Doch wie, war bisher ein Geheimnis. Die *Strings* sind eine Art ultrahauchdünner Fäden, gespannter Saiten, die schwingen und auch ultralang sein können und somit das Wesen der Elementarteilchen ausdrücken. In ihrer geschlossenen Form, in der sie sich also rund schließen, haben sie mit der Gravitation zu tun und stellen zum Paralleluniversum die Hauptverbindung her. Diese Verbindung, dieser Verbindungsgang oder diese Durchtunnelung, die wegen ihrer Kleinheit auch „Wurmloch" genannt wurde, ist nicht nachweisbar und wird es vielleicht auch nie sein, aber wenn man doch sehr plausibel auf sie schließen kann, hat sie eine große Bedeutung.

Über diese Durchtunnelungs-Verbindung kommt eben Schwerkraft, Wirkung großer Massen und Energien, die dunkel bleiben, in unser Universum. Kurz: unser Dasein, wie es sich hier auf der Erde sich abspielt, wird zu einem größeren Teil von einer Welt her gesteuert, zu der es von uns aus gesehen nur einem äußerst minimalen Zugang gibt. Diese andere Welt, die selbst auch Massen und Energien beherbergt, mutet wie das Jenseits an, das die Religionen schon seit Jahrtausenden als den uns dominierenden ‚Himmel' bezeichnet haben. Die Hauptkräfte liegen drüben auf der anderen stets unbekannten Seite, und nur durch den engen Tunnel einer Offenbarung gibt es Kontakt dorthin. Und hier kann ich jetzt auch den Sprung zur Psychoanalyse Lacans machen (nochmals: es wird keine Esoterik sein).

Auch in der Psychoanalyse Lacans gibt es eine dunkle, schwer sichtbar zu machende Verbindung, die äußerst zutreffend den Namen ‚Wurmloch' verdienen würde. Es ist die Verbindung vom Ich und seinen bewussten Gefühlen und Gedanken zum bis heute noch rätselhaft gebliebenen Unbewussten durch eben solche sehr ähnliche Durchtunnelungen, die Lacan „défilés signifiantes" nennt.[4] Das Unbewusste ist nicht das Unterbewusste, wie oft berichtet wird. Das Unbewusste ist in einer recht krassen Weise unbewusst, es wirkt wie ein Paralleluniversum in uns selbst und wie das physikalische Paralleluniversum lässt es sich nur indirekt nachweisen. In Träumen, Versprechern, Fehlleistungen und spontanen, unbedachten Assoziationen des Patienten in der psychoanalytischen Sitzung kommt dieses tiefenseelische Paralleluniversum manchmal heraus. Mehr und mehr zeigt es seine unglaublich starke und vielseitige Wirkung auf das Bewusste. Können nicht Bilder manchmal alles besser erklären?

---

[4] ‚Les signifiantes', die Signifikanten, lassen sich nicht weiter erklären, nicht weiter signifizieren, sind sie doch die Signifizierer ihrer selbst. Ich schlage vor, sie als „Erscheinungen mit Bedeutung" zu nennen, wie dies der Philosoph W. Seitter, ein guter Lacankenner, getan hat. Damit wird nämlich die imaginäre und die symbolische Seite der Signifikanten gekennzeichnet.

Genauso wie in der Astrophysik die Dunkle Materie mehr Raum und Zeit einnimmt als die sichtbare, so hat das Unbewusste wohl auch weitaus mehr Geltung und Wirkung als unser Ich samt seinen Attributen. Und tatsächlich scheint das Ganze also wie durch ein „Wurmloch", ein ‚défilé', einen Engpass, von statten zugehen, wobei man das Gefühl hat, dass schon dieser Aspekt allein die Andersheit dieses Gegenuniversums darstellt. Lacan spricht hier auch von den „défilés logiques", den logischen Engführungen, logischen Durchtunnelungen, durch die unbewusste Bedeutungen sich – wohl durch so etwas wie einen ‚linguistischen Kanal' – hindurch quälen. Auch hier scheint das Wort ‚Engführung', ‚défilé', schon alles zu sagen. Hier wird etwas wie durch den Fleischwolf gedreht, und ist es nicht dieser selbst, der die Haupt-Bedeutung in sich trägt? Ist er doch zudem auch noch ‚Wurm', das klassische ‚phallische Symbol, das Lacan mit dem großen griechischen Buchstaben Φ (Phi) schreibt!

Wenn die *Strings* von den Physikern selbst als schwingende Saiten bezeichnet werden, dann ist die „défilés signifiantes" so etwas wie ein Musikinstrument, das bei Lacan auch „symbolischer Automatismus" heißt. Lacan hatte diesen Automatismus, diese ‚Lautrhythmik' mit dem Pluszeichen (+) für sprachliche Anwesenheit und dem Minuszeichen (-) für Abwesenheit markiert, und dann aus alternierenden Gruppenverteilungen (+++ oder ---, +-+ oder -+-, sodann ++- , --+, -++, +--) weiter Ketten formiert, so dass eine dem Symbolischen entsprechende Systematik entstand. Das Gegenuniversum scheint nämlich genauso wie das psychoanalytische Sprechzimmer aus Klängen zu bestehen wie in dem Kapitel mit dem ‚Zirpen der Neutronensterne' noch beschreiben will.

Viele psychoanalytische Autoren haben diesbezüglich ebenfalls von ‚Laut'- und ‚Klang'-Strukturen des Unbewussten gesprochen. Die Psychoanalytikerin S. Maiello hat beispielsweise aus ihrer Arbeit mit psychisch gestörten Patienten heraus das „Klang-Objekt" als eines der ersten seelisch-psychischen ‚Objekte' des Menschen beschrieben. Das „Klang-Objekt" stellt exakt jenen frühzeitig auftretenden Vorgang dar, der mit „Widerhalleffekten" von Mutter und Kind noch vor der Geburt, mit den Echo-Neuronen oder der ersten Signifikanten-Kombination beschrieben ist. Maiello geht davon aus, dass das Kind durch die Wahrnehmung erster Klanggeräusche, wie etwa der Stimme der Mutter, ihres Herzschlags etc., durch Laute also, deren Einordnung in das beim Menschen bereits früh ausgeprägte Hör-Sprech-System schon während der Schwangerschaft stattfindet, dieses echoartige seelische ‚Objekt' aufbaut.[5]

Abb. 1
Dreimannig-
faltigkeit
und Klein-
sche Flasche

Ich bin etwas zu rasch vorangegangen. Ich wollte eigentlich nur die enge, ‚naive' Analogie der physikalischen und psychoanalytischen ‚défilés' vorstellen und bin dann auch noch zusätzlich bei Analogien zur Musik, Klangstrukturen und Lacans Signifikanten gelandet. Nun haben Lacans Signifikanten nicht nur Nähe zu Klangphänomenen, Lacan bezeichnet sie auch als ‚akustisches Bild', denn sie haben Akustik (Schwingung) und das Aussehen geometrischer Linien (Saiten), also Optik. Die Linien sind topologisch gewoben. Lacan ist wie gesagt Topologe, er ist oder genauer war ein Anhänger dieser Einstein'schen Geometrie, auch – wie im Vorwort auf Seite 2 gesagt – Gummigeometrie genannt. Für Lacan ist beispielsweise das Loch einfach grundsätzlich der Anfang von allem, oder noch besser: alles beginnt mit der Rand-Linie eines Lochs, einer Leere. Zur Illustration zeige ich daher

---

[5] Maiello, S., Das Klang-Objekt, Psyche Nr. 2 (1999) S. 137-157.

gleich jetzt schon eine Abbildung (siehe oben) , die von dieser Wissenschaft, von dieser Topologie, eine Kleinigkeit vermittelt.

Die Abbildung 1 stellt zwei topologische Figuren dar, die dieses Loch-Rand-Phänomen zeigen. Das Loch der Kleinschen Flasche z. B. besteht nur aus Rand, da das eigentliche Loch wieder in sich zurückfließt. Auch die linke Figur mit ihren sich zudem noch drehenden Schichtungen ist den als 3-Mannigfaltigkeit bezeichneten Figuren gleichwertig. Für Lacan gibt es nun also gleich zu Beginn, diese Lücke, das Loch, den Mangel in Form eines derartigen Randes. „Etwas fehlt an seinem Platz", sagt Lacan, und damit nimmt das Paradoxe seinen Lauf. Das Loch mit seinem Ring-Rand bestimmt den Anfang. Nicht mit etwas, sondern mit dem die Leere, mit einer die primäre Kluft umspannenden Rand, mit dem Nichts oder der Minus Eins beginnt die Welt und das Leben. Wirklich seltsam, aber vielleicht auch originell.

Doch wenn man die *String Theorie* die *Supersymmetrie* und die *Schleifenquantengravitation* kennt, wundert es einen nicht, dass auch hier, in der Astrophysik, alles so, also in Form einer Topologie, beginnt. Denn auch die *String Theoretiker* benutzen die gleiche Topologie, um ihre Vorstellungen als Realität anschaulich zu machen. Man könnte es auch so sagen: in der Astrophysik fehlt nicht unbedingt etwas an seinem Platz, sondern dieses Etwas befindet sich eben woanders, in der Parallelwelt, die scheinbar nicht sichtbar ist. Es befindet sich anderswo, nämlich in der Mathematik, Topologie oder im Hypersphärischen. Vielleicht auch im menschlichen Gehirn oder im Unbewussten? Zwar fehlt auf jeden Fall in der Astrophysik jeglicher Hinweis, jeder Zusammenhang mit dem menschlichen Subjekt als solchem, also als einer durch Signifikanten bestimmten Wesenheit. Doch dass solch ein Zusammenhang fehlt, heißt nicht, dass er keine signifikante Bedeutung hat. Ich verstehe den Lacanschen Signifikanten wie erwähnt so, dass er einen klaren Bezug nicht nur zum Real-Symbolischen (Wort-Wirkendem), sondern auch zum Real-Imaginären (Bild-Wirkendem) hat.

Das lässt sich am besten an Lacans Dreierkonten (Borromäischer, abgekürzt Bo-knoten) sehen, den ich später noch ausführlicher beschreiben will. Hier unten nur eine vorläufige Abbildung, die zeigt, wie die drei Begriffe in einer Weise verbunden sind, in der sie auch durch Aufschneiden eines einzigen dieser Rand-Schlingen wieder aufgelöst werden können. Der Ring-Rand war sogar auch Freuds Ausgangspunkt. Denn für Freud war dieser Rand, der den Anfang macht, der Mund. Im sich zuspitzenden Mund des Säuglings repräsentiert sich nicht nur das Bedürfnis nach Nahrung, sondern auch der Anspruch an den *Anderen*, der anfänglich der nach der Mutter und deren Brust ist. Freud nannte diesen Anfang das Orale, den Oraltrieb, die Mund- und Inkorporationslust mit all ihren weitreichenden Folgen (in der Abbildung ist das Orale als ‚Objekt‘ a dargestellt). Denn selbst wenn das Kind vollauf gesättigt ist, benötigt es noch seinen Daumen, um

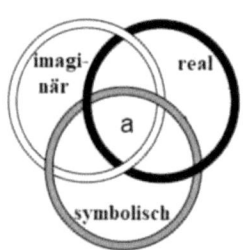

den Mundrand zu stimulieren, eine typisch menschliche Lust-Reaktion, die es beim Tier so nicht gibt. Das Tier entwickelt nicht ein vom Bedürfnis abgespaltetes, völlig isoliertes eigenes Begehren, das einen quasi-sexuellen Charakter hat. Es folgt nur seinen Instinkten.

Allerdings kann das Tier, wie es der Verhaltensforscher K. Lorenz nachwies, gelegentlich für den kurzen Moment einer Art Wahlfreiheit die Instinktgebundenheit verlassen, um dann jedoch sofort wieder in einen etwas anders gebildeten Instinkt zurückzufallen.[6] Genau so etwas fördert auch der Begriff „sexuell" bei Freud, indem die Wahlfreiheit jedoch sehr umfassend ist und sie eigentlich wenig mit dem zu tun hat, was wir landläufig darunter verstehen, nämlich die genital sexuelle Beziehung Erwachsener. Die Betonung liegt bei Freud mehr auf dem, was er das „infantil Sexuelle" nannte wie eben das gerade erwähnte Orale, die Mund-

---

[6] So haben einige Tiere den Totstellreflex erst spät erlernt und üben ihn nunmehr ganz instinktiv aus.

lust und deren Trieb, deren Quelle-Ziel-Weg jedoch nach dem Modell der Sexualität verläuft, ebenfalls aber auch zu ‚Fixierungen' führen kann. Doch auf psychoanalytische Details will ich nicht gleich zu Beginn ausführlich eingehen. Zuerst lieber noch etwas zu Lacan selbst, bevor ich wieder zum Prinzip der Parallelwelten, der Durchtunnelungen und den wie von jenseits her kommenden Wirkkräften zurückkehren kann.

Ich frage mich nämlich, ob es überhaupt gelingen kann auf Lacan aufbauend – also mit einem *Nach Lacan* im Sinne von ‚gemäß Lacan' – und zudem noch ausgestattet mit einem echten ‚Danach', in der ‚Folge von Lacan', ein Buch zu schreiben. Und dann auch noch das Ganze mit der Physik der *String-* oder *Supersymmetrietheorie* zu verbinden! Doch warum nicht? Wahrscheinlich wird kein Anhänger Lacans mir folgen und kein Astrophysiker mich ernst nehmen. Am schwierigsten ist wahrscheinlich das echte ‚Danach' erfüllend zu beschreiben, also ein *Nach Lacan* in der heutigen Zeit, von der Lacan selbst ja vieles noch nicht wissen konnte, wie eben neuere Erkenntnisse der modernen Physik, die Ergebnisse der großen Teilchenbeschleuniger wie des LHC in der Nähe von Genf, aber ebenso neue psychoanalytische Theorien und anderes mehr.

Auch was das *Nach Lacan* im Sinne von gemäß und laut Lacan angeht, so ist ja dieser Anspruch von den meisten Autoren, die sich Lacanianer nennen, bis heute nicht wirklich eingelöst worden. Lacan wird meistens von diesen Epigonen lediglich nüchtern und umständlich erklärt, es wird versucht ihn abstrakt verstehbar zu machen und genau zu beschreiben. Heute existieren Zig dieser seelisch kalten Interpretationen, doch genau so wollte Lacan nicht begriffen werden. Es wird ihm nicht zurückgegeben oder zurückgezahlt „avec la même monnaie", mit der gleichen Münze, wie er es selbst oft gefordert hat. Damit ist nicht Revanche an ihm gemeint, sondern ein Zurückzahlen mit der gleichen kühnen Kreativität wie er sie selbst verwendete. Lacan liebte solche direkten Sprüche, er mochte diese unmittelbare Reziprozität. Solche etwas kernigen Ausdrücke schätzte er auch an seinem Lehrer S. Freud, dessen Kommentar zu C. G. Jung auf der Fahrt nach Amerika Lacan immer wieder gerne zitierte. Freud und Jung sollten in Amerika Vorträge über die Psychoanalyse halten und Freud kommentierte den Zweck ihrer Reise so: „Sie [die Amerikaner] wissen noch nicht, dass wir ihnen die Pest bringen." Sie wissen noch nicht, dass die Psychoanalyse alles andere als eine – wie Nietzsche noch jubeln konnte – „fröhliche Wissenschaft" ist, sondern ein schwer erträglicher und mit Mühen beladener, gefährlicher Bazillus.

Die Art Lacans sich zu vermitteln liegt nicht die 180 Grad-Drehung der Ironie zugrunde, sondern schon eher eine Drehung von 360 Grad um die ganze Achse sprachlicher Anspielungen, logischer Negationen, Adynatons und Metalepsien (das unmöglich zu Sagende verkehrt herum oder ganz anders zu sagen). Oft erwähnte Lacan in seinen Seminaren die sprachwissenschaftlichen Begriffe der Metapher (ein Wort für ein anderes) und Metonymie (Wort für Wort) als typisch für das Unbewusste, wo sie bis zur Unkenntlichkeit durcheinander gemixt sein können.[7] *Nach Lacan* beinhaltet also auch ein Neues und ein Quer-Zu Lacan.

Schon diese einleitenden Bemerkungen erlauben mir daher von Anfang an den Vergleich mit der Astrophysik zu wagen, die heutzutage so sehr en vogue ist. Wie schon angedeutet, verwendet die physikalische Konzeption über die Quantenmechanik und die Relativitätstheorie gerne auch solche Umkehrungen, Verdrehungen und Verwicklungen bis hin zu den „Wurmlöchern", die unsere übliche Auffassung des Universums und der kleinsten Dinge auf den Kopf zu stellen scheinen. Auch wenn dies im Moment weiterhin noch eine Analogie ist, also bildhafter Vergleich, ich werde diese Analogie später durch einen exakt wissenschaftlichen Zusammenhang ersetzen. Aus der *String Theorie* (und aus noch ein

---

[7] Das Unbewusste habe ich oben mit dem Begriff „tiefenseelisches Paralleluniversum" beschrieben. Es handelt sich dabei aber weder um eine rein psychische noch physische Struktur. Für Freud bestand es hauptsächlich im Verdrängten. Ich werde später noch andere Erklärungen dafür geben, die sich speziell auf die Topologie beziehen.

paar anderen Bereichen unserer Wissenschaftskultur) und der Lacanschen Psychoanalyse werde ich etwas Drittes machen, das hält, das zählt und das wissenschaftlich begründet ist, das ich *Analytische Psychokatharsis* nenne und in der Folge schildern will.

Lacan wird von seinen Nachfolgern also nicht wirklich neu und ebenso kontrapunktisch vermittelt, wie er selbst redete. Schon gar nicht wird er neu erfunden, wie er selbst sagte und was noch mehr sein Vorgehen und seine Lehre beinhalten würde. Diesbezüglich verglich sich Lacan gerne mit Picasso, der sagte: „Ich suche nicht, ich finde," und so sollten es auch andere machen. Psychoanalytische Forschung fand Lacan daher absurd, denn die Wahrheit – und dies speziell in der Psychoanalyse – ist eingebettet in eine Fiktion, man muss sie geradezu erdichten.[8] Jedenfalls kommt die Wahrheit Lacans Meinung zufolge nicht durch großangelegte Studien und universitäre Untersuchungen zustande. Sie kommt aus dem Unbewussten eines jeden Subjekts, und zwar aus der Art, wie dort das Wissen verteilt wird. Es gilt also das Umgekehrte: nicht noch so viel Wissen kann Wahrheit erzeugen, sondern die Wahrheit liegt darin, wie das Wissen verwendet, verteilt und umgesetzt wird.[9] Das Wissen muss der Wahrheit dienen und nicht anders herum wie es beim „universitären Diskurs" (bei der Art, wie die Universität damit umgeht) der Fall ist.

Die Weisheiten Lacans werden manchmal vielleicht nicht so schlecht interpretiert, jedoch wie gesagt meist auf einer äußerst schulmeisterlichen oder zu sehr abstrakt-akademischen Erklärungsebene, die nun einmal ganz und gar nicht zu Lacan passt. Natürlich ist es schwierig nicht zu seinen eher schlichten Epigo-

---

[8] Lacan, J., *Ornicar?* 29 (1984) S. 8 - 25
[9] Natürlich gibt es Menschen, die behaupten, die Wahrheit gibt es gar nicht, vielleicht nur hie und da als Teilwahrheit. Eine Indologin sagte mir dies einmal. Dabei bedeutet der Wortstamm SAT im Indischen Wahrheit und Sein zugleich. Es gibt vielleicht keine universale, absolute All-Wahrheit, aber Wahrheit als Erkenntniskategorie gibt es schon.

nen zu zählen sondern zu den „Dupes",[10] den Blöden, die „auf seiner Spur" – wie er sagte – aber doch „mit ganz eigenen Wegen" ihn neu begründen würden. Die „Non Dupes" dagegen, die „Nicht-Blöden", die Weltklugen, die Epigonen, die ihn perfekt zu erklären versuchen, weil sie ihn perfekt verstanden zu haben glauben, liegen schon deshalb falsch, weil Lacan ja selbst gar nicht perfekt verstanden werden wollte. Jedenfalls nicht allzu schnell und nicht allzu direkt. Wenn man bei einem Redner alles versteht, meinte Lacan, schläft man ein, da einem ja alles zu bekannt vorkommt. Dagegen bleibt man wach und interessiert bei einem, den man nicht ganz mitbekommt, aber doch bemerkt, dass an seiner Rede etwas dran ist. Und das war bei Lacan ganz sicher der Fall. Einmal sagte Lacan sogar, er spreche nicht so, dass man seine Worte genussvoll aufnehme, sondern eher so, dass es zum Kotzen ist. Nur so erzielen sie die richtige Wirkung, weil sie die Zuhörer auf Trab halten.

In seinem Seminar, das er in der Kapelle von Saint-Anne hielt, sagte er einmal, dass er „zu den Mauern" spräche. Als dann einige seiner Hörer protestierten und sagten, „ja, wenn Sie nur zu den Mauern sprechen, können wir ja nach Hause gehen", erklärte ihnen Lacan, dass es den psychoanalytischen Vorgang viel besser darstelle, wenn er zu den „Mauern" spreche, sie, die anwesenden Zuhörer aber, wichtige Zeugen dieses eigenartigen und engagierten Sprechens seien! Wie sollte er zu ihnen direkt sprechen, die er nicht kennt und die ihn nur schwer verstehen! Aber zu „Mauern" sprechen, hieß, auch zu den „Mauern", die seine Hörer selbst noch in sich haben, zu sprechen! Wesentlicher sei es, dass die Zuhörer den Schall, der von den Wänden, zu denen er sich wendet, und die noch dazu die schönen, historischen, religiös-kultischen Wände der Kapelle von Saint-Anne waren, widerhallend wahrnehmen und begreifen würden. Denn man kann viel verstehen, hat es aber nicht begriffen.

---

[10] Der Begriff der „Dupes" stammt aus Lacans XXI. Seminare „Les non Dupes errent" (die Nicht-Blöden irren", dessen tieferen Zusammenhang ich später noch klarlegen werde.

Und tatsächlich: in der psychoanalytischen Sitzung soll man ja auch nicht zu vorschnell, zu klug verstehen, was der Patient sagt. Zwischen den Zeilen oder zwischen den Atempausen kommen die Dinge oft besser heraus als aus direkter Rede und nur sachlichem Zuhören. Das ist nichts Neues, schon Freud sprach in diesem Zusammenhang davon, dass der Patient spontan, frei „assoziieren" und aussprechen sollte, was ihm gerade in den Sinn käme, und der Analytiker sollte dies mit „gleichschwebender Aufmerksamkeit" in sich aufnehmen (also nicht so sehr auf Inhalt und Sinn, sondern fast unbekümmert, fast etwas rammdösig auf das „Zwischen-Den-Zeilen-Stehende" achten).

All dies klingt danach, als würden Analytiker und Analysand eine Trance-Sitzung abhalten. Doch welcher Patient assoziiert wirklich so frei, wer sprudelt wirklich alles so von sich weg oder kann wirklich so „unter sich reden" als sei er in Trance? Selbstverständlich wäre so ein echtes Durcheinander Plappern zwar ein ideales Terrain, ein ideales Material, um psychoanalytische Deutungen anzubringen, die in die Tiefe gehen könnten. Doch die meisten Patienten haben ihr Material, selbst wenn sie es ausspucken, schon ein bisschen vorgefiltert, und der Psychoanalytiker, der darauf auch nur mit dem geringsten Verstehen eingeht, irrt damit schon. Er soll gar nicht alles gradlinig mitbekommen, sondern die Assoziationen seines Patienten vorwiegend mit seinem eigenen Unbewussten erfassen, quasi träumerisch nur dann aufhorchen, wenn aus dem Reden seiner Patienten eher etwas unverständlich und seltsam herausklingt. Trotzdem ist es nun einmal so, dass man als Therapeut nicht ewig auf diesen Moment wartet und halt mal verfrüht, mal verspätet etwas sagt.

Ich habe ohnehin vieles von Lacan nicht verstanden, obwohl ich seine Seminare mehrmals gelesen habe. Etliches wollte ich auch gar nicht zu genau verstehen, z. B. manche Ausführungen zur französischen Literatur oder zur mathematischen Logik, mit der er etwa das Verhältnis von Mann und Frau in Formeln bringen wollte. Einige Formeln aus seinem XIX. und XX. Seminar haben mir zwar schon etwas vermittelt, aber dazu hätten ein paar Seiten genügt. Ich werde im Weiteren nur das Notwendigste dazu sagen. Auch die Lesungen über immer komplexere geometrische Knotenbildungen und seine späteren topologischen Ausführungen zu Mehrfachschleifen des Bo-Knotens z. B. fand ich nicht immer sehr erhellend, und so werde ich nur zum Knoten selbst und zu dem, was Lacan den ‚Graphen des Begehrens' nannte, eine generelle Interpretation geben.

Lacan selbst war der Ansicht, dass man ihn, also seine Schriften, lediglich „angemessen gelesen haben sollte", nicht mehr und nicht weniger. Er hat es mit Freud genau so getan. Wenn man seine Seminare verfolgt, könnte man meinen, er habe jede Zeile von Freud in sich aufgesogen und völlig neu interpretiert. Aber das stimmt nicht. Jeder, der ihn einigermaßen kennt, weiß, dass es oft nur einige wesentliche Stellen des Freud'schen Werkes waren, auf die er sich gerne wiederholt bezogen hat: das siebente Kapitel der Traumdeutung, den Brief Nr. 52 der Korrespondenz mit Fließ, der Begriff des „einzigen Zugs" bei Freud und noch einige andere mehr.

Allgemein bekannt geworden sind Lacans Standartsätze wie der von der „sexuellen Beziehung", die „nicht existiert". Oder dass ein „Signifikant ein [menschliches] *Subjekt* für einen anderen Signifikanten repräsentiert". Auch dass „das Ich ein imaginäres Objekt ist" oder das „EIN das Sein bewirkt". Ich werde zu allem ein bisschen Stellung nehmen, denn natürlich muss man ganz in „seiner Spur" bleiben, und das heißt eben manchmal ihn auch wörtlich zitieren und vom Sinn her erfassen. Aber insgesamt kann man gar nicht viel von Lacan übernehmen, denn man würde dann unvermeidlich zu einem dieser Nachbeter-Epigonen werden, vor denen ich gerade gewarnt habe.

Lacan wollte kein System, nichts in seinen Vorträgen sollte sich zu einer systematischen Form verdichten lassen. Die Denksysteme der Philosophen, Neurowissenschaftler und Linguisten, aber auch der Naturwissenschaftler insofern sie ihren Beobachtungen ein mentales Gerüst überstülpen, nannte Lacan debil, schwachsinnig. Überhaupt sollte die Sprache nicht der Kommunikation dienen, sondern der Enthüllung, denn nur dafür sei sie eigentlich gcmacht. Verwenden die Menschen die Sprache vorwiegend zum Kommunizieren, verschleiern und verdrängen sie dabei mehr als sie sagen, während man doch oft schon mit ein paar Silben etwas von sich offenbaren kann – und nur das wäre wichtig.

Die Unschärferelation der Signifikanten

Im simplen Bezeichnungsvorgang, in unserem alltäglichen Reden liegt also sozusagen etwas primitiv Objektivierendes, etwas nur vordergründig Konkretes, insbesondere wenn man davon ausgeht, dass „ein *Zeichen* nur etwas für jemand ist" und nicht mehr. In diesem Sinne ist auch der Semantiker G. Gamm der Ansicht, dass man sowieso nichts mit Bestimmtheit sagen kann, egal, ob man es jetzt sogar als Dichter oder als Wissenschaftler tut, ob man Philosophie betreibt oder von Liebe redet.[11] Für jedes noch so philosophische Sprechen würde das Gleiche gelten, was Heisenberg schon vor langer Zeit für die Physik formuliert hat: eine Unschärferelation, eine Unbestimmtheit.[12] Die letzte Bestimmtheit kann nur das menschliche Subjekt selber haben, indem es sich - wenn man dies einmal so blöd sagen darf - irgendwie *objektalisiert*. Man darf es natürlich nicht so blöd sagen, und daher muss man das blande *Zeichen* als „etwas für jemand" ausdehnen auf die *Zeichen* v o n jemand, also auf die *Zeichen* eines Subjekts, auf die *Zeichen* a n s t e l l e von jemand, was ebenfalls ein Hinweis auf das Wesen der Signifikanten ist.

„Die Natur liefert Signifikanten", schreibt Lacan. „Noch bevor die eigentlichen Humanbeziehungen entstehen, sind gewisse Verhältnisse schon determiniert . . . Noch vor jeder Erfahrung, vor aller individuellen Deduktion und noch bevor überhaupt kollekti-

---

[11] Gamm, G., Nicht nichts, Studien zu einer Semantik des Unbestimmten, Suhrkamp (2000) S. 227
[12] Lehrer, J., Prousts Madeleine, Hirnforschung für Kreative, Piper (2007) S. 55, worin der Autor darauf verweist, dass alle physikalischen Gesetze lediglich Annäherungen sind, die zwar heute wesentlich präziser sind als zu Newtons Zeiten, aber dennoch nicht als absolut gelten können.

ve Erfahrungen . . . sich niederschlagen, gibt es etwas, das dieses Feld organisiert und die ersten *Kraftlinien* in es einschreibt . . . die Funktion einer ersten Klassifizierung. Wichtig ist für uns, dass wir hier die Ebene erkennen, auf der es – noch vor jeder Formierung eines *Subjekts*, das denkt – bereits zählt, auf der gezählt wird. Wichtig ist, dass in diesem Gezählten ein Zählendes schon da ist".[13] Ein Zählendes, ein menschlich Zählendes, ist auch schon ein Er-Zählendes, eine ,Sprechung', ein Es *Spricht*. Das ist nicht einfach ganz klar zu machen, man muss es in einer gewissen Unschärfe belassen, vorerst. Diesem Es *Spricht,* dem Wort-Wirkenden, steht also das Feld der ersten Kraftlinien gegenüber, das ich verkürzt ein Es *Strahlt* nennen möchte, weil Strahlen oder ein ,Es Scheint' noch plastischer wiedergeben, was mit Kraftlinien gemeint ist, die mit dem Bild-Wirkenden, dem imaginären Signifikanten identisch sind.

Die Signifikanten, die in Lacans Theorie eine so wichtige Rolle spielen, sind also unscharfe, nicht ganz präzisierte Begriffswesen, die zählen, die einem etwas aufdrängen und so – in ihrer Kombination, in ihrer Kette, wie Lacan sagt – den Trieben nahe stehen, diesen Laut Freud ursprünglichen „konstanten Kräften", die eben Konstanz auch sonst wo haben. Auch der italienische Psychoanalytiker und Mathematiker A. Sciacchitano meint das Gleiche, wenn er von der geschwächten binären Logik spricht. Man muss, sagt er, den starken logischen Binarismus schwächen, bei dem das Wahre und das Falsche strikte Gegensätze sind. Selbst in der extremsten Wahrheit steckt ein klein bisschen Falsches und umgekehrt, und gerade so betreibt man moderne Mathematik.[14] Die Signifikanten sind also nicht ganz definitiv festgelegt, sie sind leicht unbestimmt, unscharf wie die *Strings*, und doch kann man mit ihnen ganze Bücher füllen, Reden halten, ja sogar die Natur kann damit – wie ich Lacan gerade zitierte – etwas von ihren Ge-

---

[13] Lacan, J., Die vier Grundbegriffe der Psychoanalyse, Walter (1980) S. 26

[14] Sciacchitano, A., Das Unendliche und das Subjekt, Riss-Verlag (2004) S. 38-49

heimnissen verraten, weil sie Zugang zum Realen haben. Sie sagen vielleicht nichts Direktes, aber *Es Spricht* und *Strahlt* aus ihnen originär heraus.

Und damit wieder kurz zurück zu den *Strings*. Denn nunmehr lässt sich leichter sagen, dass die „défilés du signifiant" in etwa den Durchtunnelungen der Gravitonen entsprechen. Gewiss ist dies nur eine Analogie, aber eine, die es in sich hat. D. Hofstadter (bekannt durch sein Buch Gödel, Escher, Bach) bezieht sich recht erhellend auf das Wesen der Analogie, die für ihn das Alpha und Omega der psychisch-geistigen aber auch linguistischer und mathematischer Prozesse ist.[15] Dabei sind es vor allem die elementaren, „naiven" Analogien, die wissenschaftliche Beweiskraft haben können, wie er an zahlreichen Beispielen, insbesondere auch am Beispiel Einsteins erklärt. Die elementare Analogie des elektromagnetischen Spektrums eines sogenannten Schwarzkörpers mit dem Energiespektrum eines idealen Gases hat ihm zur Teilchentheorie des Lichts geführt, sagt Hofstadter. Natürlich konnte er Letzteres dann in mathematisch-physikalischen Gleichungen ausdrücken. Aber vorher muss er die völlig gleichgewichtigen geometrischen Aspekte gesehen haben. Auch der Neurowissenschaftler V. Ramachandran erwähnt diese knappen, direkten Analogien.[16] Er unterscheidet sie von den oberflächlichen und nennt sie die „tiefen Analogien", die so kompakt und präzise sind wie zwei Universen in ihrem bedeutungsvollen und durchtunnelten Zusammenhang.

In der Psychoanalyse Lacans geht es also um eine Art von Schwerkraft-Signifikanten, von schwer mit Signifikanz beladenen Übermittlern vom *Strahlt* zum *Spricht*, vom *Unbewussten* ins

---

[15] Hofstadter, D., Sander, E., Surfaces and Essences. Analogy as the Fuel and Fire of Thinking, Basic Books (2013)

[16] Ramachandran, V., The Tell-Tale Brain (2011) Analog heißt: genau entsprechend, exakt gemäß dem Logos. Also gerade was den Signifikanten angeht, könnte man sagen, er ist in sich analog. Hofstadter nennt diese „tiefen Analogien" also „naive Analogien", äußerst einfache, kompakte, geradezu mathematische Entsprechungen.

Bewusste und umgekehrt. Der ‚Widerstand‘, den die Menschen in der psychoanalytischen Behandlung der Aufdeckung unbewusster Tendenzen entgegensetzen, korreliert tatsächlich diesen Widerständen, die die ultraengen Verbindungsgänge von einem Teiluniversum ins andere bewirken, auch wenn diese Korrelation erneut kein Beweis ist. Man muss diese Dinge ‚anders herum‘ verstehen, d. h. dass sie im menschlichen Subjekt erst einen ‚Begreifens Weg‘, einen ‚könästhetischen Fühlvorgang‘ des Bild-Wort-Wirkenden durchlaufen müssen, um an den Beweis heran zu kommen. Der Philosoph D. Heller-Roazen definiert die Könästhesie als den „inneren Sinn“,[17] der fähig ist, einer Wahrnehmung von innen heraus eine Bedeutung zu geben, doch dagegen gibt es Widerstand, der nach Freuds Bemerkung „Es-Widerstand“ heißt, der dem gewöhnlichen und in der Therapie üblichen „Ich-Widerstand“ gegenübersteht. Auch damit beharre ich nicht auf einer Beweiskraft, sondern vorläufig nur auf einer Analogie.

Die Frage, aus was die *Strings* bestehen, ist ebenso nicht wirklich zu beantworten. Denn sie sind einer ständigen Dynamik unterworfen. Während die üblichen *Strings* nicht so viel Masse haben (= Spannung der schwingenden Saite), können kosmische *Strings* sehr lang werden und auf kleinsten Raum ungeheure Masse = Schwerkraft besitzen. Mit dem Satz „aus was sie bestehen“ kann man also nichts anfangen. Durch diese Mikroausmaße bei gleichzeitigen hohen Massen und Energien behaupten Physiker (hier vom Institut für Astrophysik in Bonn) Paralleluniversen „könnten nur Bruchteile eines Millimeters in einer vierten Raumdimension von unserer dreidimensionalen Welt entfernt sein, während weitere Dimensionen zu Calabi-Yau-Mannigfaltigkeiten[18] aufgewickelt sind – ganze Zivilisationen könnten in unmittelbarer Nähe von uns existieren, ohne dass wir es je bemerken würden!“

Das sind schon ungeheure Sätze, und ich füge dies hier nur ein, weil es genau so ungeheuer ist, eine perfekte symbolische Ord-

---

[17] Heller-Roazen, D., The Inner Touch, Der innere Sinn, Archäologie eines Gefühls, fischer wissenschaft (2012)
[18] Siehe die Abbildung 4, Seite 78 und spätere Definitionen.

nung zu haben, also z. B. eine absolut perfekte Sprache zu sprechen, von der man dann glauben darf, Sprecher und Hörer würden
damit exakt gleichorientiert und würden sich total verstehen und
sogar begreifen können. Die Psychoanalyse würde nämlich eine
derartige symbolisch perfekte Kommunikation benötigen, die
zwischen Bewusstem und Unbewusstem vermitteln könnte. Der
Psychoanalytiker und der Proband in der Therapie könnten ideal
von solch einer Übersetzungsmaschinerie profitieren, wie sie
Freud in seinem Konzept einer Kommunikation von Unbewussten
des Analytikers zum Unbewussten des Patienten ja schon mit der
erwähnten ‚gleichschwebenden Aufmerksamkeit' und ‚freien Assoziation' vorkonzipiert hat.

Doch es gibt diese direkte und perfekte Kommunikation noch
nicht, obwohl Bemühungen von Computerwissenschaftlern und
Psychoanalytikern in Wien, das ja schließlich auch die Hauptstadt
der psychoanalytischen Bewegung ist, dahin streben.[19] Sie wollen
„Maschinen mit „human-like intelligence" produzieren, eine au-
tomatisierte Psychoanalyse sozusagen, die besser funktionieren
würde, als die heute noch übliche psychoanalytische Vorgehens-
weise. Trotzdem: schwer vorstellbar. Solche KI-Methoden hätte
Lacan abgelehnt, hätte er sie gekannt, doch zu seiner Zeit war die
‚Künstliche Intelligenz' noch weit entfernt, allgemein bekannt zu
sein. Die Autoren dieser Wiener Gruppe stellen besonders die
Funktion sogenannter „innerer" oder „software agents" heraus.
Zuvor haben sie herkömmliche informationsverarbeitende Systeme als überholt dargestellt und die neue „emergente KI" favorisiert. Diese „agents" werden nun mit dem psychoanalytischen
Theoriemodell beladen, mit Körperhaftigkeit ausgestattet und in
eine virtuelle Umgebung gebracht. Verschiedene Sensoren erfassen Inneres und Äußeres und lassen es in die Welt der „Agenten"
rekursieren.

---

[19] Bruckner, D., Dietrich, D., Simulating the Mind: A technical neuropsy-
choanalytical Approach, Springer (2009). Im Internet lässt sich auch der
Artikel der gleichen Autoren: Psychoanalytical Model for Automation
and Robotics herunterladen.

In ersten Stellungnahmen zu dem Buch der Wiener Gruppe schreibt der Wissenschaftsphilosoph G. Doeben-Henisch, dass schon der Top-Down-Ansatz, den die Autoren aus Forschungen über Künstliche Intelligenz heraus favorisieren, problematisch ist. Gerade in der Psychoanalyse, wo Erkenntnisse aus den „freien Einfällen" der Patienten gezogen werden, und daher durcheinandergeworfene Sätze, ja sogar verwirrende Träume als Basis dieser Erkenntnis dienen, kann man nicht plötzlich von oben her dem Ganzen ein Konzept aufstülpen. Es ist dennoch verständlich, dass die genannten Computerwissenschaftler sich die Psychoanalytiker als Partner ausgesucht haben. Deren Konzepte erscheinen besonders intelligent. Doch da sie ihnen nicht ganz folgen können, erklären sie, dass sie sich an das halten wollen, was man Neuropsychoanalyse nennt.[20]

Schon der Neurologe A. R. Luria hatte bereits die unterschiedlichen Gehirnstrukturen zu der Freud'schen II. Topik in Beziehung gesetzt. Doch es handelt sich – wie auch bei den neueren Neuropsychoanalytikern – um wenig spezifische Analogien. Die freien Assoziationen des Patienten legen auf jeden Fall ein Bottom-Up Konzept viel näher. „Diese subjektbezogenen Daten können nicht unter ein Paradigma empirischer Messungen subsumiert werden," schreibt Doeben Henisch daher weiter, „das wesentlich für die empirischen Wissenschaften ist. . . . In den letzten Jahren haben wir mehr über die Wichtigkeit subjektbezogener Daten gelernt, insofern sie notwendige erkenntnistheoretische Hinweise für ein tieferes Verständnis empirischer Strukturen sind. Wir haben auch über die Notwendigkeit gelernt, zu versuchen formale Modelle dieser subjektbezogenen Daten zu entwickeln." Doeben-Henisch weist auch darauf hin, dass dies besser ist als eine "magische" Umformung nicht-empirischer Daten in empirische Tatsachen, wie es die Wiener Psychoanalyse-Automatisierer tun.

Es verhält sich auch nicht so, dass der Mensch direkt in den Dingen lesen kann, wie es der Mystiker J. Böhme noch behauptete,

---

[20] Dietrich, D., Bruckner, D., Psychoanalytic Model for Automation and Robotics. Abstract unter der gleichnamigen Webadresse.

als er von der „signatura rerum" sprach, den *Zeichen*, die den Dingen eingedrückt sind; ein Mythos, an den auch heute noch viele moderne Esoteriker glauben. Esoteriker sind Leute, bei denen die Bäume und die Sterne sprechen können wie die Tiere im Märchen. Nein, die Natur ist nicht schon fertig beschriftet, so dass man sie nur abzulesen braucht. „Die ersten Symbole [hier gleichzusetzen mit den noch mehr imaginären Signifikanten], die natürlichen Symbole sind hervorgegangen aus einer bestimmten Anzahl *maßgeblicher Bilder* – aus dem Bild des menschlichen Körpers, aus dem Bild einer Reihe von deutlich sichtbaren Objekten wie der *Sonne*, dem *Mond* und einiger anderer. Und das ist das, was der menschlichen Sprache ihr Gewicht gibt, ihre Triebfeder und ihr emotionales Vibrieren."[21] Der imaginäre Signifikant ist also in Bezug zum symbolischen klar getrennt / verbunden.

Bei Lacan hat zwar der *Signifikant* hauptsächlich Beziehung zum Symbolischen, aber der Filmtheoretiker C. Metz hat ganz gut herausgearbeitet,[22] dass das Imaginäre auch Anteil an diesem *Maßgeblichen* hat und zu einer Art des Lesens führen kann, wie es eher bei den Naturreligionen der Fall war und vielleicht noch ist und wie es z. B. der Psychoanalytiker N. Symington ausdrückt: die Dinge werden in ihren Signifikanten, in ihrer *Maßgeblichkeit* – selbst wenn diese unscharf ist – erfasst und geliebt, und durch diese affektiv-religiöse Zuwendung werden sie ‚real'![23] Die Dinge existieren nur entsprechend ihrem Wert (value), schreibt Symington weiter. Anders kann man sie gar nicht wahrnehmen. Liebt man die Dinge ihrem „kompaktifizierten" (verdichteten, kompakter verfassten) Wert nach, fangen sie an einem etwas zu sagen, aber es muss eine ehrliche, starke und dauerhafte Liebe sein, und wo gibt es die noch oder hat es sie je gegeben? Wert ist ein unscharfer Begriff.

---

[21] Lacan, J., Seminar II, Walter (1980) S.388
[22] Metz, C., Der imaginäre Signifikant, Psychoanalyse und Kino, Nodus (2000)
[23] Symington, N., The Blind Man Sees, Karnak (2004)

Auch hier, beim ,imaginären Signifikanten' – vor allem, wenn man ihn nur isoliert nimmt – hapert es mit der Beweiskraft. Doch dies haperte auch ein bisschen bei Lacans ,Ding', das in diese Richtung geht, die ich gerade diskutiere. Das „Ding" ist ein Ausdruck, den Lacan in Deutsch verwendete, um etwas zu sagen, was eigentlich – wegen seiner hochgradigen Subjektbezogenheit - unsagbar ist.[24] In der Psychoanalyse können durch Sublimierung (Verfeinerung) gewöhnliche Sachbezogenheiten zur „Würde des Dings erhoben" werden, wie Lacan erklärte. Es hat also etwas mit der Sublimierung zu tun, insofern diese nicht Abwehr oder kompromissartiges Symptom ist, sondern hochgradige Verfeinerung, Erhebung, hinter der das „Ding" jedoch als vollkommene Leere gähnt. Es erinnert an das, was nur durch seinen Wert existiert.

„Der Unterschied zwischen dem ,Ding' und dem Objekt ist also zunächst der, dass das ,Ding' fundamental fremd ist, vom Objekt jedoch erwartet wird, dass man es wiederfinden könne. Das ,Ding' als Fremdes, gelegentlich sogar Feindliches, jedenfalls als das erste Außen, ist das, woran sich der ganze Weg des Subjekts orientiert. Es ist ohne jeden Zweifel ein Weg der Kontrolle, der Referenz, im Verhältnis wozu? - zur Welt seiner Begehren."[25] Zu den Begriffen Sublimierung und dem ,Ding' werde ich noch deutlich Stellung nehmen. Denn im ,Ding' ist also etwas so extrem sublimiert, dass man von völliger Selbstsublimierung (Selbstvergeistigung, -verfeinerung) sprechen muss, will man in seine Nähe kommen. Aber wie die Schwarzen Löcher in der Physik hat es

---

[24] Das „Ding" bei Lacan ist nicht der Körper, nicht la chose, die Sache, sondern eher etwas Körperhaftes, jedoch mehr im Sinne eines Ganzheitszustandes, von dem bereits der Körper des Kindes bald nach der Geburt getrennt ist (psychoanalytisch: Spaltung). Hierzu erläutere ich später auch den Begriff der „genießenden Substanz", die Freud – laut Lacan – gefunden hat und der zutreffender ist, als der Begriff „psychische Energie". Das ,Ding' hat auch entfernten Anklang an das Kant'sche „Ding an sich", das ja für Kant das einzig Wirkliche ist. Um der Lacanschen Deutschschreibung zu entsprechen, schreibe ich das ,Ding' in Anführungszeichen.
[25] Lacan, J., Seminar VII, Quadriga (1996) S. 66f

unglaubliche Anziehungskraft. Üblicherweise ist Sublimierung bzw. Sublimation eine Verfeinerung, Veredelung von Objekten und Vorstellungen wie etwa in der Kunst, in der Arbeit, beim Sport oder in der Kultur und der Wissenschaft etc.

Bei der Selbstsublimierung handelt es sich dagegen um eine Verfeinerung, Vergeistigung und Erhöhung ohne alle Hilfe von außen, und ich will ihr einen wissenschaftlichen Halt geben, um aus dem Mythos und der Magie von der bis zur Ekstase gehenden Steigerung in der Mystik, im Zen oder in vielen Meditationen heraus zu kommen, aber auch dem „Ding" einen Platz zu geben. Jedenfalls hat der Humanist und Philosoph Michel de Montaigne erklärt, dass man sich zwar notgedrungen an die äußeren Dinge ein bisschen anpassen soll, „vermählen sollte man sich aber nur mit sich selbst". Genau das ist Selbstsublimierung, durchaus eine Art der Selbstliebe, der Vereinzelung, des vollen Bei-Sich-Seins, ohne deswegen den Kontakt zur Welt und den Menschen aufzugeben.

Hinsichtlich dieses ontologischen Problems sprach Lacan oft von dem was „ex-sistiert", was also „ex", außerhalb, „sistiert", beharrt, wie beispielsweise Gott oder eben das ‚Ding'. Es handelt sich um „Körper ohne Gestalt", d. h. um etwas, das durchaus körperhaft, körperartig ist, aber keine Form und Gestalt hat, also etwas unbestimmt und ungenau bleibt und doch *maßgeblich* ist, und mehr als ‚value' hat. So sind auch die Signifikanten zu verstehen, die ich also in imaginäre und verbale Signifikanten unterscheide. Ich schließe mich dabei an Lacan an, der vom Herren-Signifikanten, von den Kraft- und Macht-Worten der Bestimmer, der ersten Das-Sagen-Haben-Wollenden, dem Wort-Wirkenden ausgeht und es mit S_1 (verbaler Signifikant, Es *Spricht)* bezeichnet. Dem steht das durch maßgebliche Bilder geformte Wissen gegenüber, imaginärer Signifikant, Bild-Wirkendes, S_2.

Bei S_1 und S_2 geht es weiterhin um ein bisschen unbestimmte, unscharf zu definierende Begriffe, Bedeutungseinheiten, sozusagen reale Suggestiva, die der Früh- Mensch in seiner Naturhaftigkeit wohl besser direkt gekannt hat als wir heute, indem er sie in ihrer

Wert-, ja ihre Körper- und *String*-Haftigkeit gesehen und geliebt hat, um es ganz kühn zu sagen. Aber er konnte sie niemand anderen beweisen. Vor allem konnte er sie nicht jemanden beweisen, der in einer ganz anderen Gruppe, Kultur, in ganz anderen Umständen und anderem Sprachverständnis lebt. Genau darin besteht die Kluft, der Riss, die Spaltung, die die einen von den anderen trennt und die auch uns von dem trennt, was „ex-sistiert", was ‚dunkle Energie', ultralange *Strings*, Supersymmetrie, Signifikantenketten, das ‚Ding' und weiß Gott was noch geheimnisvoll Unbekanntes vor uns verborgen ist.

Ich hoffe, dass ich den Leser nicht schon überfordert habe. Im Grunde genommen ist es notwendig zur größtmöglichen Einfachheit zurück zu kehren, zu konkreter Praxis, zur Performativität als solcher.[26] Auf einen so komplexen und gewaltigen Theoretiker wie es Lacan war, kann nur ein einfach gestrickter Praktiker folgen, der das Ganze wieder pragmatisch zurecht rückt, und genau dies will ich versuchen. Trotzdem muss ich mich und meine Leser durch die Theorien hindurch quälen, denn sonst würde man die Praxis als ein *Nach Lacan* nicht ernst nehmen. Beides gehört zusammen. Der Leser muss sich also durchaus auf etwas komplexere Ausführungen einlassen, er wird aber immer Verweise auf die Praxis erhalten, die ich in den folgenden Kapiteln immer näher ausführen will und die ich *Analytische Psychokatharsis* genannt habe.

Zu diesem Verfahren werde ich später kurzen Einschub machen und im Anhang ausführlichere Erklärungen abgeben, denn es wird im Endeffekt darum gehen, und daher werden im weiteren Text immer wieder einmal Begriffe aus diesem Verfahren auftauchen. Es ist also gut, sie grob zu kennen. Von dem Es *Spricht* und dem Es *Strahlt* habe ich eingangs schon geschrieben. Beide korrelieren den Freud'schen Trieben, nämlich *Sprech-* und *Schautrieb* wie Lacan sie als Grundkräfte klassifiziert hat, wozu ich hier ein

---

[26] Fischer-Lichte, E., Performativität: Eine Einführung, transcript (2012), worin der performative (aufgeführte) Sprachkörper als das Ereignis schlechthin bezeichnet wird.

kleines Schema der korrelierenden Begriffe angehängt habe. Der Schrägstrich in der Mitte charakterisiert das *Reale*, das die beiden Grundkräfte verbindet, aber auch trennt.

Bild-Wirkendes	Wort-Wirkendes
imaginärer Signifikant	verbaler Signifikant
Es Strahlt	Es Spricht
Schautrieb	Sprechtrieb
Kraftlinien	Anderer

2. Top-Pop-Wissenschaften

Der Physiker J. Maldacena hatte schon Ende des letzten Jahrhunderts ein Modell vorgestellt, in dem Universum und Paralleluniversum als zwei völlig unterschiedliche Formen existieren. Das eine – ähnlich unserem Kosmos und Anti-de-Sitter-Raum genannt (obere Hälfte der Abbildung), allerdings ohne Expansion und Kontraktion – ist also dreidimensional und genügt den Einstein'schen Gleichungen. Im anderen bewegen sich die Elementarteilchen in nur zwei Dimensionen und haben keine Schwerkraft. Auf mathematisch-topologischer Ebene und wie im Bild gezeigt, gibt es jedoch perfekte Entsprechungen beider Universen und somit eine Vereinheitlichung. Das zweidimensionale Muster

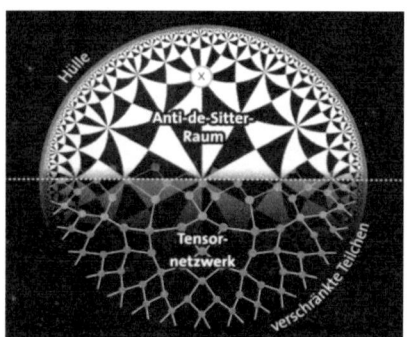

der Dreiecke ist nämlich völlig analog zu so genannten Tensor Netzwerken, die die Wechselwirkung zweier Quantenteilchen beschreiben. Ich denke, es genügt, dass man eine dadurch erzielte Vereinheitlichung, Verschränkung, zweier Welten in etwa versteht.[27]

Abb. 2 Maldacenas Dreiecke

Aber ist das jetzt nicht wieder nur sterile Physik oder sind wir schon in einer Welt darüber hinaus, also von etwas, das wirklich „ex-sistiert"? Denn ob Maldacenas Dreiecke das letzte Wort in der Theoretisierung der Quantengravitation ist, bleibt unklar. Sie scheint mir derzeit das vielleicht beste und plausibelste Modell zu sein, das auch zeigt, dass es niemals ein Modell für den unmittelbaren und praktischen Hausgebrauch geben wird. Es wird sich immer um ein zwar faszinierendes und theoretisch klares und rundes Ergebnis handeln, das jedoch abstrakt und ein Fach-Ge-

---

[27] Bild und Zitat aus R. Cowen, Raum-Zeit-Verschränkung, Spektrum der Wissenschaft, 4/2016, S. 49 – 53.

nießen nur für bestimmte Fachleute bleiben wird. Die Berechnung komplexer Hyperräume und von 3-Mannigfaltigkeiten wird man eines Tages als das bewiesene Resultat der Quantengravitation ausgeben, und das wird keinen mehr groß aufregen. War es nicht schon bei dem gelungenen Nachweis des Higgsteilchens im Genfer LHC so? Ein paar Tage stand es in den Zeitungen, dann hat niemand mehr etwas davon gehört. Es hat Milliarden gekostet, um ein paar Teilchentheoretiker glücklich zu machen.

Ich würde dies alles nicht schreiben, hätte Lacan nicht erneut in seinem siebten Seminar sich speziell zum Zusammenhang von Physik und seinem ‚Ding‘ geäußert. Schon Freud konstatierte, dass es drei Diskurstypen gibt, denen eine Beziehung zu dem Lacanschen ‚Ding‘ genau korreliert. So existiert in der Kunst eine Verdrängung des ‚Dings‘, in der Religion gibt es eine Verschiebung und im Diskurs der Wissenschaft geht es um die Verwerfung des ‚Dings‘. „Der Diskurs der Wissenschaft verwirft die Präsenz des ‚Dings‘, insofern aus seiner Sicht, sich das Ideal des absoluten Wissens abzeichnet, das heißt das Ideal von etwas, das zwar das ‚Ding‘ setzt, doch mit ihm nicht rechnet. Jedermann weiß, dass diese Sicht sich in der Geschichte letztlich als ein Scheitern herausstellt. Der Diskurs der Wissenschaft ist von dieser Verwerfung bestimmt, deshalb wahrscheinlich – was vom Symbolischen verworfen wird, erscheint nach meiner Formel im Realen – läuft er auf eine Sicht hinaus, in der, am Ende der Physik, ein so Rätselhaftes wie das Ding‘ sich abzeichnet."[28]

Dennoch kann dies nicht heißen, dass ich von dieser Seite her, von der Lacanschen Psycholinguistik und seiner Theorie der Signifikanten her, irgendetwas so wie eine Physik des *String*-‚Dings‘ zu formulieren, sozusagen alles so umzudeuten, umzuinterpretieren, um es in einem allumfassenden Konzept neu gestalten zu können. Auch umgekehrt lässt sich mit den neuesten physikalischen Theorien keine Psycholinguistik stützen. Ich muss vielmehr aus beiden Disziplinen einen eigenen, dritten Bereich entwickeln,

---

[28] Lacan, J., Seminar VII, Quadriga (1996) S. 162

und dies wird eben die *Analytische Psychokatharsis* sein. Der analytisch-symbolische Teil wird sich durch die Lacanschen Auffassungen und Literatur (symbol. Signifikant) bestätigen lassen, der psychokathartisch-imaginäre Bereich durch Bildtheorie oder die physikalischen Theorien (imagin. Signifikant). Hilfreich werden dabei die genannten Topologien, Mannigfaltigkeiten und solche Dinge wie Maldacenas Dreiecke und das ‚Proto- oder Früh-Sprachliche' sein, zu dem ich gleich Erkenntnisse schildern werde. Nach wie vor bleibt natürlich der Kraftakt bestehen, den verschiedenen Disziplinen zu einer gelungenen ‚Verschränkung' zu führen. Dummerweise ist der Verschränkungsbegriff nämlich wieder etwas vieldeutig, aber er wird von beiden Disziplinen verwendet. Bei Lacan wird viel von den Verkettungen, Verschränkungen, der Signifikanten gesprochen, in der Physik von der „Komplementaritätstheorie" (Verschränkung), wie sie von N. Bohr und W. Heisenberg entwickelt wurde. Ich gehe noch darauf ein.

Versteht man genau, was die Menschen im Traum oder in Trance oder in der sogenannten „freien Assoziation" alles sagen, stößt man oft auf mehr Genauigkeit und Wahrheit im sprachlichen Austausch als es beim vernünftigsten Reden möglich ist. Hier kann man nunmehr auf die geklärte Signifikantenverkettung gestützt auch klare Theorien aufstellen. So gelangte Freud zu der Tatsache, dass es nur einige wenige Kräfte gibt, Grund-Triebe, die das menschliche Seelenleben samt seiner Neurologie beherrschen. Freud konnte diese Triebe schließlich auf zwei reduzieren. Der etwas bessere war der Eros-Lebenstrieb, der für alles was Leben, Lust und Liebe betrifft, zuständig ist. Der andere war der Todestrieb. Er sollte verantwortlich sein für Aggressivität und Destruktion.

Freud hat den Trieb als etwas Widersprüchliches konzipiert. Einerseits betont er mehrmals, dass er letztlich im Biologischen (Chemie, Hormone etc.) zu finden sein wird. Dann wieder meint er, „die Triebe sind mythische Wesen, großartig in ihrer Unbestimmtheit." Da haben wir sie also erneut, die Unschärferelation.

Aber das Wort „Wesen" bezeichnet hier durchaus wieder etwas
sehr Reales, Konkretes. Spannung, Kraft, Energie, alle diese Worte blitzen wieder auf. Keinesfalls ist der Trieb ein Instinkt. Aber
er meldet sich nachweislich, und Freud hat auch bewiesen wie
und woher. Vom Rand des Mundes z. B. vom bereits erwähnten
Oralen her kommt jedenfalls ein Teiltrieb, der sich zwar an die
Nahrungsaufnahme anlehnt, aber zweifellos eine ganz eigenstän-
dige Mächtigkeit verkörpert. So wird das Orale eine eigene
menschliche Strebung, eine Lippenkraft, ein Mundtrieb, der be-
sänftigt und befriedigt werden will. Der Freud'sche Trieb ist wie
die *Strings* ein Etwas, das eigentlich nicht materiell-hart ist, auch
nicht rein biologisch, sondern gummiartig wie die Topologie.

Lacan hat – wie schon kurz oben angedeutet – das Freud'sche
Trieb-Struktur-Konzept wegen all dieser Probleme etwas umge-
baut und umformuliert. Ihm war wie wohl heute auch den meisten
Autoren ein Todestrieb etwas Unverständliches. Die Triebe, die
Grundkräfte sollten aktiv sein, dynamisch. Wie könnte dann der
Verfall vom Organischen zum Anorganischen – wie Freud es
ausdrückte – ein aktiver, quirliger Trieb sein? Gäbe es wirklich
einen Aggressions-Destruktionstrieb, hätten wir nie eine Chance
wahrheitsgemäß und friedlich zu sein. Aus diesem Grund hat
Lacan sehr gut erarbeitet, dass die Aggressivität aus den frühen
Identifizierungsmodi stammt, und das heißt auch, mit den frühesten Abspaltungen zusammenhängt.[29]

Das heißt, wir identifizieren uns vom ersten Moment an mit irgendetwas, dem charakteristischen Teil, mit einem bestimmten
Zug eines Objekts, Struktur-, Bewegungszusammenhängen etc.,
und die anderen Teile, die anderen Zusammenhänge schieben wir

[29] Die Identifikation, das Sich-Identisch-Machen kann Ausdruck des
Oralen sein (der Identifikation vor dem Hintergrund einer assimilieren-
den Verschlingung) oder eine narzisstische Identifikation, eines Sich-
Verschmolzen-Sehens mit den „maßgeblichen Bildern" und *Zeichen*,
mit den bereits in symbolische Vorform gebrachten Verstärkungen und
Erotisierungen (Sacco, F., Sauvet, G., Vom Wesen des Menschen, Psy-
chosozial Verlag (2004) S. 33).

weg, spalten sie in und von uns ab. Dies hat ein äußerliches Korrelat in der Trennung des Säuglings von der Plazenta, die ja Teil seines eigenen Körpers ist. Aber diese abgespaltenen Teile regen sich stets aufs Neue und verursachen in ihrer Lästigkeit die Aggressivität. Mit anderen Worten als bereits erwähnt: es existiert hier etwas Verdrängtes, ein Signifikant oder gar ein Stück in der Signifikantenkette ist unter den Tisch gekehrt worden und muss aufgedeckt und geklärt werden. Es ist ein toter Signifikant, sagt Lacan.

Indem in einer Symbol-Kette mit vier (oder mehr) Momenten es immer den Platz des „ausgeschlossenen Moments", des toten Signifikanten gibt, entsteht gerade aus diesem Toten, diesem Nichts, dieser Null, das Ganze, der eigentliche *Sinn*.[30] So ist der Begriff des toten Signifikanten ein einfacher und idealer Grundstein der psychoanalytischen Konzeption, der auch anklingt in Lacans Forderung, der Psychoanalytiker sollte mit der „Stimme eines Toten reden" (damit das Lebendige vom Patienten selber kommen kann). Mit dieser Auffassung können wir *Nach Lacan* einen Schritt in eine gegenüber Freud neue und doch auch in dessen „Spur" bleibende Richtung tun. Wenn die Aggression / Aggressivität[31] aus dem Identifizierungsbereich, der mehr dem Bildhaften, dem Imaginär-Realen zuzurechnen ist (und nicht so sehr dem Symbolisch-Realen – Begriffe, die bei Lacan häufig Verwendung finden und von mir noch weiter präzisiert werden) und nicht von einem originären Trieb, einer prinzipiellen Kraft herkommt, was wird dann aus diesen eigentlichen Trieben, den Grundkräften?

Lacan hat hier also eine leichte Verschiebung, Umformulierung vorgenommen. Das Bildhafte hat mit der Wahrnehmung zu tun, und schon Freud sprach in diesem Zusammenhang vom Wahrnehmungs- bzw. Schautrieb. In der Psychoanalyse erfassen wir

---

[30] Lacan, J., Seminar II, Walter (1980) S. 243-261 und Schmidgen, H., Das Unbewusste der Maschinen, W. Fink Verlag (1997) S. 116

[31] Man muss eigentlich die Aggression als einem normalen „Darauf-Zugehen" (wörtlich aus dem Lateinischen aggredi, darauf zugehen) von der Aggressivität (einem gewaltsamen Darauf-Zugehen) unterscheiden.

alles (oder fast alles) von dieser Seite der aktiven Grundkräfte her, wo diese aber von der verbalen, symbolischen Signifikanten-Seite her noch fast tot sind. Nicht die physische, physiologische Sinnesaktion ist hier gemeint, sondern ihr dynamischer, aktiv Trieb bezogener Aspekt, das Schauen als lustbesetztes Vexierbild. Es geht also nicht nur ums Sehen als einem reinen Abfotografieren, sondern mehr um die Schaulust, die schon bei Aristoteles als der größte Genuss angesehen wurde, wenn sie auch für die letzte Erkenntnis nicht ausreichte. Im Schautrieb ist also auch ein Teil Eros enthalten, und der zweite Trieb, der ihm gegenübersteht, ist nun nicht mehr der Todestrieb, sondern eben auch eine aktive, dynamische Grundkraft, die die Gefahr des Tödlichen in Schach hält.

Lacan nennt diese Triebkraft also den „Invokations- oder Sprechtrieb" und meint, dass erst als der Frühmensch eine Lautfolge betont und bewusst wiederholen konnte, als er eine Regung, ein Erstaunen, einen Affekt mit der gleichen Lautsequenz besonders herausgehoben noch einmal und dann wieder und wieder von sich geben konnte, das Symbol, das erste Wort geboren war. Im Vogelgezwitscher sind die Lautfolgen nicht immer konsequent die gleichen, und selbst wenn sie dies sind, so werden sie nicht mit einer Art von Überraschung, zunehmend ernsthafter Betonung und Bewusstheit vorgetragen. Beim Menschen ist aus der reinen Lautbildlichkeit eine Worthaftigkeit und *Signifikanz* geworden, die mit zunehmendem Verständnis perpetuiert werden konnte.

Was nach Bedürfnis aussieht, erscheint dem Menschen dann also als ein sich visualisierendes Begehren, ein Imaginär-Reales, das gleichzeitig vom Symbolisch-Realen des sich artikulierenden Anspruchs begleitet, mit vereinnahmt und kombiniert wird. Für diese Zusammenhänge und die ‚Verschränkung' des imaginärem mit dem symbolischen Signifikanten kann ich eine erklärende Vermittlung anbieten. Vor einigen Millionen Jahren lebten Vormenschen, Frühmenschen und Menschen (Homo) sich überschneidend zusammen. Die nebenstehende Abbildung soll dies zeigen.

Gerade im Bereich der Frühmenschen war diese Überschneidung bedeutsam.

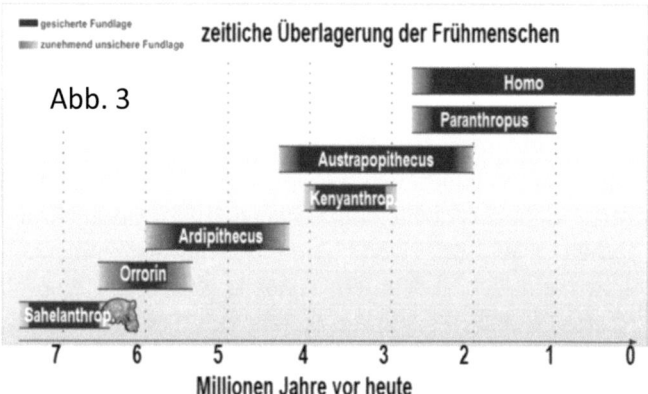

Abb. 3

Neuere DNA-Untersuchungen haben bewiesen, dass in Afrika recht unterschiedliche Formen, evtl. sogar ganz diverse Arten dieser über ein paar Millionen Jahren zusammen lebenden Frühmenschen Kontakt hatten und sich auch untereinander fortgepflanzt haben. Man geht also davon aus, dass es zu dieser Zeit bereits ein gewisses symbolisches Sprachvermögen gegeben hat (Tiere haben dagegen nur Signalsprache). Denn es existierten bereits symbolische Signifikanten, wenn diese Frühmenschen auch nicht über Verschluss- und Knacklaute verfügten, aber Vibrationslaute, Plosive und einfache Frikative und bestimmte Vokale, evtl. auch einzelne Konsonanten (Klosanten) auszudrücken war ihnen vielleicht schon möglich. Egal, sie konnten sich definitiv äußern.

Auf was ich hinauswill: die Begegnung eines Frühmenschen mit einem um eine oder mehr Millionen Jahre späteren Frühmenschen muss die genannte ‚Verschränkung‘ krass auseinander gerissen, umgeformt und wieder neu gestaltet haben. Das Gleiche ist auch wieder zwischen Frühmenschen wie dem Neandertaler und dem modernen Homo sapiens passiert. Nun ist dieses Proto-Früh-Spachliche, sind also erste symbolische Signifikanten nicht das Einzige, was ich in diesem Zusammenhang und Zusammentreffen der ersten Menschen herausstellen möchte. Der imaginäre Signifikant befindet sich hier genauso, ja vielleicht sogar noch etwas mehr im Zentrum des Interesses. Man muss sich vorstellen, dass im Aussehen doch noch sehr verschiedene Menschen sich begegnet sind und erstaunt, verunsichert und doch affektiv erregt aufeinander gewirkt haben. Dass sie irgendwie einer gemeinsamen, doch sehr ähnlichen, verwandten Art angehörten, stand dem Eindruck anders gearteter, fremder Individuen gegenüber, die nun unterschiedliche, und doch dem gleichen menschlichen Kehlkopf entstammende Laute von sich gegeben haben. Nun könnte man dies heutzutage von modernen weißen und afrikanischen Menschen auch sagen, doch kennen sich seit tausenden von Jahren. Es gab immer schon eine gewisse Bewusstheit, Kunde und annähernde Erfahrung der verschiedenen Rassen.

Die Frühmenschen aber sahen nach Millionen von Jahren plötzlich jemand ähnlichen und doch ganz anderen. S_1 und S_2 müssen stark durcheinander geraten sein. Es muss zu einer Doppelgängerpanik, zu einer Identitätskrise, zu Erregung, empathischer Spannung und Angriffslust gekommen sein. Lacan schildert die menschliche Psyche ausgestattet mit zwei Grundfunktionen: der der 'Ähnlichkeit', die er auch eine erste dialektische Kategorie nennt,[32] und der der 'freien Assoziation' wie sie in der Psychoanalyse als etwas ebenso Grundlegendes verwendet wird. Bleiben wir zuerst einmal bei der ‚Ähnlichkeit', die die zwei Frühmenschen ja an sich wahrgenommen haben mussten. Sie ist an die ursprünglichste, primäre Wahrnehmung gebunden und ist ein Spiel, ein Vergleichsprobieren mit Ähnlichkeiten. Es geht also um Erscheinungen, bei denen etwas sich zeigt, ausstrahlt, ja geradezu exhibitioniert und das verwirrend ist und doch gehalten wird von etwas strikt Verwandten, Ur-Ähnlichem eben. Es ist die Geburtsstunde der Analogie, die in diesem imaginären Bereich schwer zu fassen ist, und so konnte dem Frühmenschen jetzt nur die Analogie im symbolischen Bereich weiterhelfen. Er musste sich einen Namen geben.

---

[32] Lacan, J., Seminar II, Walter, 1980, S. 180

Denn beide Typen, die sich da in der Savanne irgendwo trafen, die den erwähnten Untersuchungen zufolge von Süd-Ost-Afrika bis zum Senegal hinüber reichen konnte, merkten auch, dass sie beide die besagten Lautfolgen mit besonderer Betonung und wiederholter Folge heraus bringen konnten. Sie waren in vieler Hinsicht anders und doch gleich. Ihre lallenden Hervorstoßungen ließen sofort etwas Menschliches entstehen. Mit anderen Worten: sie waren in unbewusster Form miteinander doppelt ,verschränkt', visuell und lautlich. Der erschreckend-faszinierende Zustand einer derartigen Begegnung lässt einen auch heute noch tief ins Kindesalter regredieren, und doch wird man nicht vollkommen hilflos. Entweder kommt es nach schwerer affektiver Betroffenheit zu Aggressivität, zu sexuellen Erregung oder gemeinsamer Sublimierung.

Man bleibt bei einer derartigen Begegnung für Momente in einer Nicht-Euklidischen Wahrnehmung gefangen, wie sie der Naturforscher und Philosoph R. Carnap für die kindliche Wahrnehmung beschrieb.[33] Es handelt sich also ein Sehen ohne jede Zentralperspektive und klassische Geometrie, um die reine Schaulust, um das pure Genießen des *Strahlt*, des Scheinens, ja des Luziden und gleichzeitig um einen Sprachkampf, um symbolische Lautgefechte. Ich kann verstehen, warum Mystiker und mythischmagische Menschen oder gar ein Psychoanalytiker wie N. Symington noch in heutiger Zeit sich so ähnlich verbreiten, als lebten sie in der Savanne von damals. Und die Physiker machen es nicht anders, sie sind verzückt und in Erregung bezüglich ihrer *Strings*. Zurzeit planen sie schon wieder einen Zig-Milliarden teuren Teilchenbeschleuniger. Es gibt also ,Verschränkung' eh und

---

[33] Carnap, R., Einführung in die Philosophie der Naturwissenschaft (1969), worin der Autor feststellt, dass Kleinkinder über eine „nichteuklidische Wahrnehmung" verfügen. D. h. sie sehen – aus unserer Erwachsenenperspektive betrachtet – die Dinge etwas subjektiv verformt, also je nach den für das Kind bedeutungstragenden Elementen verbogen.

je und von überall her – aber wohl nur in solchen Ausnahmesitua-
tionen. Immerhin.

Schau- und *Sprechtrieb* sind keine rein physikalischen, noch biologischen noch geistigen Kräfte, sie sind zwar – wie von Freud
zitiert – „mythische Wesen, großartig in ihrer Unbestimmtheit",
wie sie auch die *Strings* und die Signifikanten kennzeichnen.
Aber das Wort ‚mythisch' reicht nicht. Man könnte denken, es
handelt sich um so etwas wie Götter, die alten Titanen, Dämonen.
Sie haben aber auch etwas Reales an sich, sie sind Ur- Mächte,
die in und außer uns gleichermaßen wirken. Hier kann es sich
nicht um harte Physik handeln, wenn auch die *Strings* eine gewisse Festigkeit besitzen. Nun hat das Wort Festigkeit wieder einen
zu sehr rein metaphorischen Klang. Es bezeichnet ein sehr unbe-
stimmtes Reales. Immerhin kann es dazu taugen, den Anfang
meines Buches und mein Ringen ums Definitive zu begründen.
Denn Festigkeit ist nicht Materie, bezeichnet aber neben all den
anderen Begriffen, die ich schon gebracht habe, ganz gut wieder
die Signifikanten. Sie sind „Erscheinungen mit Bedeutung" wie
ich es von dem Philosophen W. Seitter schon zitierte, aber auch
Bedeutungsmacher, - schöpfer, haben also etwas Reales an sich.

Damit bin ich schon deutlich ein bisschen *Nach Lacan*, denn die
herkömmliche Psychoanalyse würde das nicht so stehen lassen.
Sie würde z. B. das Wort real mit „psychischer Realität" übersetz-
zen. Aber wie die *Strings* und die Signifikanten (vor allem in ihrer
Verkettung) haben die Triebe etwas Reales an sich, sie sind ein
Etwas und nicht Nichts. Sie haben Festigkeit, „konstante Kraft".
Sie sind nicht Materie und auch nicht Geist, sie leben in einem
ihnen eigenen Milieu, das im Hintergrund ein ursprüngliches
‚Genießen', ein Rest von Freuds ‚Autoerotischem', eine
‚jouissance en soi' aufscheinen lässt. Lacan meint, das Reden und
das Schreiben sollte ein Ereignis auslösen, ein *evenement*. Es sollte keine Schulmeisterei sein, keine professorale Psychologie oder
gar veraltete Psychoanalyse.

Aber solche ein Buch handeln, das auf hohem universärem Ni-
veau und ein bisschen auf populär gemacht daherkommt wie etwa

das neue Werk des Neurowissenschaftlers A. Damasio „Selbst ist der Mensch" soll es eher nicht sein.[34] Damasio führt von der Evolution angefangen über viele neurowissenschaftliche Forschungen ein System von Gehirn, Geist und Selbst in zahlreichen Ebenen gegliedert vor, das sich wirklich interessant liest und von enormer Arbeit zeugt, aber es ist total bedeutungslos und irrelevant. Das Wort Geist verwendet er völlig im Sinne einer Informationsstruktur, so dass für ihn Insekten Geist haben, wenn auch ohne Bewusstsein.

Beim Menschen jedoch kann dieser Geist plötzlich rebellisch werden, sagt Damasio, weil hier ein Selbst dazukommt, das mit dem Geist Vernunft und Wissenschaft entwickelt und dann . . . ja, das „biologische Wertesystem", das Überleben, noch von einer komplexeren Warte her sichern kann. Kurz: der Mensch ist eine äußerst vielschichtige Maschinerie, bei der alles innen mit allem außen wechselwirkt, um zu überleben. Es gibt also kein *Subjekt*, das einer symbolischen Ordnung unterstellt wäre, jenem Spiel der Signifikantenketten, diesem sprachlich *Anderen* in uns selbst z. B. wie es bei Lacan der Fall ist. Dabei muss es nicht problematisch sein, wenn man den Insekten Geist zuspricht, Damasio verwendet halt eine andere Nomenklatur. Die Sprache ist biegsam. Auch Geist ist ein unglaublich diffuser, unscharfer Signifikant, und wenn man ihm den Signifikanten Mensch gegenüberstellt, kann man die tollkühnsten Theorien aufstellen. Damasios Buch wurde übrigens auch von E. Löhr im *Spektrum der Wissenschaft* wegen seiner „äußerst schwammigen und unwissenschaftlichen Formulierungen" und anderer – auch meinen Anmerkungen ähnelnden - Thesen kritisiert.[35]

Auch der Allround-Philosoph D. C. Dennett erwähnt in seinem neuesten Buch eine biologische bottom-up App der Gene, die

---

[34] Damasio, A., Selbst ist der Mensch, Körper, Geist und die Entstehung des menschlichen Bewusstseins, Siedler (2011)

[35] Löhr, E., Geist + Selbst = Bewusstsein oder so, Spektrum der Wissenschaft 3 / 12, S. 98

übergeht in eine geistvolle Top-down App sogenannter ‚Meme‘.[36]
Beide sind durch eine großartige Analogie verbunden, da sich
beide gleichermaßen rekursiv erneuern. Die Gene tun dies kom-
petent, aber ohne jedes Verständnis, während die in der Folge
durch ‚frei schwebende Grundprinzipien‘, Verhaltensformen und
letztlich durch die Sprache zu Kompetenz mit mehr und mehr
Verständnis gebrachten ‚Meme‘ bis zur künstlichen Intelligenz
mit nunmehr vollem Verständnis führen können. So etwas kann
allerdings zur Gefahr werden kann, wenn man die Grenzen nicht
kennt. Hochintelligentes Bla-Bla das alles.

Denn die Meme sind nichts anders als Freuds ‚psychische Objekte‘, auf die sich der Eros-Lebens-Trieb stützt, um sein Befriedi-
gungs-Ziel zu erreichen wie zum Beispiel das ‚Orale‘, das Lustobjekt (oder Mem) des Kleinkindes oder des Gourmets. Die
Meme sind also nichts neues, aber Dennetts Buch schwelgt in der
Verständnislust, und dafür braucht es eben neue Namen und eine
– sicher bewundernswerte – enorme Anzahl von Wissenschafts-
belegen, ohne am Ende dem Leser etwas Festes in die Hand zu
geben. Nicht anders ergeht es einem mit dem ‚aufregendste Den-
ker der Gegenwart‘, Y. N. Harari. Auch er schreibt Bücher voll
hoher Intellektualität, in denen außer Allgemeinplätzen und einer
Favorisierung von künstlicher Intelligenz und deren Algorithmen
nichts gesagt wird.

Schon in seinem ersten Buch ‚Eine kurze Geschichte der
Menschheit‘ erzählt er zuerst einmal nichts anderes als das, was
schon lange vor ihm Bill Bryson in seinem Buch mit dem fast
gleichen Titel ‚Eine kurze Geschichte von fast allem‘ beschrieben
hatte. Allerdings deutet Harari schon hier an, was in den späteren
Veröffentlichungen noch ausgearbeitet wurde, dass die Zukunft
der Menschheit in der Verbindung mit der Bionik und der Künstlichen Intelligenz liegt. In seinem zweiten Buch ‚Homo Deus‘
wird die Weltgeschichte und der Mensch auf immer komplexer
werdende Algorithmen reduziert. Gleich zu Beginn behauptet er,

---

[36] Dennett, D. C., Von den Bakterien zu Bach – und zurück. Die Evolution des Geistes, Suhrkamp (2018)

dass ursprünglich, nämlich „im animistischen Kosmos jeder mit jedem direkt geredet hat."[37] Algorithmisch, versteht sich, denn Verbalsprachliches gab es noch nicht. Er meint auch, niemand könne beweisen, dass ein anderer so wie man selbst über Geist verfügt.[38] Die Menschen gehen im Datenfluss auf, ob der nun Geist heißt oder Materie, ist egal, und so verhält es sich genauso wie bei Damasio, der *Andere* als solcher, der/das wirklich *Andere*, wie Lacan ihn nennt, „ex-sistiert" nicht.

Vor allem wird bei den heutigen Top-Pop- oder Allround-Wissenschaftlern nicht zwischen Bewusstsein und Bewusstheit unterschieden. Der Neurowissenschaftler G. Tononi erstellte eine neuzeitliche Theorie des Bewusstseins, der zufolge „das Maß des Bewusstseins von der Struktur des zu Grunde liegenden Substrats abhängt: Je zusammenhängender ein Substrat ist, desto bewusster ist es.[39] Gemäß dieser Theorie wäre Kognition also keineswegs auf Lebewesen beschränkt", schreiben zwei weitere Wissenschaftler im Spektrum der Wissenschaft.[40] Und: „So kann man ebenso einem Schaltkreis, einem Computer oder einem Stein ein gewisses Maß von Bewusstsein zuordnen – auch wenn es sehr klein ausfallen mag". Bewusstsein ist ein Spiegelungsvorgang, der mehr oder weniger komplex ausfallen kann, während Bewusstheit eine Mit-Seins- und Mit-Sprache-Qualität hat, etwas, das man in höchster Ekstase erfahren kann, ohne dabei Bewusstsein zu haben. Denn der Ekstatiker ist außer sich und in sich zugleich, er ist von den Allround-Wissenschaftlern nicht zu erfassen. Freilich muss man dazu nicht nur Ekstatiker sein wie ich noch zeigen will.

Lacan war auch ganz entsetzt über den berühmten Sprachwissenschaftler N. Chomsky, als dieser ihm gegenüber erklärte, die

---

[37] Harari, Y. N., Homo Deus, C. H. Beck (2017) S. 129

[38] Harari, Y. N., Homo Deus, C. H. Beck (2017) S. 166

[39] Tononi, G. et al., Integrated information theory:From consciouness zo its physical substrate. Nature Reviews Neuroscience 17 (2016)

[40] Krauß, P., Maier, A., Bewusstsein, Spektrum der Wissenschaft 7 (2021) S. 12-20

Sprache sei für ihn ein Organ, ein Werkzeug![41] Nach Chomsky – und dies gilt genauso für Damasio, Dennet und Harari – ist die Sprache ein menschliches Werkzeug, das auf den Menschen selbst zurückwirken kann, während Lacan genau der gegenteiligen Auffassung ist: „Der Mensch spricht" – hat die Fähigkeit zum Symbolisieren – „aber er tut dies, weil das Symbol ihn zum Menschen gemacht hat"![42] Irgendetwas Symbolisches, eine primitive symbolische Ordnung, eine Art von 'Sage', ,Spreche', ja ein Es, das – wie ich oben schon andeutete – *Strahlt/Spricht* ist schon da, bevor der Mensch erscheint, d. h. mit einer entwickelteren, gelungeneren *Strahlt/Spricht*-Kombination erscheint er erst voll und ganz. Das muss nicht ein Gott sein, es kann sich eben auch um den ganz *Anderen*, den signifikant *Anderen*, linguistisch *Anderen* samt den ,Ding' in uns selbst handeln, was Lacan so definiert: „Das Unbewusste ist strukturiert wie die Sprache des *Anderen*," wobei hier der *Andere* mehr Bezug zum ,Ding' hat. Es, dieses *Andere*, *Spricht* in uns – meist ungehört verhallend. Diese Kette verbaler und imaginärer Signifikanten artikuliert sich (*unbewusststrukturiert*) ständig, was natürlich etwas ist, über das die Physik nicht verfügt. In der Physik sprechen nur die Physiker, und das ist anmaßend. Nicht umsonst hat Dürrenmatt sie deswegen ins Irrenhaus verfrachtet, wo sie unter der Dominanz der leitenden Psychiaterin zur Raison gebracht werden.

Nochmals möchte ich betonen, dass die Werke all der Neuro- und Naturwissenschaftler, durchaus wertvoll und interessant sind, aber sie setzen uns eben ein grandios durchdachtes und vielseitig durchforschtes System vor, eine universitär gewusste Wahrheit, ein Überwissen, während es bei Lacan und bei dem, was ich hier vorlegen will, um das Gegenteil handelt: um eine Wahrheit, die aus dem menschlichen *Subjekt* selbst kommen soll und um ein Wissen, das der Wahrheit dient. Das Wort Wahrheit kommt in Damasios, Dennets und Hararis Buch beispielsweise kein einziges Mal vor. Für alle ist die Materie, die Biologie, die neuronale Ver-

---

[41] Lacan, J., Le Sintome, Seminaire Nr. XXIII vom 9.12.75
[42] Lacan, J., Schriften I, Walter (1980) S. 117

netzung, das Algorithmische Ursache von all dem, was beschrieben wird. Damasio weiß auch genau warum: aus purem Überlebenswillen. Wahrheit gibt es bei den genannten Autoren nicht, weil sie sich nicht selbst als Subjekt, selbstanalytisch sozusagen, in die Wissenschaft miteinbringen wollen. D. h. sie glauben, sie können objektiv bleiben, ohne etwas von sich, z. B. ihre Angst herzugeben.

Dagegen finden wir bei Lacan die Wahrheit selbst als die Ursache von allem, indem sie sich in der Intersubjektivität, in der Kette der Signifikanten, in der sprachlich-mathematischen Ordnung, in den „Beziehnissen"[43] realisiert. Die Natur des Menschen, sagt Lacan, ist seine Beziehung zum Menschen. Natur ist hier freilich nicht Physik, sondern das Wesentliche. Der *Andere,* Ort und Hort des Symbolischen, und das ‚Ding', auratischer Schimmer des Imaginären sind der ständige Zeuge der Wahrheit, weil das sich enthüllende Austauschen auf dieser Ebene das Wesentliche ist, unsere wahrhaftige Natur eben, die man uns nicht austreiben kann.[44] „Naturam expellas furca, tamen usque recurret" (lat.), auch wenn du die Natur gewaltsam austreibst, kehrt sie doch zurück, schrieb schon Horaz. Damit war nicht die Biochemie gemeint, denn diese lässt sich leicht zerstören.

Man kann es also einmal so stehen lassen, nämlich dass niemand jemandem anderen die Bedeutung geben kann, die er hat, jeder muss sie im Kampf mit sich selbst und seiner eigenen und wahren *Andersheit* finden. In diesem Sinne kann man wahre Wissenschaft nur in der Teilnehmerperspektive betreiben, denn „der Geist in der Teilnehmerperspektive ist als *Subjekt* der Erkenntnis methodisch vorrangig gegenüber Geist und Körper als Erkenntnis-*Objekt*en in der Beobachterperspektive"[45]. Das Wir gewinnt, auch in der Wissenschaft. Aber es ist ein noch unbewusstes Wir. Es muss den *Anderen,* diese je eigene Andersheit noch stets wieder neu kennen lernen und dies vielleicht lebenslang. Vielleicht muss

---

[43] Ein Ausdruck des Kognitionswissenschaftlers D. Hofstadter

[44] Lacan, J., Écrits, Le Seuil, (1966)

[45] Hastedt, H., Das Leib-Seele Problem, Suhrkamp (1989) S. 291

man dazu nicht nur die *Strings,* sondern auch das Oeuvre der Kunst, das Luzide der Natur und noch vieles andere in sich aufspüren, auspacken, wo wir doch – wie oben von mir wohl ein bisschen lakonisch zitiert – dank der Wirkung und Hilfe der ‚Verschränkung' nur den Bruchteil eines Millimeters von anderen Zivilisationen entfernt sind!

In der Wissenschaft, die ich vermitteln will, soll also jeder, der diese Zeilen hier liest, selbst teilnehmen können. Es soll nicht so zugehen wie in diesen neueren Forschungen und Büchern, die das schon fertige Wissen ihren Lesern zum unkomplizierten Konsum vor die Nase setzen. Auch Werke wie die von R. D. Precht oder S. Pinker über Geist, Sprache, Neuropsycholgie etc. sind laut J. Rubner „Volksverblödung auf höherer Stufe" wie sie in einem Artikel der Süddeutschen Zeitung [46] diese Pop-Intellektuellen kritisiert, die mit einem ausgefeilten Begriffsinstrumentarium aus den genannten Wissenschaften phantasievolle, aber unhaltbare Thesen aufstellen, medienwirksam unter die Leute bringen, und unser Verständnis vom Fühlen und Denken, Wissenschaft und Glauben nur noch mehr verwirren. Der Psyche-Geist-Intelligenz-Begriff bei Pinker und anderen Kognitionswissenschaftlern ist – um nochmals mehrere Hinweise und ein kurzes Beispiel hinsichtlich Pinker zu geben – sehr simpel gefasst. [47, 48, 49, 50]

---

[46] Rubner, J., SZ vom 5/6.12.98 S. III

[47] Münch, D., in Gold, P., Engel, A. K., Der Mensch in der Perspektive der Kognitionswissenschaften, Suhrkamp (1998) S.17-48, worin der Autor die Kognition, also das intelligente Erkennen und Verarbeiten auf zwei Grundintentionen, nämlich „Wünschen" und „Meinen" zurückführt.

[48] Calvin, H., Wie das Gehirn denkt, Spectrum (1998), wo der Autor das Gehirn als Darwin-Maschine bezeichnet.

[49] Pinker, S., Der Sprachinstinkt, Kindler (1996), wo die Sprache nur ein fertiges Programm ist,

[50] Pinker, S., Wie das Denken im Kopf entsteht, Kindler (1998) S. 38-40, wo die „Computertheorie des Geistes" postuliert wird, d. h. Kreativität nicht mehr nötig ist.

Für Pinker sind Überzeugungen und Wünsche Informationen, die die Gestalt von Symbolen haben, und die sind wiederum physikalische Zustände. „Symbole, die einer Überzeugung entsprechen, können neue Symbole entstehen lassen, die einer anderen, *logisch* mit der ersten verknüpften Überzeugung entsprechen." Logisch? Die Sache ist überhaupt nicht logisch. Wir benötigen hier einen besseren Intelligenz-Begriff, denn das Wort *logisch* bedeutet bei Pinker nur so viel wie Repräsentationen oder Inschriften, die in der sogenannten „Denksprache", dem ‚Mentalesischen', verfasst sind, die also nichts anderes als eine Kürzelsprache, eine Programmiersprache ist, an der die menschliche Seele nicht mehr beteiligt ist.

Was demnach fehlt, ist das Wort *logisch* in seiner eigentlichen, seit Aristoteles viel umfassenderen Bedeutung, so wie sie eben auch von Lacan mit dem Begriff der Signifikanten treffend erneuert worden ist. [51] Pinker spricht von der Computertheorie des Geistes, was nicht heißen soll, „das Gehirn gleiche einem Computer . . . sondern . . . Gehirn und Computer haben intelligente Eigenschaften, und das teilweise aus gleichen Gründen".[52] Wir denken in Bit und Bytes, also in der ‚mentalesisch' genannten Art von Programmiersprache, *Zeichen*-Sprache, die so ähnlich funktioniert wie Algorithmen.[53]

Dabei sind Pinkers Grundthesen – wie bei Damasio auch – keineswegs falsch. Auf einer rein kombinatorischen Verarbeitungsebene arbeitet der Gehirn-Geist tatsächlich so, wie Pinker angibt. Aber seine weitreichenden Schlussfolgerungen auf das Denken als solches und auf menschliche Beziehungen etc. sind gefährlich. „Gefühle sind ausgeklügelte Softwaremodule" – sagt er, und warum soll das nicht oft so sein, dass wir häufig einfach wie eine

---

[51] Aristoteles, Rhetorica, 1404 b 2f, herausgeg. von I. Bekker, Darmstadt (1960), wo dem λογος das δηλουν, das Offenbarmachen zugewiesen wird.
[52] Pinker, S., Wie das Denken im Kopf entsteht, Kindler (1998) S. 38-40
[53] Der Algorithmus ist ein Kürzel, ein sprachlicher Ausdruck für eine mathematische Formulierung.

blöde Maschine funktionieren und fühlen – aber könnten sie nicht auch Folge eines unbewussten Begehrens sein, eines verdrehten Todesgedankens, einer verdrängten Liebe, oder gar nur einer Kombinatorik von Signifikanten, also dieser unbestimmten kleinen Wahrheitseinheiten, die die wirklichen Bedeutungen ausmachen? Kann es nicht bei Herrn Pinker so sein, während es bei mir eben anders ist? Alle diese mentalen Systeme, die sich auf eine Natur oder ein als abgeschlossen unterstelltes, komplexes *Zeichen*-Schema gründen, enthalten eine Art von Debilität, von Schwachsinn.[54] Diese neuen Wissenschaftler könnte man Top-Pop-Wissenschaftler nennen, denn sie sind wirklich topinformiert, aber wie Popmusik bringen sie ihre Sachen in flapsiger Gescheitheit und ohne tiefere Authentizität daher.

Deswegen hat Lacan also versucht, kein System zu erstellen, alles offen zu lassen, seine Zuhörer also mit seiner Liberalität fast etwas zu provozieren. Über die fürchterlichen, braven Folge-Lacanianer, die sich dadurch auszeichnen, dass sie den etwas barocken Stil der Reden und Schriften ihres Meisters imitieren und leidenschaftlich und abgöttisch Sätze von ihm zitieren, habe ich schon geschrieben. Dass Lacan aber auch heftige Gegner hatte und noch hat, ist bei dem schwierigen Verständnis seiner Seminare und den in manchen Details sich verzückt hochwindenden Abhandlungen Lacans selbstverständlich. Aber dass es kaum ein bisschen kritische Rezeption an diesem oder jenem Lacanismus von seinen Anhängern gibt, dass sie es ihm wie gesagt nicht „heimzahlen", ist erstaunlich.

Ich kann leicht so reden. Ich habe – und das ist einer meiner Trümpfe, die ich bezüglich dieses *Nach-Lacan*-Kartenspiels noch im Ärmel habe – ausgehend von meiner Tätigkeit als Psychoanalytiker und begeistertem Lacan Leser das bereits genannte Verfahren der *Analytischen Psychokatharsis* entwickelt, das gegenüber der theoretischen Konzeption die Praxis, die „logische Praxis" (wie Lacan sagte) in den Vordergrund rückt. Wie gesagt –

---

[54] Lacan, J., R.S.I, Seminar Nr. XXII, Lacan-Archiv (1998) S. 7

auf einen so vielschichtigen und großartigen Theoretiker muss man mit einer Betonung der Praxis antworten. Erasmus – Luther, Marx – Lenin, Lacan – Freud, immer gab es diese Paare des Theoretikers und Praktikers (wie sie Lacan selbst so zitierte). Mein Verfahren ist jedenfalls ebenso kein System, weil jeder selbst damit arbeiten kann und muss, wenn er will. Es bringt, ergänzend zur so stark *Spricht* bezogenen Psychoanalyse eine *Strahlt* bezogene Praxis mit sich, die zudem so verknotet ist, dass jeder die Eins-heit, die Lacansche ‚Henologie' (Eins-Wissenschaft, später mehr dazu) direkt erlernen kann.

3. Eine der Liebe unterstellte Wissenschaft

Der Neurowissenschaftler J. D. Haynes betreibt keine der Liebe unterstellte Wissenschaft, er macht eher das Gegenteil. In seinem Buch über die Gehirnerforschung mittels funktioneller Magnetresonanztomographie beschreibt er, wie man die Gedanken der Menschen lesen kann.[55] Es klingt nicht sehr freundlich, was er berichtet, auch wenn seine Methode freilich nicht jeden so einfach treffen kann, dann man muss zuerst unter den Hirnscanner gelegt werden, dem ja nicht jeder zustimmen wird. Das Problem der Neurowissenschaftler liegt vielmehr darin, dass sie glauben, sie könnten die Seele des Menschen wirklich ausforschen. In Wirklichkeit müssen von den Versuchspersonen ausgesprochen bildliche Gedanken (an ein Tier, ein Haus, etc.) eingescannt werden, so dass man sie durch bildhafte Vergleiche wiedererkennen kann. Ein sprachlich gedachter Satz kann nicht gelesen werden. Zudem: das Ganze ist schon auf der TED-Konferenz 2013 als Sensation vorgetragen worden.

Bei dieser Konferenz, einer Computer-Entertainment Tagung, konnte man erleben wie die Neurowissenschaftlerin M. L. Jepsen eine unter einem Kernspinscan befindlich Person vorstellte, die sich ein reales Bild einprägte. Der Scan verarbeitete die in den Hirnarealen auftretenden Aktivitäten. Sodann sollte diese Person sich das Bild nur gedanklich wieder vorstellen: der Scan warf das Bild – zwar nur sehr annähernd – wieder aus. Großer Jubel-Trubel, jeder kann jetzt am Bildschirm sehen, was der andere – bildhaft – denkt! Doch was für ein Unsinn! Man sieht eine Bild-zu-Bild Entsprechung, die kommuniziert werden kann. M. L. Jepsen sagt, dass sie die Sprache umgehen will, um das, was im Kopf der Menschen vorgeht, direkt zu zeigen. Aber wie kann man die Sprache umgehen? Warum hat Jepsen nicht allen Probanden bei ihrem Vortrag einen Hirn Scan aufgesetzt und einfach gar nichts mehr gesagt? Sie hätten mittels vorgestellter Bilder doch in Blit-

---

[55] Haynes, J., D., Fenster ins Gehirn – Wie unsere Gedanken entstehen und wie man sie lesen kann, Ullstein (2021)

zeseile kommunizieren können? Aber das hätte nicht funktioniert, weil man dazu doch auch die Sprache gebraucht hätte.

In der Meditation passiert genau das Umgekehrte. Der Scan ist bereits in der Person als dessen unbewusstes Schicksalslogo integriert. Man kann es aufrufen, um es zu verstehen und zu verbessern, doch sein Geheimnis liegt nicht in der Verschlüsselung von Bild-zu-Bild oder auch von Vokabel-zu-Vokabel allein. Sondern es liegt in der durch eine Topologie gekrümmten Bild-zu-Wort oder Wort-zu-Bild Verschlüsselung, wie sie beispielsweise das *Formel-Wort* im Verfahren der *Analytischen Psychokatharsis* zeigt. Das *Formel-Wort* ist ein wichtiger Bestandteil der *Analytischen Psychokatharsis*, und ich will es in weiteren Kapiteln genau erläutern. Hier vorerst nur so viel: es handelt sich um eine Formulierung, die in einem einzigen Schriftzug von verschiedenen Stellen, also verschiedenen Buchstaben aus gelesen, eine andere Bedeutung hervorbringt. Ich schreibe deswegen gerne von den B(r)uchstaben und stelle schon einmal eine derartige Formulierung in der nebenstehenden Abbildung dar.[56]

In der Abbildung habe ich einen derartigen Schriftzug aus der lateinischen Sprache verwendet. Im Kreis geschrieben kann man also von etlichen Buchstaben angefangen Unterschiedliches lesen. So z. B. VIDEO RARE, Ich nehme ungewöhnlich wahr, DE ORARE VI, Vom Sprechen mit Überzeugungskraft, EO RARE VID(E), Dorthin schau selten! Es sind noch einige weitere Phrasen darin enthalten, deren Inhalt nicht wichtig ist, ja unsinnig sein kann, denn es soll ja nur darum gehen, des Unbewusste damit anzuregen, ja zu provozieren, indem solch eine Formulierung rein

---

[56] Oudee Dünkelsbühler, U., Zeugnis und Schrift: B(r)uchstaben an der Couch, Les Etats Généraux de la Psychanalyse (2001), worin der Autor zeigt, wie die Bruchstellen in den Aussagen des Unbewussten zu verstehen sind.

gedanklich meditiert wird. Nur so wird das Unbewusste den eigentlichen Sinn, den Coup der unbewusstcn Wahrheit zustande bringen, was ich im Folgenden und speziell im Anhang ausführlich erläutern werde. Und nur so kann man das Unbewusste, die wirkliche Neuroinformatik studieren und nicht so, wie Neurowissenschaftler es uns vormachen.

Es geht also um ein Zwischen-den-Zeilen, um ein generelles ‚anders herum' der Signifikanten, um etwas differenziert Substanzielles, wenn es auch – *Nach Lacan* – jetzt wieder die Substanz der Leere oder der Umkehrung ist, um etwas Schöpferisches, das sich also nicht einfach zur Deutung eignet. „Der Begriff der Schöpfung ex nihilo ist der genauen Lage des ‚Dings' als solchem koextensiv. . ."[57] Und genauso vibrieren im ultraabsoluten Vakuum, in der Leere des multidimensionalen Nichts, die ultrahauchdünnen *Strings*, das supersymmetrische ‚Ding', das ja kaum existiert, da es dauernd gebrochen wird.[58] Aber immerhin: der letzte Satz Lacans weist ein bisschen in die Richtung der neuesten, fast schon paraphysikalisch zu nennenden Theorien, die mehr Metaphern sind, wenn auch solche nahe am Realen.

Vorerst mag für das Freud- und Lacan-Verständnis dieser Anfang genügen. Das ‚Ding' wird nur möglich sein in der Selbstsublimierung, wo sozusagen kein Objekt, keine Sache und keine der üblichen Dinge mehr vorherrschen, sondern nur die ‚Metapher des Genießens'. Ich kann vorläufig nur konstatieren, dass das ‚Ding' für mich eine Kombination des *Strahlt / Spricht* mit Betonung auf dem ersteren ist, dessen Genießen eben fast transzendent, körper-

---

[57] Die Verwerfung ist der unbewusste Mechanismus in der Wissenschaft, das Eigentliche und Subjektbezogene aus ihr auszuschließen, zu verwerfen, während in der Kunst und in der Neurose die Verdrängung typisch ist und in der Religion die Verschiebung vorherrscht; die Verschiebung auf einen Glauben, der nie ganz frei vom Rest eines Zweifels oder Unglaubens ist.
[58] Die Supersymmetrie wird nur in ihrer gebrochenen Form erkannt, aber die Naturwissenschaftler ziehen aus ihren Beobachtungen, dass es eine solche Symmetrie aller Teilchen und Kräfte geben muss.

haft per se und damit nicht nur „ex-sistent", sondern auch gleichzeitig „in-sistent" ist. Freud sprach diesbezüglich auch von der
„desexualisierten Libido", was ein etwas widersprüchlicher Ausdruck ist. Letztendlich war ja für Freud die Libido eine „sexuelle
Energie", die „die dynamische Äußerung des Sexualtriebes im
Seelenleben" darstellt.[59]

Auch das war so ein Lacanscher Satz: „Lieben heißt geben, was
man nicht hat". Doch es betraf nur das Verliebtsein, diese gegen-
seitige Übersteigerung, in der man nur Lie- sagen muss, dann gibt
der andere sich schon das -be dazu. Man könnte also auch sagen,
lieben heißt geben, was der andere sich ohnehin schon genommen
hat. So etwas ist freilich auch in der Mutter-, der Nächsten- und
der Gottesliebe das Fall. Aber ich meine eine andere Liebe, die
Liebe als Erkenntniskategorie. Denn ich betonte ja bereits, dass
man auch die *Strings* lieben muss, man kann sie nicht durch Ex-
perimente beweisen. So sagt beispielsweise auch der Neanderta-
lerforscher T. Appleton zu Recht, dass wir nur mit Liebe den Neandertaler begreifen können. Es ist wie bei den *Strings*, wir müssen sie lieben, wie wir auch den Neandertaler lieben müssen. Jede
nüchterne Sach-Wissenschaft versagt hier und wir müssen einfach
zur Liebe, zur vollkommenen Sympathie und Identifikation, zurückkehren, um überhaupt ein bisschen von den *Strings* und diesen Frühmenschen zu erfühlen und zu erkennen, denn wir haben
sonst nur ein paar Formeln und im Fall des Neandertalers nur ein
paar Knochen in der Hand.

„Wir haben keinen Grund, uns über die Neandertaler zu erheben",
schreibt Appleton. „Der amerikanische Anthropologe Milford
Wolpoff sagte, er sehe einen Neandertaler jeden Tag – wenn er in
den Spiegel blickte. Man hat diese Aussage als Witz gewertet. In
Wirklichkeit zeigt sich darin ein tiefer philosophischer Ernst, eine
Bereitschaft, dem Neandertaler mit Liebe zu begegnen. . . ." Und
weiter. "Das Wort Liebe ist keine paläoanthropologische Kategorie und klingt in diesem Zusammenhang verdächtig nach Esote-

---

[59] Laplanche, J., Pontalis, J.-B., Das Vokabular der Psychoanalyse, Suhrkamp (1989) S. 285

rik. . . Doch dem Neandertal-Menschen mit Liebe zu begegnen bedeutet einfach, sich einer kognitiven Erfahrungsmöglichkeit zu bedienen, die bisher noch nicht ausreichend genutzt worden ist".[60] Mit den spärlichen Knochenresten allein also, die man bisher von diesen Frühmenschen gefunden hat, wird man in der Forschung nicht weit kommen, auch wenn man heute durch DNA – Analysen weiß, dass wir noch kleinste genetische Spuren der Neandertaler in uns tragen. Dieser Begriff von Liebe ist nicht allein mit einem Gefühl oder einer Ethik erfasst.

Er ist tatsächlich nicht mit der modernen Auffassung vom Sexuellen zu beschreiben, aber auch sicher nicht in delirierenden „spirituellen" Hochgesängen zu erfassen, nicht im Verliebtsein und eben auch nicht in der ethisch hochgehobenen Anstands- oder Nächstenliebe. Wenn wir zur Menschentstehung zurückwollen, bedarf es tatsächlich eines großen Maßes an Liebe als Erkenntniskategorie, als „kognitiver Erfahrungsmöglichkeit". Nur, Liebe wie - konkret? Hat sie mit dem Erotischen gar nichts zu tun? Muss man es mit der Wissenschaft versuchen? Könnte ich vielleicht hier wieder meine ‚Metapher des Genießens' anbringen? Es könnte ja eine Liebe geben, die speziell mit dem Wahren des Genießens zu tun hat, ‚avec la vrai jouissance'.

Freud mokierte sich zu Recht über den Satz: „Liebe deinen Nächsten wie dich selbst". Wie sollte die eitle Selbstliebe ein Modell abgeben für die Liebe zum Nächsten? Welchen Nächsten? Die Menschen, die zu meinem Clan, Bezirk, Land gehören? Jeden gerade fassbaren Nächsten? Und welche Art von Liebe? Der obige Satz ist falsch interpretiert worden. Natürlich kann es bei der Liebe zu einem selbst nicht nur ums eigene Ego gehen. Es kann sich nicht um die Liebe zu mir als Ich handeln, als meinem Ego-Selbst, sondern wenn überhaupt, dann zu mir als dem *Anderen* in mir selbst. Als dem meines Unbewussten. Als meiner mir selbst vielleicht nicht genug bewussten Andersheit und Wahrheit. In der Psychoanalyse *überträgt* der Patient Bedeutungen aus seiner ei-

---

[60] Appleton, T., Warum verschwanden die Neandertaler? Heyne (1999) S. 30

genen Geschichte auf den Analytiker, worauf dieser meist mit ähnlichen Zurückübertragungen - und das nennt sich dann eben *Gegenübertragungen* - reagieren kann. Dieses Hin und Her hat etwas mit einer versteckten Liebe zu tun, weshalb man auch von *Übertragungsliebe* spricht. Der oben zitierte „Nächste" ist nicht unbedingt immer der dieses Nahe Sein am dringlichsten nötig hat, er steht uns eher wie ein Objekt gegenüber, und gerade deswegen, weil er so objektbezogen, neutral uns gegenübertritt, erfassen wir das Wesen dieser Begegnung in einer Art von positiver *Übertragung* und könnten nunmehr – insofern wir dauerhaft so gestimmt sind – diese positive *Übertragung* mit einer positiv getönten *Gegenübertragung* erwidern. Doch das funktioniert meist nicht.

Die *Gegenübertragung* ist oft eher hinderlich, und es sind fast ausschließlich Frauen, die darüber positiv schreiben. Das hängt mit ihrer größeren Empathiefähigkeit zusammen. Doch wie holt man sich aus der Empathie wirkliche Erkenntnis über sein Gegenüber? Dies ginge eigentlich nur, wenn man sich mit ihm vor lauter Empathie völlig identifiziert. Nur Teilempathien mit Teilidentifizierungen erzeugen Chaos, aber mit der völligen Identifizierung ist man nicht mehr man selbst. Die *Gegenübertragung* ist eine liebevolle Chimäre. Lacan betonte oft, dass der Analytiker in der Therapie eher ein Hindernis ist und selbst die meisten Widerstände im Analysevorgang produziert. Nichts ist z. B. so schwierig wie jemanden zu analysieren, der eine erotische, eine sexuelle Übertragung entwickelt, denn hier ist mit Empathie und Gegenübertragung schein dreimal nichts zu machen.

Die Liebe zum ‚Nächsten' wird von diesem also wohl nicht in der gleichen Weise erwidert, wenn es überhaupt um so einen Nächstenliebenden geht, denn der liebt ja zuerst sich selbst, ist also mindestens ein bisschen narzisstisch. Man spricht gerne vom üblichen, gesunden Narzissmus, den jeder hat, ja haben muss, und mit diesem andere zu lieben ist nur möglich, wenn man sich und den anderen vollkommen austrickst: ich liebe den ‚Nächsten', weil ich ihn nötig habe, weil ich ihn mit meiner Liebe täusche und missbrauche, weil so wie ich mich liebe ich niemals einen sogenannten Nächsten lieben kann..

In eine vergleichbare und doch ganz andere Thematik geht auch Lacans Satz: „Eine gute Sexualtechnik ist eine primitive Wissenschaft".[61] Das klingt etwas gewaltig, fast chaotisch lieb, auch wenn Wissenschaft dabei ist. Aber vielleicht liegt die Betonung doch sehr auf dem Wörtchen primitiv. Da sollte man gewiss nicht stehen bleiben. Außerdem muss eine Sexualtechnik nichts mit Liebe zu tun haben. Aber auch das Wort Liebestechnik würde uns schillernd in den Ohren klingen. Es hört sich nach Trick an, nach rhetorischer Raffinesse, nach Geschicklichkeit. So, als würden ein paar Fertigkeiten ausreichen, einem so hohen Anspruch wie dem der Liebe Genüge zu tun. Die Vokabel „gut" im oben zitierten Satz mag über die Problematik und das Drama der letztlichen Realität noch zusätzlich hinwegtäuschen. Denn – umgekehrt gefragt – kann eine Sexualtechnik gut sein, wenn nicht geklärt ist, wie sie den Liebesanspruch befriedigt? Bei Lacan ist jeder Anspruch – insofern er unbewusst mit gesteuert ist – Liebesanspruch, denn es ist ein *Es Spricht*, das bestätigt werden will und das anerkennen soll durch ein gleichwertiges Es *Strahlt*.

Hier schwirrt es vom ‚metaphorisch Sexuellen' und so lasse ich meine ‚Metapher des Genießens' aus dem Spiel. Natürlich ist auch Woody Allens Slogan: „Sagen Sie nichts gegen Masturbation – es ist Sex mit jemandem, den man wirklich liebt", eine genauso große Paradoxie wie der Satz von der Nächstenliebe. Erstens, was heißt hier wirklich lieben? Heißt das Begehren, Verlangen haben? Und zweitens ist Lacan so ziemlich der gegenteiligen Auffassung. Er sagt, „Masturbation ist das Genießen des Idioten." Die psychoanalytische Praxis würde dies jeden Tag bestätigen, ergänzte er. Schließlich heißt es ja Liebe machen mit einer Fiktion. Man macht es dann doch nur noch mit einem Foto, einem Gegenstand oder einer Phantasie und teilt es nicht mit einem lebendigen, warmen, gefühlsbewohnten Menschen. Man lässt sich

---

[61] Lacan, J., Schriften II, Walter (1980) S. 22

nicht auf gemeinsame Intimität und Andersheit, Fremdheit und Persönlichkeit, ‚Beziehnis'-Angst und -Triumph ein. Im Gegenteil, man gibt sich dem Triumph eines Totems hin, eines Organspezifität und nicht der Gesamtheit des Genießens, die Lacan also auch die ‚jouissance en soi' nennt, das Genießen als solches.

Trotzdem führt uns dieser Satz Lacans von der Sexualtechnik als primitiver Wissenschaft dahin, dass Wissenschaft mit etwas zu tun haben muss, das den Liebes-Akt unterstellt. Die Liebe als Handlung, als Tat, ja, als Akt. Denn ein Akt ist ein Urgeschehen, keine überlegt ausgedachte Handlung. Wenn der Philosoph M. Foucault sich mit der antiken Ars erotica beschäftigt hat, so deswegen, weil diese vorwiegend spontane Handlung war, Akt, Elementarstes. Aber vielleicht war sie nur das, zu sehr nur Urgeschehen und zu wenig Wissenschaft, und hat deswegen nicht überlebt? Außerdem war sie mit Sicherheit – zumindest in der griechischen Antike – vom Begriff einer „männlichen Kraft" beherrscht, einer Potenz, einer Mächtigkeit. Bei einer Potenz sind Macht und Sex schon gegenseitig gebunden, sind nicht mehr wirklich frei. Genau diese Verquickung hat S. Freud versucht mit seiner Psychoanalyse auf wissenschaftliche Weise zu klären und zu lösen, indem es um nichts anderes als um die Liebe, ihr Erwachsen aus dem frühesten Kindesalter, ihre Erniedrigungen, Versteckspiele und Erfüllungen ging, und vielleicht wird diese Art, sich mit Liebe zu beschäftigen, besser überleben.

Freud sah die Liebe als Zusammenhalt, als Gleichgewicht, zwischen „Ichlibido und Objektlibido" an,[62] wobei unter Libido die psychische Lust-Energie der Eros-Lebens-Triebe verstanden wird,

---

[62] Freud, S., GW, Bd. XII S. 6 und Freud, S., GW, Bd. XI S. 341, wo Freud schreibt: „Von Liebe sprechen wir nämlich, wenn wir die seelische Seite der Sexualstrebungen in den Vordergrund rücken und die zu Grunde liegenden körperlichen oder ‚sinnlichen' Triebanforderungen zurückdrängen oder für einen Moment vergessen wollen." Wahrscheinlich kann man sie jedoch nie ganz vergessen, weswegen die Liebe immer auch eine zumindest „angemessen erotisierte" Begleitkomponente hat (siehe die Ähnlichkeiten zum hebräischen AHAVA).

die sich eben aufs Ich und auch auf die Objekte richten kann. Das ist zwar eine klare Definition, auch wenn sie recht hölzern, abstrakt und nüchtern akademisch daherkommt. Gewiss, bei dieser Definition ist nicht mehr viel vom Liebes-Akt zu spüren, auch wenn die Liebes-Energie, die „Libido" (oder wäre nicht besser zu schreiben: Libido) doch d i e Kraft ist, d i e, um die es grundsätzlich geht, die Linien-Kraft, die ich vorhin schon einmal bei den Lacanschen Signifikanten als *Kraftlinien* erwähnt habe. M. Foucault hat in seinem Buch „Der Wille zum Wissen" klargelegt, dass man sich die Welt grundsätzlich anders denken muss, neu, ja geradezu „anders herum". So sagt er nämlich, dass wir von Liebe und vor allem vom Sex dauernd nur reden, und dass es die Sex-Liebe gar nicht gibt. Man muss sich die Macht ohne Machthaber und den Sex ohne Gesetz' denken, schreibt er. Die Macht verwischt, verdoppelt, verdreht nur die Spur des Sexes und umgekehrt, von „L, i, e, b und e" ist gar keine Rede mehr.

Foucault vermeidet zu sagen, was Liebe ist, denn dazu bedarf es komplexerer Darstellung, aber er schafft einen neuen und präzisen Zugang, indem er betont, dass Liebe auf jeden Fall auch mit Wissen zu tun hat. Und zwar mit dem Wissen, das man nicht einfach durch einen Willen, auch nicht einem Willen zum Wissen, erreicht, sondern das schon da ist, und das man daher an seiner Wurzel fassen muss, indem man diesen ständigen Gebrauch der Sex- und Liebes-Vokabeln, dieser hohlen Signifikate, zerpflückt. Damit ist man wieder bei Lacan und einem weiteren seiner prägnanten Sätze angelangt, nämlich an dem von der „sexuellen Beziehung, die nicht existiert". Und zwar würde sie deswegen nicht existieren, weil sich nichts Logisches, Konsistentes, also sozusagen wirklich Wahres von ihr sagen ließe. Man kann den Sex so oder so gestalten, man kann ihm Phantasien zufügen und Realitäten verordnen, aber etwas tatsächlich Wahres, könnte man nicht davon aussagen, behauptet Lacan. Sie sei eine reine Scheinbeziehung, die hell strahlt, scheint, aber eben auch nur Anschein ist,

Im Unbewussten, sagte auch schon Freud, ist Mann und Frau nicht repräsentiert, und somit wird das Verhältnis der Geschlechter nirgendwo definitiv aussagbar sein und niedergeschrieben werden können. Kurz: was Sex ist, weiß niemand und wird auch niemals jemand wissen. Umso mehr wird es nötig sein, das Wissen und die Wissenschaft der Liebe zu unterstellen. So kann man wenigstens einen kleinen Teil der gesamten Libido-Thematik retten. Und man kann vielleicht auch eine Wette darüber abschließen, was nun existiert und was nicht, wie es der französische Philosoph J. Nancy versuchte.

Er veröffentlichte jedenfalls ein Buch mit dem Titel „Es gibt – Geschlechtsverkehr", was die Lacansche These konterkarieren sollte.[63] Der Text bezieht sich bei Nancy deutlich nur auf das Gegebene, das „Ex-sistieren" in der sexuellen Beziehung.[64] Nancy stellt ganz besonders das „Verhältnis" als ein eigenständiges Wesen heraus. Es geht bei ihm um einen „Intimitäts-Zwischenraum", um ein „Verhältnis zum Verhältnis, das nicht „ein Seiendes ist, sondern das sich zwischen dem Seienden ereignet". Das Sexuelle sei seine eigene Differenz, schreibt er weiter, es ist ein „Eins-Nichts", was die Lacansche Mathematik aufnimmt, in der eine Eins eine Null für eine andere Eins repräsentiert. All dies klingt schon sehr abgehoben, und so bedarf es einer vereinfachten Klärung.

Denn Nancy sagt auch: diesen seinen Text lesen heißt, ihm bei seiner Art Sex zu haben oder Liebe zu machen zuzuschauen, denn seine Art ist das ‚metaphorische Genießen'. Schon Freud hat die Philosophen als sublime Hysteriker bezeichnet, als literarische und durchaus nette, schätzenswerte Münchhausens, weil sie sich sozusagen an ihren eigenen Gedanken aus dem Sumpf des Denkens emporziehen. So wie der Hysteriker mit seiner Theatralik und Affektiertheit Lust und sexartigen Spaß hat, vermittelt das Lesen der philosophischen Texte oft die Art, wie sich Philoso-

---

[63] Nancy, J., Es gibt – Geschlechtsverkehr, diaphanes (2012)
[64] Der Begriff der „Ex-sistenz" kommt von Lacan und meint, dass etwas von außen (Ex) her Sein, Bestehen (sistere) macht. Zudem hat man – um zu zeigen, dass das „Es gibt" vom „Sexuellen" zumindest etwas getrennt ist, im Deutschen einen Gedankenstrich dazwischen gesetzt.

phen genießend ausagieren. Hier trifft sich Nancy dann doch noch mit Lacan, der meinte, wahren Sex gäbe es nur von einem zum ganz, zum total *Anderen,* diesem Hort des Sprachgeheimnisses, dem „Schatzhaus der Signifikanten". Er ist auch Hort der Lustworte, der Erosvokabeln, und das eignet sich natürlich viel mehr dazu, ein echt erotisches Verhältnis zu kreieren, das einfach ‚metaphorisches Genießen' ist.

Schon in der Kindheit – und dies ist ja die Basis der Psychoanalyse, habe es – so Lacan – diese einzigartige Form von Sex gegeben, die zwischen Eltern und Kind (selbstverständlich nicht in realer, sondern eben „signifikanter" Form, in Echtzeit und im intimen Sprechraum des „zuhause"). Und weil der wahre Sex eben da abgeht, wo er eigentlich nicht ist, d. h. da, wo nur Geschlechtsverkehr ist, gibt es kein wirkliches Verhältnis der Geschlechter, das irgendwie „signifikant" wäre, wahr lebbar, wahr aussagbar. Der übliche und schlichte Sex dagegen, meint Lacan, sei ein Patt, ein Patzer, eine Freud'sche Fehlleistung wie die *Übertragungs-Gegenübertragungs*-Liebe eben auch. Der Mann würde immer am Höhepunkt seiner Angst ejakulieren und so einen Lapsus, ein Missgeschick, ein Danebengehen produzieren. Im Rausch des Höhepunktes gibt es eine Hilflosigkeit, d. h. ein Nicht-Wissen wie es hätte weitergehen sollen. Doch was soll's wenn Liebe im Spiel ist. So gesehen vermischt sich die ‚sexuelle Metapher mit der des Genießens'.

Wir könnten es mit Lacan auch so sagen: Die Frauen irren sich einfach nicht, sie irren nie.[65] Sie sind so mit ihrer psychodynamischen Struktur verbunden, haften sehr daran und bleiben so mehr bei sich als der Mann. Sie bleiben in ihrer „Lieb-ido" (ich schreibe es weiter so) sich selbst treu, bleiben bei sich, während der Mann diesbezüglich beweglicher und unruhiger ist und mehr nach außen geht. Letztlich ist das gar nichts so Neues. Und doch: dass die Frauen nie irren, wusste ich vorher nicht. Erst als ich es bei Lacan gelesen habe, habe ich es begriffen. Dass er dann auch

---

[65] Lacan, J., Seminaire XXI, Vortrag vom 13.11.73

noch gesagt hat, dass die Liebe darin besteht, einer Frau zu glauben, was sie sagt, fand ich dann jedoch etwas zu heftig. Sie irren nicht, die Frauen, aber manchmal sagen sie es eben nicht so ganz genau, so wissenschaftsbezogen, und dann kann man es eben – *Nach Lacan* – oft mehr nur mit Liebe und nicht mit Überzeugung verstehen. Darum geht es doch. Das mit der Liebe und dem Sex bleibt – *Nach Lacan* – einfach weiterhin eine Wette, und in diesem Sinne und wegen der Durchtunnelung der wahren und der simplen Liebe war es notwendig, dass ich gleich zu Anfang diese Thematik so betont habe. Auch wenn es vielleicht eine Wette gegen eine gewisse Gesetzmäßigkeit ist, so ist sie doch ganz *Nach Lacan*, der auch oft seinen Wahlspruch „malgré la loi" ins Feld führte. Trotz des Gesetzes sollte heißen, dass er nicht gegen die Gesetze agierte, aber an deren Rand, quasi fast dagegen-neben.

4. ,B(r)uchstaben'

Das Wort ,Verschränkung' und der etwa gleichwertige Begriff der Komplementarität kommt aus der Quantenmechanik von N. Bohr und W. Heisenberg und wird von Laien und Wissenschaftlern seit langem unterschiedlich und in viele Richtungen kontrovers diskutiert. Im Zentrum steht die Tatsache, dass das Quant (Lichtquant, Photon z. B.) nur in zwei verschiedenen Aspekten beobachtet und somit nicht in einer letzten Einheit erfasst werden kann, indem es zwar eine Ganzheit ist, die aber als solche nicht mehr und genauer eingegrenzt werden kann. Deswegen hat man immer schon hinter der ,Verschränkung' dieser zwei Aspekte eine rätselhafte Wirklichkeit vermutet, die sozusagen überall wirkt und alles mit allem verbindet. Doch so einfach ist es freilich nicht.

Das Quant war also für diese Physiker das kleinstmögliche und nicht mehr weiter herkömmlich methodisch zu bestimmende Element in der Natur. Man kann Lage und Geschwindigkeit (Impuls) eines Elementarteilchens wie etwa des Elektrons nicht gleichzeitig bestimmen, und so einen kontinuierlichen Energieanstieg dieses Teilchens nicht messen. Nur ein unkontinuierlicher, sprunghafter Zustandswechsel kann pauschal gemessen werden, eben das Quant; was dazwischen liegt, bleibt ,unbestimmt' (Unschärferelation). Viele Physiker, einschließlich Einstein, hat dies beunruhigt, da damit weiteres Forschens nach der Kausalität im Inneren des Atoms und dieser Quanten Grenzen gesetzt waren. Es hat daher Versuche gegeben (Einstein-Podolsky-Rosen-Experiment), durch andere Apparatur Anwendungen die Komplementariäts- bzw. ,Verschränkungs'-Theorie anzugreifen.

„Wenn wir die Gegenwart genau kennen, können wir die Zukunft berechnen", meinten sie, aber Heisenberg entgegnete ihnen, „dass hier nicht der Nachsatz, sondern schon die Voraussetzung falsch ist." Es ist eben unmöglich die Gegenwart in all ihren Bestimmungsstücken genau kennenzulernen. Hier gibt es Quantensprünge und nicht linear-kausal zu messende Vorgänge. Die Physik war somit in einer Sackgasse, in der sie bis heute steckt, da sich die Quantenmechanik (Theorie des ganz Kleinen) nicht mit der Relativitätstheorie (Theorie des ganz Großen) verbinden lässt. *Supersymmetrie* und *String Theorien* versuchen heute doch noch eine Zusammenhangserklärung zu postulieren, scheitern jedoch in ihrer eigenen Komplexität und Abstraktion. Lediglich die von mir zitierte topologische Arbeit über die Raum-Zeit-Verschränkung aus der Zeitschrift ‚Spektrum der Wissenschaft' mit dem Beispiel von Maldacenas Dreiecken könnte hier einen Durchbruch darstellen.

Andere Physiker und halbwissenschaftliche Autoren versuchten die Komplementarität dahingehend auszuweiten, dass sie nachzuweisen behaupteten, diese ‚Verschränkungen' könnten auch auf weite Entfernungen angewandt werden. Ein Quant hier zu Hause könnte eben spukhaft eines an einem weit ab gelegenen Ort durch Komplementarität beeinflussen und damit der Physik eine neue Forschungsrichtung geben. Doch dazu müsste die Lichtgeschwindigkeit überschritten werden können, was wiederum nicht geht, will man nicht auch noch alle Einsteins Erkenntnisse über den Haufen werfen. M. Lambeck bringt dazu ein gutes Beispiel: Würde jemand die Sonne plötzlich aus ihrer Lage ins Universum hinaus entfernen, würden wir dies auf der Erde, obwohl nichts zwischen Sonne und Erde existiert, erst nach ca. acht Minuten merken.[66] Denn die Lichtquanten würden noch weiter zu uns fliegen und diese Zeit benötigen. Ursache ist nicht eine spukhafte Fernwirkung wie gerade oben diskutiert, sondern die unterschiedliche Raum-Zeit-Materialisierung bzw. -Krümmung zwischen Sonne und Erde.

Auch die Physikerin und Professorin für feministische Philosophie K. Barad stützt sich in ihren Aussagen zu dem Phänomen der ‚Verschränkung' auf die Komplementaritätstheorie des Physikers N. Bohr und zudem auf den Dekonstruktivismus des Philosophen J. Derrida.[67] Barad spricht ebenfalls von der „Raum-Zeit-Materialisierung", d. h. von der Tatsache, dass es in jedem Raumpunkt und zu jedem Zeitpunkt Überscheidungen der beiden gibt,

---

[66] Lambeck, M., Physik im New Age, www.ezw-berlin.de
[67] Barad, K., Verschränkungen, Merve (2015)

in der sich etwas von beiden zusammen ‚materialisiert‘, realisiert und somit also Wirklichkeit wird, so wie wir sie kennen. Nur, was heißt dies und wie kann man damit umgehen? Barad erweitert vielleicht diese These ein bisschen: sie bestätigt die Ansicht der Unbestimmtheits- bzw. Unschärferelation noch verstärkt, indem sie sagt, dass Messinstrument und zu messendes Objekt zwar getrennt, andererseits aber auch vollkommen ‚verschränkt‘ und ineinander verwoben sind. Nicht nur die Objekte verhalten sich komplementär, sondern auch die Messinstrumente untereinander und auch Instrumente und Objekte gegenseitig. Sie kommt dadurch zu einer anderen Auffassung von ‚Fernwirkungen‘, nämlich zu einer, die über die Physik weit hinausgeht.

Damit verlässt sie zwar eine strengere mathematisch-physikalische Sichtweise. In dieser gilt, dass eine Einheit (Entität), die in der Physik wirkt, nicht an zwei Punkten zugleich sein kann, sonst bekommt sie eine subjektbezogene, irrationale Form. Der Physiker M. Esfeld meint dazu, dass in all diesen Fällen von ‚Fernwirkung‘ „eine präzise Definition von ‚Messung‘ nicht gegeben wird. Das ist auch nicht möglich. Denn physikalisch gibt es keinen Unterschied zwischen einem Messprozess und einer beliebigen Interaktion. Ferner sind Messgeräte keine natürliche Art von Gegenständen, die in der Natur unabhängig von unseren Interessen vorkommen wie eben Elektronen, Sauerstoffatome, DNA-Sequenzen . . . Vielmehr können beliebige Dinge von Experimentatoren entsprechend ihren Absichten als Messgeräte verwendet werden."[68]

Und weiter: „Wenn man definitive numerische Werte für Eigenschaften makroskopischer Objekte akzeptiert . . . und wenn man die Quantenmechanik als vollständige Beschreibung der mikrophysikalischen Wirklichkeit anerkennt, dann muss man die Möglichkeit des Übergangs zu wohlbestimmten numerischen Werten in die Dynamik einbauen, die man für die Zeitentwicklung von Quantensystemen ansetzt." An genau diesen wohldefinierten nu-

---

[68] Esfeld, M., Das Wesen der Natur, Spektrum der Wissenschaft, 6/11, S. 57

merischen Werten scheiden sich nun die Geister. Barad hält sich meiner Meinung nach nicht genau daran und ich selbst schwanke ein wenig, was nun wirklich ‚wohldefinierte numerische Werte‘ sind. Hier liegt vielleicht eine zu einseitige mathematische Grundlage vor. Bei Lacans Mathematik, auf die ich mich gerne stütze und hinsichtlich der eine Eins eine Null für eine andere Eins repräsentiert, liegt wahrscheinlich keine Wohldefiniertheit vor. Trotzdem kann man mit ihr gut arbeiten und das Wesen der ‚Verschränkung‘ besser beschreiben.

Denn der Psychoanalytiker als die eine *Eins* ist in gewisser Weise eine Null für den Patienten, dieser zweiten *Eins*, weil dieser nichts von ihm weiß, und anfänglich natürlich auch umgekehrt, indem auch der Analytiker vom Patienten nichts weiß und auch nicht so weitreichend das Wissen hat, das der Patient ihm unterstellt. Die Herstellung des Null-Eins-Abstandes ist für die Mathematik – und so auch für die Psychoanalyse – seit jeher eine große Aufgabe! Dieser Abstand ist nicht einfach natur- oder gottgegeben und wohldefiniert. Wenn in der Psychoanalyse jeder für den anderen – und selbstverständlich nur in gewisser Weise – eine Null repräsentiert, so wurde jeder sich doch des gegenseitigen Null-Eins-Abstandes zunehmend mehr und mehr gewiss, weil man ja darüber ständig redete, verglich, abwog, ergänzte und deutete und damit genau zu zählen anfangen konnte. Der Null-Eins-Abstand spiegelt das Problem der Unendlichkeit wieder. Denn was ist die kleinste Zahl in diesem Abstand? Man kann immer noch kleinere nehmen und wie beim Quant gibt es keine genauere Berechnung. Auch die Planck-Einheiten wie z. B. die Planck'sche Länge von 10^{-35} m sind nicht gerade befriedigend, um einen Zahlenabstand zu definieren.

Ein mathematischer Zugang hat den Vorteil, dass der Begriff der ‚Verschränkung‘ über Grenzen hinaus gefasst werden kann. Es fragt sich lediglich, ob die Lacansche Mathematik ausreichend Anerkennung findet. Dies tut der Kulturwissenschaftler und Philosoph A. Plotnitzky, indem er sich in einer ausführlichen Stellungnahme mit dem Zusammenhang von Mathematik und Psychoanalyse – und zwar ganz speziell bezogen auf Lacan – beschäftigte. Er fragte sich, „ob Lacan wirklich über den Penis und die Quadratwurzel aus minus 1 mit offenem Gesichtsausdruck gesprochen habe, wie in der NY-Times berichtet wurde"? [69]

Ja, nur dass es sich nicht um den Penis handelte, sondern um Φ (Phi), um den ‚phallus symbolique', „was von Lacan theoretisiert", so Plotnitzky weiter, „als symbolisches Objekt angesehen werden kann, insbesondere als Signifikant, der den Signifikanten, denen man bei komplexen Zahlen begegnet, epistemologisch ähnlich ist."

Mit anderen Worten: es geht bei diesem Vergleich von $\sqrt{-1}$ und Φ um eine Analogie Hofstadterscher Art. [70] Genau in diesem Sinne meint Plotnitzky, man müsse eben akademische Mathematik und die Mathematik Lacans nebeneinander stehen lassen und vom Konzept der Signifikanten ausgehen, mit denen ja auch die Axiome und Algorithmen definiert werden. Die Wurzel aus minus 1 ist eine imaginäre Zahl, ein Begriff, der schon den jungen Törleß in R. Musils gleichnamigen Roman sehr verwirrt hat, denn es klingt nach einer irren, ‚unmöglichen' Zahl. Und so erinnert das Ganze wieder an die Diskussion von Nancy und Lacans Standartsatz vom „nichtexistierenden Sexualverhältnis", das auszusagen zumindest recht unbestimmt bleibt. Hier kommt bei Barad Derrida zum Zug, der meinte, dass selbst die Sprache weitgehend unbestimmt ist, man kann immer wieder weiter etwas sagen und so zu keinem endgültigen Sinn gelangen, wodurch das Wesen der Eins sich ins Unermessliche ausdehnen kann.

Deswegen muss man die Aussagen dekonstruieren, um die Eins wieder der Null anzunähern und damit zu ihrer letztlichen fast mathematisch gültigen Aussage zu kommen. Beim Lesen von K. Barads Buch [71] hat man den Eindruck, dass vielleicht vieles stimmt, aber sehr überbordend, zu weit ausufernd und überintellektualisiert sowie mit sehr vielen Fremdworten ausgestattet ge-

---

[69] Plotnitzky, A., On Lacan and Mathematics, Alphaville.com (2009)
[70] Hofstadter, D., Die Analogie, Klett-Cotta (2014)
[71] Barad, K., Verschränkungen, Merve (2015)

schildert wird. Dabei macht sie zu Ende eine nicht ganz uninteressante Bemerkung, die ich so wiedergeben möchte: nicht A ist mit B verschränkt, sondern jedes weist bereits in sich selbst eine Unbestimmtheit auf. Selbst Objekte sind in letzter Hinsicht unbestimmt wie auch die Sprache. Insofern ist eigentlich nur die Unbestimmtheit mit der Unbestimmtheit verschränkt. Die ,Verschränkung' in Physik und anderswo ist nur eine Lücke, ein Fauxpas, ein grundsätzlicher Mangel, und dieser findet sich eben auch in anderen Bereichen, wo Unbestimmtheit auf Unbestimmtheit trifft. Die ,Verschränkung', der grundsätzliche Mangel besteht schließlich darin, dass es nicht eine ,Interaktivität' zwischen A und B gibt, sondern in jedem der Teile eine ,Intraaktivität' herrscht, die ,iterativ', also sich ständig wiederholend ist. All dies führt bei Barad dazu, dass man direkt eine „Politik der Raum Zeit Materialisierung" erstellen muss, die auch unter den Menschen und deren Beziehungen ,Verschränkungen' sehen kann und behandeln muss.

Nach einer Politik zu rufen klingt jedoch abenteuerlich, es ist sicher besser, bei der Wissenschaft zu bleiben. Mir Lacans Konzept vom *Schau-/Sprech-trieb*, was ich auf den Ausdruck des *Strahlt/Spricht* verkürzt habe, lässt sich die Frage nach dem Wesen der ,Verschränkung' vorteilhafter klären. Barad mischt die beiden Grundwesenheiten durcheinander, denn der Raum hat gewiss etwas mit Materialisierung und Realisierung zu tun, nicht aber die Zeit. Die Zeit benötigt eine Artikulation, es gibt Beschleunigungen und Verlangsamungen in der Zeit,[72] Kurzweil und Langweil, die Planckzeit und die Zeitlosigkeit, kurz vieles, das nur mittels des *Spricht* zur Zeit wird, und das man somit nicht einfach mit dem Raum in einen Topf werfen kann. Auch in der Psychoanalyse wird das *Spricht* und mit ihm die Zeit bevorzugt, indem die „freien Assoziationen" des Patienten und die Deutungen des Analytikers nach Regeln ein ständiges miteinander Sprechen die psychoanalytische Mathematik beherrschen. Lacan hat

---

[72] Paul Virilio war mit Begriffen wie dem ,rasenden Stillstand' und Ähnlichem ein exzentrischer Kommentator von krankhaften Beschleunigungen der Menschheit.

immer wieder moniert, dass das Imaginäre des Raums zu kurz kommt und deshalb mit Vorlesungen zu Optik, Blick, Spiegelungen etc. diese andere Seite, die Seite des *Strahlt,* erwähnt.

Ich kann also nochmals auf die Struktur sich überlagernder Linien und Flächen bei der Topologie Lacans hinweisen, denn hier sind die Windungen und Flächen nicht statisch, sondern nach vorne und zurück, nach oben und unten, nach innen und außen bewegt und so nähert sich das *Strahlt* dem *Spricht*. Fachlich geht das bis hin zum Calabi-Yau-Raum, der bis in die fünfte Dimension reicht.

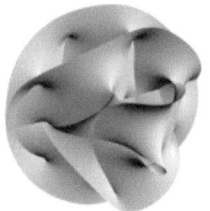

Abb. 4   Calabi-Yau-Mannigfaltigkeit. Die mehrfach „eingerollten" Dimensionen sind durch die ineinanderverwobenen Flächen dargestellt.

Raum und Zeit sind also durch die Eigendynamik des Flächen-Knotens bestens ausgedrückt. Ich will dadurch nur meine Absicht, Lacan von der anderen Seite, von der des Bildes her, zu packen, anschaulich angehen. Dieses „von der anderen Seite her" hat Lacan zwar in vielerlei Sätzen und Ansätzen schon verwirklicht, doch wiederum nur sehr theoretisch. Er hat zwar klar erkannt, dass das Bild-Wirkende, das *Strahlt*, wie gerade oben erwähnt gegenüber dem Wort-Wirkenden, dem *Spricht*, in der Psychoanalyse sehr vernachlässigt wird. Er hat sogar versucht über Optik und Spiegelaspekte hinaus mit seiner Faden-Geometrie, mit Analogien zum Webrahmen und zu den gezeigten topologischen Figuren dem Bild-Wirkenden Gewicht zu geben. Doch es blieb alles immer noch sehr theoretisch und ging über die Darstellung und Dynamik des Bo-Knotens nicht hinaus.

Dieses immerhin schon weit gediehene „anders herum" des Bo – Knotens zeige ich in der nächsten Abbildung. Es geht dabei nicht nur um eine andere Sicht, sondern auch eines der anderen Bedeutung, der herumgedrehten Aussage, des anderen Wortes. Exakt dies ist ja auch der Dreh- und Angelpunkt der Freud'schen und

Lacanschen Psychoanalyse. Das Unbewusste ist nicht das Nicht-Bewusste, sondern das anders-herum-bedeutende Unbewusste. Deswegen sagt Lacan auch: „Um mit dem Bo – Knoten in angemessener Weise operieren zu können, muss man ihn gedankenlos, wie blöd verwenden. Soyez-en Dupes." Man soll den Blödmann spielen, also genau das tun, was ich später noch über den zweiten, den traumverlorenen Blick schreiben werde. Es geht dabei um Computerbilder, die einige Zeit wie traumverloren angeschaut plötzlich ein dreidimensionales Bild freigeben und um ‚Visionen' in der Meditation.

Ihn wie blöd verwenden heißt jedoch auch, etwas aus ihm herauslesen. Dreh- und Angelpunkt bedeutet, dass hier kein Wort gedanklich zu sehr angespannt hinterfragt und nicht nur jedes System und insbesondere Zeichensystem ad absurdum geführt wird.

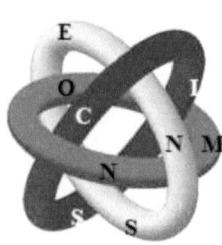

Hier muss total neu angefangen, umgedreht, ins jenseitige gestottert werden, ja selbst der unscharfe Begriff wird in seiner Unschärfe und Unbestimmtheit so stehen gelassen wie er ist: fast nichtssagend, zerrieben, zerstäubt. Was haben die Dadaisten und Surrealisten nicht alles versucht, diese Zerstäubung bis zum Geht-Nicht-Mehr zu treiben oder Nietzsche: „[sein] Nihilismus zersprengt den hortus conclusus der Bedeutungen und legt den blickzerstörenden Blick auf den horror vacui des Seins frei. . . Das Sprechen und Begehren von Nietzsche . . und . . von anderen Vertretern der neuen literarischen Avantgarde . . visiert ‚nicht die Bedeutung des Wortes, sondern sein rätselhaftes und prekäres Sein".[73] „Der Signifikant in seinem differentiellen Wert - und nicht als Repräsentant der Bedeutung - . . . dominiert die neu entstehenden Wissenschaften."[74] Das ist schwerer Lacanscher Tobak, und so muss ich jetzt doch meinen eigenen Beitrag aus dem Ärmel schütteln und wenigstens

---

[73] Foucault, M., Die Ordnung der Dinge, Frankfurt (1974) S. 370
[74] Bitsch, A., Diskrete Gespenster, transkript (2011) S. 441

zu einem guten Teil herausrücken, um diesen Tobak wieder etwas abzumildern und verständlich zu machen.

Ich habe nämlich auf diese sich bewegenden Ringe des Knotens wieder die B(r)uchstaben eines *Formel-Wortes* geschrieben. Dadurch ändert sich das Ganze gewaltig. Jetzt gibt es ganz ausgeprägt etwas Sprachliches, das zu einen „anders herum" führt, nämlich in die vierte Dit-Mension, die eben wegen der Betonung von etwas ganz originär Sprachlichem, gar Grenzsprachlichem, die Zeit verändert. Die Art der Vermittlung durch das *Formel-Wort*, seine Struktur, seine Mehrfachbedeutungen und Schnittstellen, habe ich bereits geschildert. Durch die zu vielen Bedeutungen hat es keinen eindeutigen Sinn, doch gerade das ist gefragt, denn es wird zur Meditation verwendet, wo ein schon vorgefasster Sinn den meditativ Übenden an der Aussage dieses Sinns festhält, festnagelt. Aus Bedeutungen, die nahe beieinander oder im semantischen Bereich zueinander liegen, könnte man vielleicht einen Sinn heraus konstruieren. Doch dies ist beim *Formel-Wort* nicht möglich.

Die einzelnen Bedeutungen sind zu disparat und auch zu viele, um irgendwie an einen Sinn heranzukommen. Doch gerade dadurch hat der ganze Vorgang Sinn, denn ein solcher muss nun selbst vom Unbewussten herausgegeben, herausgepresst werden, und darauf kommt es ja an. Lacan hat Ähnliches oft mit Wortspielen ausgedrückt. Was zum Beispiel das Wortspiel mit den ‚Non Dupes', das Blödeln mit den ‚Nicht-Blöden' angeht, in seinem Seminar XXI „Les non Dupes errent" – ich habe es schon zitiert – erklärt Lacan die „Nicht-Blöden" ja zu denen, die besonders trefflich irren. Die „Dupes" dagegen, die wirklich Dupierten, die Einfältigen werden schon bei Jesus mit dem Himmelreich bedacht. Sie sind noch ehrlich, direkt und ungeschminkt eben wie die Kinder. Sie sind noch ganz schlicht dreidimensional, während die „Non-Dupes", die Klugscheisser und Karrieremacher, im zweidimensionalen „Flat-Land" leben, zusätzlich ausgestattet mit der quälenden Dimension der Zeit und so eigentlich nichts wirklich begreifen. [75]

Zum „Les non Dupes errent" gibt es nämlich noch das im Französischen gleichklingende „les noms du pére" und „les non du pére", wozu ich noch später Stellung nehmen werde, da diese Dreiheit von Aussage-Bedeutungen selbst die gekrümmte Raumzeit mit ihren vier Dimensionen noch um eine weitere, um die 5. – eine weiter Dit-Mension bereichert. Die drei Ausdrücke klingen im Französischen gleich, bedeuten jedoch Verschiedenes: die Nicht-Blöden irren, die Namen des Vaters, die Neins des Vaters. Das hat zwar auch eine psychoanalytische Bedeutung, der der Name das Vaters hat auch mit seinem Nein zu tun, aber vor allem enthält dieses Wortspiel genau das, was ich von dem *Formel-Wort* gerade gesagt habe: rein aus der Homophonie heraus kann man dem Ganzen keinen Sinn geben, man weiß nicht, was gemeint ist, selbst wenn man die drei Bedeutungen versteht.

Beim Formel-Wort der Analytischen Psychokatharsis geht es nicht um eine Homophonie, eine Gleichlautung, sondern um eine Homographie, eine Gleichschreibung. Beides könnte man unter dem Begriff der Homologie einordnen, weil es um die gleiche Logik geht, nämlich um die des Unbewussten. Sie ist keine Logik des einfachen Verstehens. So ist der einzelne Signifikant – so Lacan –keiner Bedeutung fähig, erst wenn die Signifikanten sich unterscheidend gegenüber stehen, wenn sie in der Kette auftreten, erzeugen sie eine Aussage. Es ist die gleiche Logik der bereits erwähnten „Dit-Mension". Dies ist in der obigen Abbildung angedeutet, indem dort das *Formel-Wort* ENS-CIS-NOM auf die Ringe des Bo-Knotens geschrieben ist. [76]

Damit kann ich noch einmal auf Barad zurückkommen. Sie hinterfragt und versteht vielleicht zu viel, doch sie zitiert J. Grahn hinsichtlich des Verstehens mit folgender Bemerkung: ‚Verstehen

---

[75] Lacan, J., Seminaire XXI, Vortrag vom 2. 12. 73

[76] Die Dechiffrierung der *Formel-Worte*, also welche einzelnen Bedeutungen im Gesamtschriftzug stecken, beschreibe ich in Kapitel 3.2 .

zu wollen, zur Basis, zur Wurzel oder zur versteckten Bedeutung vordringen zu wollen, ist das falsche Werkzeug. . . . . Vielleicht ist es vielmehr *inter*stehen, was wir tun, wenn wir uns auf diese Arbeit einlassen und uns in aktiver Beschäftigung mit ihr vermischen. Statt Bedeutung herauszuziehen, legen wir Bedeutung hinein.'[77] Genau das Wort „*inter*stehen" ist es natürlich, das mich fasziniert hat, denn es korreliert mit Lacans Auffassung.

Lacan betont häufig, dass ein zu gutes Verstehen in der Psychoanalyse oft der falsche Weg ist. Der Patient assoziiert etwas, und der Therapeut versteht dabei den Zusammenhang zu vorschnell oder zu gut, was dem wirklichen Hintergrund der Deutung nur hinderlich ist. Auch die Marktfrauen, die untereinander tratschen, verstehen sich bestens, doch es handelt sich natürlich nicht um das Verstehen, was wissenschaftlich notwendig ist. Selbst bei einem Vortrag ist es nicht immer das Beste, wenn alles sehr gut verstanden worden ist. Oft ist es besser, wenn man nicht alles versteht, aber spürt, dass an dem Vortrag etwas Entscheidendes dran ist. Versteht man alles, schläft man vorzeitig ein, merkt man aber das Besondere und Wichtige, das Neue und Zutreffende, hält man die Ohren gespitzt. Den Inhalt kann man noch später nachlesen.

Zudem ist das „*inter*stehen" ein weiterer guter Ausdruck für das ,Verschränkt Sein'. Das ist nicht in irgendeinem esoterischen oder spiritistischen Sinn gemeint. Das ,Verschränkt Sein' im sozialen und psychologischen Bereich hat viel mit Psychoanalyse zu tun. Sowohl Freud wie auch Lacan haben auf die besondere Resonanz in Kommunikationsnetzen hingewiesen, sei es in mehr fast telepathischer Form, sei es als Ausdruck gleicher Symptome, gleicher Überschneidungen in den Signifikanten. Auf jeden Fall – so denke ich – bin ich berechtigt, von der Lacanschen Psychoanalyse und den modernen physikalischen Theorien ein ,Verschränkt Sein' genau im Sinne dieses *Inter*stehens anzunehmen. Es kommt wohl auf das Gleiche wie die ,tiefen' bzw. ,naiven' Analogien heraus. Damit mache ich nicht den Fehler, dass ich hinter

---

[77] Zitiert nach Grahn, J., Really Reading Gertrude Stein (1989)

der Heisenbergschen ‚Verschränkung' die schon oben kritisierte geheime Wirklichkeit vermute. Ich verwende diesen Begriff als etwas Substanzielles wie es auch das Lacansche Reale darstellt. Auch die Physiker werden sich damit abfinden müssen, dass man mit den *Strings* und den *Supersymmetrien* allein nicht weiterkommt so trefflich sie sind. Denn das Reale bei Lacan betrifft mehr das, an dem der Mensch sich stößt, wo er nicht weiter kommt, das scheinbar Unmögliche. Aber auch die Strings sind nicht äußere Realität, sondern genau das, wo die Physiker nicht weiterkommen, das scheinbar Unmögliche.

5. Lacan versus Habermas

Das Bildhaft-Imaginäre spielt in der klassischen Psychoanalyse also nicht die große Rolle wie das Worthaft-Symbolische. Lacan hat mit Begriffen wie der „ultrasubjektiven Ausstrahlung", wie mit Begriff der Lumineszenz und Luzidität als einem inneren Strahlen oder mit dem „Strahltpunkt" der subjektbezogenen Optik die bildhaft-imaginäre Seite noch vielfach ins Spiel gebracht. Wie die nebenstehende Abbildung zeigt, treffen die vom Körper her kommenden ‚Strahlen' (Nervenströme) auf die der Schädelbasis aufsitzende Halbkugel, die ja wie ein Konkavspiegel wirkt. Von dort werden diese in Richtung des Spiegel-, ‚Strahlt'- oder Subjektpunktes zurückgeworfen und dort zentriert. Die konkave, innen reflektierende Nervenzellschicht, die das vom Körper und anderen Gehirnarealen kommende *Strahlt* im Zentrum der Halb-

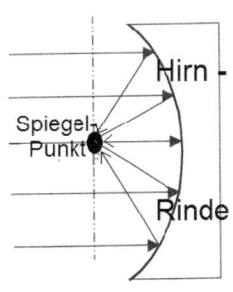

kugel punktuell spiegelt, erzeugt Erfahrungen von Lumineszenz oder Luzidität bis hin zu Halluzinationen. Lacan hat diesen Punkt auch in seinem Spiegelstadium klar herausgearbeitet. Man sieht sich als Ganzes nur virtuell im *Anderen* und wenn man aus Positionen um den ‚Licht'-Punkt, Brennpunkt, Spiegelpunkt des Gehirnspiegels heraus ‚sehen' kann.

Dieser Punkt hast auch mit dem zu tun, was man den Primärprozess des *Schautriebs* nennt, mit dem ja nicht das herkömmliche Sehen gemeint ist, sondern die Schaulust, der Blick als ‚Objekt' des Begehrens, der Spiegel-Blick, luzide Blick. Die Psychoanalyse kann mit ihm nichts anfangen, der Analytiker sitzt blickabgewandt hinter dem Patienten und die Kristallkugel des Wahrsagers erfüllt keinen Zweck mehr. Dabei hat Freud noch damit angefangen, als er seine Patienten in Hypnose versetzte und diesem dazu einen glitzernden Gegenstand vor die Augen hielt. Es ging genau um dieses Glitzern des *Strahlt*, das Freud damals jedoch beendete, da die Patienten sich in der Hypnose zu sehr der Stimme des

Therapeuten hingaben und nach dem Erwachen das in der Hypnose Besprochene nicht als ihre eigene Wahrheit erkennen wollten. Sie hatten einen Film gesehen, in dem sie zwar Schauspieler waren, aber nicht für die Konsequenzen ihrer Rolle einstehen wollten. Auch Lacan hat daher dem Glitzern, dem *Strahlt* und den Bildern nicht so viel Aufmerksamkeit geschenkt. Auf jeden Fall hielt er sich an die Sprechpraxis und an den Schwerpunkt des Symbolischen.

Dies tut auch der Philosoph J. Habermas. Er meinte jedoch, Lacan, haben mit seiner psychoanalytischen Theorie „das Licht der Aufklärung verdunkelt". Doch diese negative Aussage muss man positiv umdeuten: das Licht der Aufklärung war gar nicht so hell, wie Habermas meint, das neunzehnte und zwanzigste Jahrhundert mit ihren grauenhaften Kriegen haben gezeigt, dass schrecklichste Finsternis herrschte, an der die Aufklärung nichts geändert hat. Und so konnte es nur gut sein, das Licht der Aufklärung mit einem Ausflug in die Psychoanalyse ein bisschen herunter zu dimmen. Wie erwähnt ist es Lacan verdanken, dass er diese beiden Triebkräfte umformuliert hat in die Kraft eines Wahrnehmungs- bzw. Schautriebs (steht der Liebe nahe) und eines Entäußerungs- bzw. Sprechtriebs (steht dem Tod nahe). Jedenfalls lässt sich mit dieser Umformulierung die Psychoanalyse besser begreifen und umfassender nutzen. Es ist nicht unverständlich, dass das Sprechen dem Tod nahesteht. Die Menschen reden ständig aneinander vorbei, sie missverstehen sich, ja sie lügen, sie widersprechen sich oft in totaler, perfekter Weise, so dass man sich wirklich fragen muss, was sie eigentlich vom Sprechen, vom Kommunizieren, haben.

Nicht viel nämlich, denn sie sagen sich kaum jemals die Wahrheit. Vielleicht halten sie sich ja an die Erkenntnisse von Habermas, dessen Zentralthema das ‚kommunikative Handeln', die ‚kommunikativ vergesellschafteten Subjekte' und die ‚unbegrenzte Kommunikationsgemeinschaft' darstellt. Es war ein großer Fortschritt, indem die Menschen von ‚subjektphilosophischen (Kant) zum sprachpragmatischen Verständnis (Pierce) des Vernunftgebrauchs' gekommen sind, doch um weiter zur Wahrheit durchzudringen, muss Habermas noch etliche Begriffe zusätzlich einführen und klären: „Die Welt besteht aus allem, worauf wir in wahren Aussagen Bezug nehmen können", schreibt er. Das klingt so ähnlich wie das Statement des Philosophen G. F. Hegel, der meinte, „alles Wirkliche ist vernünftig und alles Vernünftige ist wirklich." Es soll eben eine Grundvoraussetzung geben, und die besteht im ‚sprachpragmatisch vernünftelnden Subjekt' und seinem möglichen Wahrheitsbezug.

Davon ausgehend wird der Diskurs der theoretischen Vernunft „wahrheitsorientierter Forscher" dem Diskurs der praktischen Vernunft „gerechtigkeitsorientierter Bürgen" entgegen, aber auch zueinander gestellt. Denn letztlich muss es zu gegenseitigen Annäherungen und Verpflichtungen beider kommen, „moralische Lernprozesse und vieles mehr müssen stattfinden, um das große ‚Wir' zu erreichen, das dann die Zustimmung aller haben kann".[78] Viel besser und anderes drückt dies der Historiker Jörg Später aus. Er fasst den Inhalt des 1750 Seiten dicken, gerade zitierten Buches von Habermas in einigen Seiten zusammen. So schreibt er zum Beispiel:

Leitfaden der Philosophiegeschichte ist bei Habermas „die okzidentale Konstellation von Glauben und Wissen" – es geht astronomisch ausgedrückt darum, wie diese beiden Planeten von Glauben und Wissen in verschiedenen historischen Epochen zueinander standen. Die Philosophie speiste sich stets aus beidem, aus Religion und Wissenschaft. Die Genealogie des nachmetaphysischen Denkens soll zeigen, „wie sich die Philosophie – komplementär zur Ausbildung einer christlichen Dogmatik in Begriffen der Philosophie – ihrerseits wesentliche Gehalte aus religiösen Überlieferungen angeeignet und in begründungsfähiges Wissen transformiert hat."

---

[78] Habermas, J., Auch eine Geschichte der Philosophie, Bd. 2, Suhrkamp (2019) S. 750 - 785

Auch wenn die Gesellschaft also immer komplexer wird und wir wegen der Spezialisierung des Wissens als Einzelne immer weniger wissen und können, obwohl wir immer mehr Informationen haben und auch Zeit, uns diese anzueignen, fordert Habermas seine Leser und Leserinnen auf, von ihrer Vernunft autonomen Gebrauch zu machen und ihr gesellschaftliches Leben praktisch zu gestalten. Dieser innere Zusammenhang von theoretischer und praktischer Vernunft, den Kants Gedanke des Transzendentalen enthält, geht nach Habermas verloren, wenn Philosophie rein szientistisch wird.

Philosophie müsse vom Geist der Wissenschaft durchdrungen sein – Habermas folgt damit Humes unumkehrbaren Lernschritt der Ausdehnung des grundsätzlich fallibilistischen Bewusstseins auf Aussagen der Philosophie. Aber in den Fragen der praktischen Philosophie steht Habermas auf Kants Seite, denn hier sei die religiöse Hoffnung auf rettende Gerechtigkeit, auf Erlösung von Leid, auf Versöhnung durch eine vernünftige Gesellschaft bewahrt. Habermas ist Kantianer. Vor allem aber ist er, der an die kommunikative Vernunft und den sozialkognitiven Fortschritt glaubt, Habermasianer.

Aber ist er so nicht zu optimistisch und idealistisch? Geht es nicht auch ums Begehren, um eine Triebkraft, der man nicht so leicht widerstehen kann? Wenn alles der Sprachpragmatik unterliegt, also dem Wort-Wirkenden, dem *Spricht*, wo bleibt dann das Bild-Wirkende, das *Strahlt*? Oder gibt es das gar nicht? Doch neben dem Sprechtrieb, auf den sich Lacan beruft, existiert wie schon eingangs gesagt auch der Schautrieb, den schon Freud so benannte. Das Schauen, die Schaulust, hat mit Blicken und Bildern zu tun. Habermas meint, dass das psychisch Unbewusste „sprachlos" ist. Für ihn ist nur die Materie unbewusst, aber nicht die Psyche oder der Geist, der in der Vernunft kulminiert. Nun behauptet ja Lacan, dass die Sprache gar nicht der Kommunikation dient, sondern der Enthüllung, dem Eingestehen, dem Sich-Preisgeben. Der Sprechtrieb drängt nicht dazu, umständliche Gespräche zu führen, sondern sich direkt, unvermittelt, symbolisch auszudrücken. Er will von sich verkünden, will sein Herz ausschütten, sein Begehren, und wenn er dies nicht tut, so weil er gehemmt ist.

Die Philosophen und auch Habermas geben sich nämlich nicht in dieser Weise preis, sie rücken ihr Innerstes nicht heraus, sie sprechen sich nicht ungehemmt aus, sie geben ihre Angst nicht her. Sie verbleiben in den guten, enorm weitreichenden, tiefsinnigen Gedanken, die sie sich selber gemacht haben, und die sie weiter und weiter ausformen und zu dem machen, was K. Marx den ‚Überbau‘ nannte.[79] Für den Psychoanalytiker sind die Habermassen ‚Handlungen der Sprechakte‘ seelische Abwehrmechanismen, die die Meldungen des eigenen unbewussten Begehrens umgehen wollen. Das hindert sie nicht lesenswerte Produkte zu schaffen, und so sind Philosophen und speziell Habermas durchaus interessant zu lesen, aber das Entscheidende bringen sie nicht.

Dies moniert vor allem auch der Pädagogikprofessor und Kulturkritiker Kersten Reich in seinem Buch ‚Die Ordnung der Blicke‘.[80] Er schreibt: „In ‚Erkenntnis und Interesse‘ hat Jürgen Habermas sich kritisch mit der Psychoanalyse auseinandergesetzt. Dies geschieht bei ihm aus einer besonderen Perspektive, die sehr stark sprachliche Prozesse in den Vordergrund rückt".[81] Das von mir so hervorgehobene *Strahlt*, das Bild-Wirkende, der imaginäre Signifikant, wird dabei völlig vernachlässigt. Man muss freilich zugeben, dass das Es *Strahlt* in der herkömmlichen Psychoanalyse nicht so sichtbar ist wie ich es in der *Analytischen Psychoka-*

---

[79] Ich glaube nicht an den Marxismus, einzelne Gedanken sind aber manchmal fürs Zitieren gut geeignet. Die Sprache selbst ist freilich kein Überbau, das konstatierte selbst Stalin.
[79] www.unikoeln.de/hf/konstrukt/reich_works/buecher/ordnug/index. html (frei als PDF herunterladbar).
[81] Habermas, J., Erkenntnis und Interesse, Suhrkamp (1973) S. 270 - 312. Kersten Reich: Habermas erkennt die Notwendigkeit einer Triebtheorie zwar an, wendet diese jedoch aus dem naturhaften Objektivismus in einen symbolischen des Geistes um.

tharsis verwende und wie es auch in der klassischen Traumdeutung zu sehen ist. Auch dazu nimmt Kersten Reich Stellung.

„Die Hervorhebung des Textes des Traumes unterschätzt nämlich die bildlichen und emotionalen Gefüge der Traumwelten nicht unerheblich. Dies liegt daran, dass Habermas letztlich alle Aussagen auf das von ihm konstruierte Gefüge sprachlicher Bezogenheiten, auf seine sprachpragmatische Wende, zurückbezieht und damit nivelliert. Dies führt zu einem sprachlogischen Missverständnis der Psychoanalyse, das die Breite der Psychoanalyse zu stark verkürzt. . . Verdrängung erscheint Habermas als ein Ausdruck dafür, unerwünschte Bedürfnisdispositionen dadurch unschädlich zu machen, dass sie aus der öffentlichen Kommunikation ausgeschlossen werden. ‚Bewusste Motivationen, die im öffentlichen Sprachgebrauch präsent sind, werden durch den Mechanismus der Verdrängung in unbewusste, gleichsam sprachlos gewordene Motive verwandelt.'[80] . . . Habermas ist sich im weiteren Verlauf seiner Argumentation durchaus darüber klar, dass die Psychoanalyse eine Therapie nicht vorrangig durch sprachlichen Diskurs, sondern durch *Übertragung* erreicht. Offensichtlich sieht er diese jedoch als überwiegende sprachliche Bearbeitung und unterschätzt den beziehungsmäßigen, emotionalen [und bildwirkenden] Anteil, der für praktizierende Psychoanalytiker in der Regel den eigentlichen Anspruch von Übertragungen ausmacht."

Psychoanalytiker und Patient – so Kersten Reich weiter, „können beide nicht direkt auf der inhaltlichen Ebene über dieses Unbewusste kommunizieren, sondern benötigen die imaginative Achse ihres wechselseitigen Begehrens aufeinander, um solches Wissen über den Diskurs des a/Anderen [des Unbewussten] zu bewahrheiten. Solche Selbstreflexion ist dramatisch von einer kognitiven Aufklärung der Vernunft und deren Selbstreflexion unterschieden. Der Diskurs der Universität nämlich richtet sich nach Lacan ausgehend vom Wissen auf eine Mehrlust nach immer weiterem Wissen, wobei es Subjekte produziert, die für sich dieses Wissen in Form von meisterlichen Aussagen zusammenfassen sollen, was das Wissen insgesamt zu bereichern scheint. Aber die Subjekte vermögen nicht jeder für sich solche Meistersignifikanten herzustellen, die ausschließend wahres Wissen wären."

Viel mehr will ich von der umfangreichen Stellungnehme Kersten Reichs zu Habermas nicht zitieren, denn die zentrale Thematik ist klar: Habermas kann durch die Fixierung auf seine ‚sprachpragmatischen Kommunikation‘ nicht erkennen, dass selbst die Zweifel, die Ungereimtheiten und die steten Veränderungen im Freud'schen Diskurs das Material sind, aus dem sich der psychoanalytische Diskurs herstellt, eben weil es nicht um die ‚kommunikativ vergesellschafteten Subjekte‘ geht, sondern um die Subjekte des Unbewussten, in dem Spiegelungsprozesse, Topologien und Sexualitäten eine Rolle spielen, die sich nicht einfach in Sprache transferieren lassen.

Trotzdem kann man ihnen eine sprachliche Grundstruktur unterstellen wie Lacan dies mit der Anzahl der Muster von Plus- und Minis-Zeichen des symbolischen Automatismus tat und der eben im Unbewussten vorherrscht. So kommen Aussagen zustande, die wie in der mathematischen Konjekturalwissenschaft als Vermutungen (Deutungen) gesammelt, neu interpretiert, weiter gesammelt und gedeutet werden müssen, bis entsprechend dem Freud'schen Trieb-Struktur-Konzept, das aus zahlreichen Behandlungen gewonnen wurde, eine endgültige Aussage zustande kommt, die auch in der ‚unbegrenzten Kommunikationsgesellschaft‘ ihren Wert hat.

Dieses Lacansche Reale ist Habermas suspekt. Aber er „verkennt sowohl die Bedeutung der imaginären Begegnung und Spiegelung des wechselseitigen Begehrens, das durch bloße Kognition trotz Anerkennung von Interaktion zu sehr ausgelöscht wird, als auch das Unbegreifliche, Widerständige, Körperliche, was im Realen erscheint und selbst gegenüber den Wunschwelten des Imaginären jene Grenze der Unheimlichkeit bildet, über die Symbolvorräte oder kognivistische Tröstungen eines abstrakten kommunikativen Handelns bloß hinwegtäuschen können." Und weiter, wenn ich ein letztes Mal Kersten Reich zitieren kann: „Es ist eine Beobachtung der Differenz zwischen dem, was gesagt wird, und einem Unbewussten, was irgendwo als irgendwas ist [als ‚Ordnung der Blicke' wie er doch selbst sagt] und trotzdem sprachlich erscheint. Es ist damit durchweg auch Projektion eines Beobachters, allerdings unter der Voraussetzung, dass menschliche Kommunikation diese Seite notwendig umfasst und sich nicht in Rationalität erschöpft. Rationalität selbst ist vielmehr fragwürdig geworden, weil sie immer auch als Frage nach der ganzen Person, die mit ihren rationalen Teilen operiert, gilt, weil sie aus diesem Wechsel des Blickwinkels nunmehr die in der menschlichen Aufklärungsbewegung vorhandene Dominanz des Rationalen selbst bezweifelt und in neue Kontexte wie die Sublimation zu stellen in der Lage ist.‘‘

Auch T. Dörfler stellt Lacan und Habermas gegenüber.[82] Er schreibt: „Deswegen muss man Sprechen, um etwas zu erreichen. Gleichzeitig wirkt in dieser Sprechhandlung ein Zwang, der das Subjekt an das Gesagte bindet - Habermas würde es ‚normativ einbinden' nennen, man muss den ‚Forderungen nach Konsistenz' genügen. Für Lacan ist es jenes Erzittern ‚durch das, was von seiner [des Subjekts] eigenen Aussage, dem Ausgesagten auf es zurückwirkt. Die Performanz der Rede bewirkt eine Ablösung von den Intentionen der Rede des Subjekts, weswegen dessen Äußerungen im Diskurs als Aussagen behandelt werden können. Die Aussagen sprechen mit jenem Mehr an Bedeutung quasi über das Subjekt hinaus in einen Raum, der zurückwirkt auf das Subjekt als die Erfahrung der ‚Instrumentalisierung' oder diskursiven Einbindung des Gesprochenen in mitunter andere Sinnzusammenhänge, als es intendiert war.

Lacan will gleichwohl das Subjekt von diesen Einhegungen entbinden (da diese Verpflichtungen der symbolischen Ordnung das Subjekt u.a. hindern, etwas von seinem *Begehren* wahrzunehmen), wie gleichzeitig dieses Pontential des Mehr an Bedeutung ausschöpfen in der Rede des Subjekts über sich selbst. . . .

---

[82] Dörfler, T., Das Subjekt zwischen Identität und Differenz, researchgate/pblication

Dagegen favorisiert Habermas eine Form der Ich-Psychologie,[83] weswegen sein Konzept des Subjekts eine solche mit sich selbst identische Perspektive bereithält im völligen Gegensatz zu Lacans Konzeption". Kurz ausgedrückt: Für Habermas ist das Subjekt ich-bewusste Identität, es ist in theoretischer und praktischer Hinsicht vernunftfähig. Bei Lacan ist das Subjekt in sich gespalten, es ist dem unbewussten Begehren unterstellt und muss sehen, wie es mit den verschiedenen libidinösen Strebungen zurande kommt.

Die Motive des Unbewussten sind also für Habermas „sprachlos", und deswegen ist für ihn ja ein psychisch Unbewusstes grundsätzlich fragwürdig. Doch Lacan meint ja, dass „das Unbewusste strukturiert ist wie eine Sprache, wie die Sprache des Anderen", aber was, wenn diese Sprache aus altägyptischen Hieroglyphen, Wortbildern, oder chinesischen Schriftzeichen besteht, die keiner zu lesen vermag? Wenn sie wirklich die Sprache des *Anderen* ist, diesmal geschrieben mit großem A ohne Querstrich, wie Lacan den/das unbewusst Andere(n) normalerweise schreibt (nämlich als A, ich komme darauf im nächsten Kapitel zurück)? Dann wird immer mehr deutlich, dass Habermas das Bild-Wirkende, den imaginären Signifikanten, das *Strahlt*, die ‚Ordnung der Blicke', vollkommen unterschlägt. Er tut dies vielleicht auch deswegen, weil die klassische Psychoanalyse ebenso eine reine Bilder- oder Blick-Sprache nicht so direkt und deutlich herausstellt. Vielmehr finden sich diese in Gegenübertragungen, Affekten, Träumen oder gar unbewusster Kreativität wie ich sie vom Psychoanalytiker S. Leikert noch zitieren werde, eher schwer zugänglich wieder. Lacan selbst hat versucht, diesen Mangel durch seine Beschäftigung mit der Topologie, seiner Fadengeometrie oder der Dreier-Zopf-Metapher des Bo-Knotens ein bisschen auszugleichen.

---

[83] Habermas, J., Moralentwicklung und Ich-Identität, in Zur Rekonstruktion des historischen Materialismus, S. 69 f.

Philosophen sind sublime Neurotiker, meinte Freud, doch ihre Gedanken sind so weit sublimiert, so weit verfeinert und vergeistigt, dass man ihnen die Neurose nicht mehr ansieht. Aber sie ziehen sich mit ihren Gedanken wie Münchhausen am eigenen Schopf aus dem Sumpf der Ungewissheiten, und so erreichen sie doch gewisse Höhenflüge, die Substanz haben. Man könnte umgekehrt argumentieren, nämlich dass bei ihnen und so auch speziell bei Habermas zwar eine Verdrängung vorliegt, die im Sinne einer psychischen Abwehr ihn dazu veranlasst hat, so ein umfangreiches Werk zu produzieren. Denn es gibt auch definitiv gekonnte, gelungene, Verdrängungen, wie sie all die sogenannten Angepassten schon im frühesten Lebensalter bei sich herstellen. Sie passen sich ständig an den Anderen an, und indem sie damit eine Art Norm erzeugen, verdrängen sie gekonnt die in die Norm nicht passenden Strebungen. Warum also nicht sagen, dass Habermas – und viele seiner Kollegen – gelungen verdrängen. Indem sie sich zwar nicht der Norm angepasst haben, haben sie dennoch ein großartiges Werk abgeliefert, das den

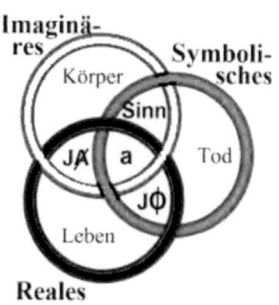

kleinen nur normiert Normalen eine neue Normalität aufzeigt. Sie haben ihre Verdrängung gelungen mit der Norm ausgeglichen. Jetzt muss man nur noch Habermas mit Lacan verbinden, um diese Normalität nicht nur den intellektuellen Lesern, den theoretischen Vernünftlern, sondern allen, auch allen zugänglich zu machen, was ich mit der *Analytischen Psychokatharsis* ermöglichen will.

Wie gesagt und hier nunmehr in einer erweiterten Darstellung des Bo-Knotens dargestellt, orientieren sich sowohl Habermas wie auch die Psychoanalyse hauptsächlich am Symbolischen, das für sich allein genommen stets vom Tod bedroht ist.[84] Auch das Rea-

---

[84] Klein **a** stellt das (psychische) Objekt des Begehrens dar, das jedes Mal anders beschaffen sein kann, als das Orale z. B., also als die Mund-

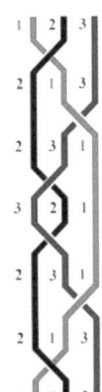

le, das im Bo-Knoten von breit gefassten Begriff des Lebens, des Vitalen gekennzeichnet ist, lässt sich nur durch die oben genannte Vermutungsdichte mehr und mehr beschreiben, aber es bleibt als Inbegriff des Lebens in seiner Verbundenheit mit dem Tod (speziell in seinem aneinander Vorbeisprechen) und dem Körper (speziell in seinen Körperbildern) eine ständige Hürde, die Grenze des Nicht-Weiter-Kommens oder des sogenannten Vorwärts-Scheiterns.

Nicht viel besser sieht es mit dem Imaginären aus, das isoliert durch die Körperbilder, das stark Bildhafte des Körpers, oder noch besser ausgedrückt durch die oben zitierte und von mir hier ein bisschen anders herum formulierte ‚Unordnung der Blicke‘, die vom Visionären bis zur Halluzination reichen, angedeutet ist.[85] Speziell dieses betrifft das von der Psychoanalyse und der Philosophie Missachtete oder die von Lacan nur geometrisch vermittelte Spiegelungserfahrung, die von der Blicklüsternheit bis zur Blickzähmung durch Kunst, Film und anderes scheinbar uferlos alles übertüncht. Das beste Beispiel dieser nur geometrisch-topologisch gefassten ‚Unordnung der Blicke‘ stellt der von Lacan zu einem Zopf – Dreier-Zopf nennt er es – gewickelten Bo-Knoten dar. Damit lässt sich vieles anschaulich machen, nämlich die Verfechtung der gerade zitierten Doltoschen Körperbilder, aber es wird nicht wirklich vermittelt. Eben deswegen will der Philosoph sich nicht damit beschäftigen und der Psychoanalytiker muss zu sogenannten ‚Enactments‘ und diffusen Gegenübertragungsdeutungen greifen, wie man solche Interventionen in der Psychoanalyse nennt, wenn man eine Deutung ohne

---

lust, die der Gourmet zur Paranoia des Gaumenkitzels ausbaut, oder als eben der doch generell so wichtige Blick (Bild des Objekts). JA mit Querstrich bezeichnet das Genießen (‚Jouissance‘) des noch ungeklärten *Anderen* und JΦ die phallische Lust.

[85] Die französische Psychoanalytikerin F. Dolto sprach statt von Signifikanten von den Körperbildern, unbewussten durch Bildhaftes verdichtetes ‚basales‘, dynamisches‘ oder ‚erotisches‘ körperhaft Empfindbares.

ausreichenden Hintergrund bzw. nur mit dem Hintergrund des Dreier-Zopfes gibt.

Im Verfahren der *Analytischen Psychokatharsis* konnte ich den Mittelweg zwischen Habermas und Lacan finden, in dem ich der Sprachbezogenheit, der Sprachpragmatik beider, die ich ja das Wort-Wirkende nenne, treu geblieben, füge aber das Bild-Wirkende, die ‚Unordnung der Blicke‘, in einer Weise hinzu, die eine konkrete, unmittelbare Verbindung der beiden herstellt, und zwar durch die Verwendung der erwähnten *Formel-Worte*, die sowohl den Lacanschen ‚défilés logiques‘ wie auch den ‚kognitiven Operationen‘ im Habermas'schen System der Sprachpragmatik korrelieren. Ich habe also dem Imaginären die fehlende Geltung zurückgegeben, indem ich die Formel des *Strahlt* (imaginär) /(real) *Spricht* (symbolisch) vorgeschlagen habe, die so auch dem Bo-Knoten entspricht und allen Bereichen gerecht wird.

Und damit kann ich erneut zu den Frühmenschen zurückkehren, die schon das menschlich Besondere hinsichtlich dieser Formel zeigen. Der Schrägstrich im *Strahlt / Spricht* hat also schon immer das Reale ausgedrückt wie ich es bereits eingangs mit dem Spiel der Kraftlinien und den unscharfen, unpräzisierten Signifikanten angedeutet habe. Psychoanalytiker betonen (vor allem Freuds Tochter A. Freud), dass der Frühmensch sich als erster mit dem Angreifer, mit dem Aggressor, identifiziert hat, er hat eine Abwehr gegen seine ursprüngliche Hilflosigkeit gebildet. Dies bestätigen auch der Philosoph C. Türcke und der Kulturhistoriker und Schriftsteller R. Calasso. Letzterer schreibt, dass der erste Mensch sich herauskristallisierte, als er sich noch als Mitglied einer tierischen Gemeinschaft fühlte, in der die festen Instinkte verlassen wurden und nun alles nur noch aggressiv-sexuell in Form von Trieben durchmischt war.[86] Schließlich identifizierte der Mensch sich mit deren sexueller Kraft und Aggressivität, und wurde so statt um Gejagten selber zum Jäger. Aber er beachtete auch die Tiere weiterhin als gleichberechtigte Jäger.

---

[86] Calasso, R., Der himmlische Jäger, Suhrkamp (2020)

Ähnlich geht der Philosoph C. Türcke davon aus, dass es den „Hominidenhorden gelang, den Schrecken der Naturgewalten in Eigenregie zu wiederholen, statt ihn zu fliehen".[87] Auch er beschriebt dies als einen Abwehr-Mechanismus, der schon bei den Frühmenschen begann und später in dem Jagen auf die eigene Spezies gipfelte, ein „Kunstgriff, das Schrecklich in dosierter Form sich selbst anzutun, um so [kulturell] zu überleben". Türcke sieht darin die „Urform des traumatischen Wiederholungszwanges", wie ihn Freud formulierte. Der Wiederholungszwang ist stark vom Aggressiven untermauert, das wie ein Rest bei dieser Identifizierung mit dem Angreifer in eine dosierte Umgangsform und Abfuhrweise zu verwandeln, stets übrig bleibt. Das scheint auch heutzutage noch so zu sein, wenn man all die psychischen Krankheiten, die Klimakatastrophe, die Tricks der Korruption, die Zerstörung der Umwelt, die Ausbeutung der Schwachen und Unterprivilegierten, die Verschwendung von Lebensmitteln, etc., etc., von heute betrachtet. Offensichtlich ist es ja gerade die Unlust, das Unbehagen, was auf Abfuhr drängt denn es ist ja das, und nicht die Lust,[88] und so wird der Wiederholungszwang an Welt und Klima abreagiert.

Der genannte Kunstgriff, die Umgangs- und Abfuhrweise der Kräfte, wird auch im optisch/sprachlichen Bereich deutlich. In gewisser Weise gehen nämlich die meisten Menschen in Stadt und Häusern zuerst einmal mit dem Blick des Amateurphotographen durch die Räume: eine Häuserfront da, ein paar aufgereihte Möbel dort, ein Platz, eine Küche, ein Bild dort und da. Klick, Klick, Klick, alles nur zweidimensional und irgendwie aggressiv. Alles Etwas anderes ist es, wenn man durch die selbe Stadt und deren Häuser mit den Verbandelungen, den Verknotungen und Wicklungen der Libido (Lacan: den „noeuds d´amour") geht. Dann taucht man in die dritte Dimension ein, dann füllt sich der Raum mit Volumen, mit Größe und Stärke, mit Freude, Lust und

---

[87] Türcke, C., Natur und Gender, Kritik eines Machbarkeitswahns, C. H. Beck (2021)
[88] Freud, S., GW III, S. 291

allem Möglichen. Diesbezüglich ist Lacan wieder gar nicht so schwer zu begreifen. Man muss halt etwas einfältig oder besser zurückgenommen aggressiv und im Eros schlicht und trivial sein, um die volle dritte Dimension zu erleben.

Einerseits ist es also unsere tagtägliche Zweidimensionen-Welt, die sich auch hier im Traum abspielt und die sich hütet, in die dritte und vierte Dimension zu gehen, wo die ‚Libido-Verknotungen zum Vorschein kämen, uns voll in Besitz nähmen und uns eben nicht mehr weiterschlafen ließen. Der Traum rollt sich zwar ein, aber dabei handelt es sich nicht um die Raumzeit-krümmungen des Calabi-Yau-Raumes. Der Traum besteht also in erster Linie aus einer zweidimensionalen Filmleinwand. Nur durch das Sich-Einrollen der Traumszenen können wir ahnen, dass es im Traum auch eine dritte Dimension gibt, aber eine konstante, bis in eine feste perspektivische Sicht gehende Raumwelt stellt sich nicht ein.

Den psycho-neurologischen Zusammenhang von Zwei- und Mehrdimensionalität kann man z. B. auch bekommen, wenn man die neuen Computerbilder, die unter dem Titel „Das magische Auge"[89] zahlreich erschienen sind, betrachtet. Bekanntlich sieht man da ein vom Computer gestaltetes Bild, das, wenn man es wie traumverloren, mit einem geradezu blöden, schielenden Blick anschaut, ein zweites, im ersten verstecktes dreidimensionales Bild freigibt, also einen völlig anderen zweiten Blick als den, den wir normalerweise haben! Man muss etwas traumverloren schauen, man muss ein bisschen Dupes sein, um wirklich zu sehen. Trotzdem, man bleibt in diesem Fall im Bereich eines vordergründig und künstlich erstellten Visuellen. Die vierte oder gar eine fünfte Dimension wird nicht berührt.

Um den Faden zur Analytischen Psychokatharsis wieder aufzunehmen, stelle ich hier nochmals die im Kreis geschriebene lateinischen Formulierung dar, die – im Uhrzeigersinn von verschiedenen Buchstaben aus gelesen – verschiede Bedeutungen erge-

---

[89] Enterprises, N.E.T., Das magische Auge, ars Edition, (1994)

ben. Diese sind zwar manchmal etwas unsinnig oder seltsam, doch wichtig ist ja nur, dass es sich um wirkliche Bedeutungen bzw. *Nach Lacan* „ultrareduzierte Phrasen" handelt, wie sie für das Unbewusste besonders typisch sind. So ist in der Formulierung RA-DIC-IT das „Radiit", das also lateinisch *Strahlt* heißt, und das „Dicit", das *Spricht* bedeutet enthalten. Doch das ist noch nicht das Wesen des Formel-Wortes, dessen Charakter aus einer wissenschaftlich präzisen und klaren Zusammensetzung besteht und daher eine für den ersten Übungsschritt brauchbare Formulierung darstellt. Außer dem radiit und dicit ergeben sich – vor allem, wenn es im Kreis geschrieben ist – und von verschiedenen Buchstaben aus gelesen wird, mehrere unterschiedliche Bedeutungen.

So können wir hier z. B. auch „adi cit r" (geh heran, es bewegt R) „Ci tradi" (hunderteins übergeben), „citra di" (diesseits die Götter), „dicit ra" (es sagt ra), „r adic it" (füge r hinzu, es geht), „radi cit" (gekratzt werden, es bewegt sich), „trad ici" (erzähle, ich habe getroffen) und etliches

weitere herauslesen, wobei vieles recht unsinnig klingt. Dies hat jedoch für den formalen Ausdruck keine Bedeutung. Ausschlaggebend ist hier nur, die wissenschaftliche Begründung klar darlegen zu können. Dies ist für das Verfahren sehr wichtig, weil man nur so volles Vertrauen in die Methode haben kann. Denn in einer ersten Übung wiederholt man gedanklich mehrere dieser *Formel-Worte*, während man (anfänglich am besten bei geschlossenen Augen) darauf achtet, ob man in sich etwas wahrnehmen kann, das dem Charakter des *Strahlt* entspricht (genauere Anweisung später).

Jetzt ist jedoch deutlich geworden, was unter den *B(r)uchstaben* bzw. deren Ketten zu verstehen ist. Hier kann man wirklich sehen, wie vom c, vom r, vom a, vom d und t, ja von allen Buchstaben aus gelesen eine andere Bedeutung herauskommt, von manchen sogar mehr als eine. Es geht genau um diese Schnittstellen ß(wie man heute auch in der Computertechnologie sagt), wie sie auch im Unbewussten zu finden sind. Ich erinnere an den von Freud erzählten Traum einer Frau, die „schwarzen Rettich" kaufen wollte. In der Deutung musste man eine Schnittstelle und andere Interpunktion anbringen: „Schwarzer: rett dich", war die dahintersteckende Wahrheit, da die Dame einen Schwarzen kannte, mit dem sie ein Problem hatte. Es gibt freilich auch noch bessere Beispiele, denn das genannte könnte man Habermas wirklich nicht zumuten. Es würde ihm zu phantasievoll erscheinen.

Hier ist jedoch nur wichtig, dass die Signifikanten-Überschneidungen im Unbewussten genau so aufgebaut sind und exakt dem Lacanschen Vorgehen der kleinsten Phonem Überkreuzungen folgen. Der Anspruch im Unbewussten drängt nach einem Sinn, und wenn ihm dieser in Form eines scheinbar völlig unsinnigen *Formel-Wortes* gegeben wird, werden die *B(r)uchstaben* dafür sorgen, dass das Unbewusste diesen Sinn irgendwie herausgeben muss. Dabei ist der Inhalt des *Formel-Wortes* egal, er dient hier nur der wissenschaftlichen Begründung. In dieser Begründung ist wesentlich, dass das Unsinnige des *Formel-Wortes* nicht nur einfach ein Mangel an Bedeutung und Sinn ist, sondern dass es eher mit Bedeutungen überdeterminiert ist. Man kann zu viele Bedeutungen herauslesen, man kann zu viel verschiedenen Weisen eines Sinns kommen. Hier kommt der Gedanke einer ‚Unordnung der Blicke' ins Spiel, denn es handelt sich ja um die Blicke, die auf die Schnittstellen und die einzelnen Buchstabenzeichen des *Formel-Wortes* fallen. Sie werden aber durch eine linguistische Ordnung (sich überlappende Bedeutungen) von ihrer Unordnung abgehalten, es findet tatsächlich die kompaktest mögliche Kombination, ein Kurzschließen des *Strahlt / Spricht* statt und damit geradezu eine Formel des Subjekts.

Um diese Formel des sprachpragmatisch vergesellschafteten Subjekts bemüht sich auch Habermas. Er findet eine Lösung jedoch nur in dem allseits zustimmenden ‚Wir', das zumindest hinsichtlich einer Lösungspraxis, einer theoretischen Vernunft, die mit der praktischen Vernunft völlig kurzgeschlossen ist, hypothetisch scheint. Wenn auch Lacans Ansatz zutreffender ist, bleibt er doch auch in der Praxis wenig erfolgreich. Seine Kurzsitzungen (oft nur 10 bis 20 Minuten) haben sich nicht bewährt und waren von Anfang an nur in großen Städten mit entsprechender Infrastruktur im Personentransport möglich. Die Patienten mussten dann nämlich mehrmals in der Woche kommen, um überhaupt ausgiebig etwas von sich geben zu können.

Daher halte ich die Analytische Psychokatharsis für effektvoller, auch wenn das Wesen *der Formel-W*orte anfänglich etwas sonderbar erscheint. Aber das Unbewusste, dem solche eine Formulierung durch gedankliches Wiederholen in einer meditativen Art wie in der *Analytischen Psychokatharsis* geboten wird, wird sozusagen aufgeschreckt und muss eben aus dieser Provokation heraus einen Sinn geradezu hervorbrechen lassen. Dass der Vorgang so abläuft hat auch mit dem Wiederholungsphänomen zu tun, das in der Psychoanalyse bekanntlich Wiederholungszwang oder Wiederholungsgeschehen genannt wird. Ich gehe darauf später ein, doch jetzt schon kann einleuchten, dass eine intendierte Wiederholung dem unbewussten Wiederholungszwang entgegenspielt. Dies ist ein ganz wesentlicher Aspekt. Auf den anderen wesentlichen Aspekt verweise ich hier nochmals: Die mangelnde Bewertung des Bild-Bick-Wirkenden durch die Psychoanalyse und Habermas lässt sich in der *Analytischen Psychokatharsis* aufheben. In ihr wird die Praxis betont und so kann beim Übergang (Transition) von der ersten zur zweiten Übung eine Fusion das *Strahlt* und *Spricht* möglich. Näheres in den nächsten Kapiteln. den

6. Der Graph des Begehrens

Ohne Lacan jetzt in Einzelheiten zu erklären, will ich doch noch ein bisschen auf eines seiner wesentlichsten Darstellungen verweisen, nämlich auf den sogenannten ‚Graph des Begehrens' (Abbildung nächste Seite). Natürlich unterscheidet man das Begehren von der Liebe, und doch ist es oft so, dass gerade das mit der Liebe eng verbundene Begehren, wie es etwa bei den Mystikern zu finden war, für die der ‚Liebe unterstellte Wissenschaft' das interessanteste ist. Es handelt sich bei dieser Art von Verbindung um etwas, das mit der Selbstsublimation, von der ich schon eingangs sprach, zusammenhängt, und darum geht es zwar in Lacans Graphen eigentlich nicht. Eigentlich, denn ich glaube zeigen zu können, dass es ein Begehren nach einer Vollständigkeit dieser Verbindung und Selbstsublimierung gibt, das bei etwas anderer Lesart mittels des Graphen erfasst werden kann. Ich will dazu ein Beispiel in der Form der Mechthild von Magdeburg, einer Mystikerin aus dem dreizehnten Jahrhundert und einen Vergleich zur *Analytischen Psychokatharsis* bringen.

Mir geht es bei dem ‚Graphen' vorwiegend um die durch die Pfeile angezeigten Chiffren $ <> a und $ <> D. Zur erleichternden Einführung kurz Folgendes: Ausgangspunkt des Graphen ist die Intention (das Bedürfnis, das Begehren, die bewusst/unbewusste Strebung) des menschlichen Subjekts rechts unten in der A, das auf seinem Weg nach oben zuerst in **A** (der, das *Andere*) auf die von links kommende Signifikantenkette (also die Kette der sprachlich-strukturellen Bedeutungen, der Lacanschen Sprachpragmatik), trifft. Zurückkehrend zu sich (im unteren Rundbogen nach links) passiert es den Kreis **s (A)**, die Botschaft, die es vom groß zu schreibenden *Anderen* bekommt, der die Eltern und Lehrer waren und später vielleicht der Analytiker ist und die unter der Kürzel A bzw. **A** seelisch verinnerlicht sind. So kann sich die grundlegende Intention des Subjekts als Ich-Ideal etablieren, also als etwas, das zwar sein wahres Sein maskiert, aber mit dem es doch im gesellschaftlichen Leben als der brav Angepasste reüssieren kann. Das ist eine rein formale Dar-

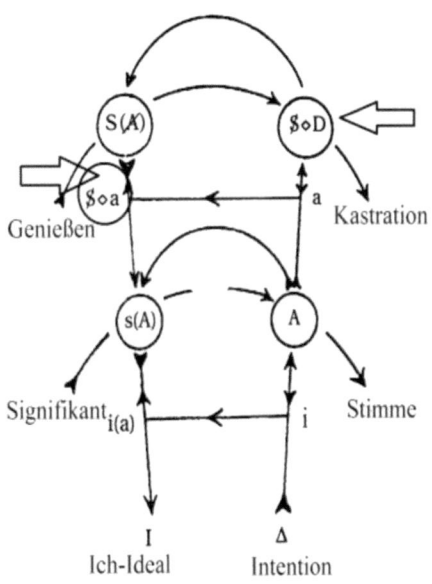

Abb. 7 Graph des Begehrens

stellung der aufs Sprachliche bezogenen Grundverhältnisse, wie sie bewusst ablaufen und die für mein Vorhaben in diesem Buch nicht weiter wichtig ist.

Hier, im unteren Linienbereich, kann nämlich das Sprechen samt der resultierenden Botschaft – wie Lacan sagt – oft nur ‚metonymisch‘ ausgedrückt werden. Metonymisch bedeutet eine simple Art des Palaverns, ein Wort nach dem anderen von sich geben, so dass Lacan hier vom ‚metonymischen Erfolg‘ oder dem ‚authentischen Gelingen‘ des Signifikanten spricht. Es wird einfach so dahergeredet, der Signifikant bleibt in seinem Bedeutungswesen stecken, gelangt also nicht zur Vielschichtigkeit seiner Kette. Der Tratsch der Marktfrauen, das monotone Gerede des Versicherungsvertreters, das hohle Argumentieren der ‚non-Dupes‘ gehören hierher. Man kann es auch gut am politischen Jargon sehen, wenn nur die gleichen Parolen geäußert und noch dazu vom Papier abgelesen werden. Die Linken z. B. stellen, wie viele behaupten, die ‚kollektive Spinnerei‘ dar, d. h. sie wickeln sich im Jargon einer sozialen Utopie ein, fertig (authentisches Gelingen des Signifikanten). Die Rechten stellen die ‚kollektive Schurkerei‘ dar, sie helfen sich nur gegenseitig im Jargon eines Macht-Clans, fertig (ebenso authentisches Gelingen ihrer Ideologie).

Eine Etappe weiter oben zeigen sich die Verhältnisse wie sie für die Psychoanalyse als vorwiegend vom Unbewussten her bestimmt bedeutend sind. Hier passiert die Intention des Subjekts die mit den großen Pfeilen versehenen Etappen, die nunmehr wichtig sind. Die von J. A. Miller bevorzugte Version des Graphen sieht so aus wie oben gezeigt. So vermittelt zuerst einmal das $ <> **D**, wie das Subjekt im Bezug zum Trieb, zur grundlegenden ‚Forderung' der Triebansprüche (**D** für Demande, Anspruch) in sich gespalten (S quergestrichen) ist. „Indem der Anspruch sich vom Bedürfnis losreißt, entsteht im Zwischenraum das Begehren", referiert Lacan, was auch heißt, dass das menschliche Subjekt in dieser Zerreißprobe gespalten ist (S quergestrichen). Dies ist die Stelle, wohin das Subjekt in der Psychoanalyse regredieren, zu seinen seelischen Anfängen zurückkehren muss, um zu erfassen, wie es seinen unbewussten Wünschen Anspruch verleiht, obwohl es äußerlich nach der Befriedigung seiner Bedürfnisse ruft (z. B. dem oralen Anspruch auf orale Lust Geltung gibt und nicht nur auf ein gesättigt werden aus ist). Hier dominiert also der Anspruch, und so sehe ich an diesem Punkt vorwiegend das *Spricht* als unbewusstes am Werk, denn die Regression müsste bis dorthin gehen, zum Primärvorgang des Sprechtriebs also, wo das Subjekt im Schrei nach etwas ganz Elementarem gespalten ist. Ich habe erst vor kurzem ein dreijähriges Kind gesehen, das – obwohl von der Mutter gut betreut – extrem außer sich war im Schreien nach etwas derart Elementarem, indem es nur schluchzend sagen konnte „Ich will was". Auf die Reaktion „ja was willst du denn" kam immer wieder die gleiche Phrase.

Wenn das Genießen, das eine Kombination aus dem *Strahlt* und *Spricht* ist, in **S (A̶)** [90] (dem Signifikanten des quergestrichenen – Lacan: gebarrten' – Anderen),[91] ankommt, hat es eine Bremsung,

---

[90] Ich beziehe mich hier auf die Schreibweise in denen das **A** durchgestrichen, also eben auch vom Signifikanten gespalten, ‚gebarrt' ist. Von Pontalis existiert die auf der Vorseite gezeigte Version des reinen **A**, auf die ich noch zurückkommen werde.

[91] Unter dem Kürzel **A** hatte ich ja gerade die bedeutenden, prägenden Anderen (Eltern, Lehrer, Analytiker) als seelisch verinnerlicht, als seelische Instanz der eigenen Andersheit beschrieben. Nun ist dieses **A** nicht perfekt, nicht ganz, nicht universell gereift und deswegen als quergestrichenes **A**, als (**A̶**), geschrieben.

Hemmung (den Querstrich) gegeben, was die Psychoanalytiker als symbolische ‚Kastration' bezeichnen. Man kann die Dinge nicht in einem vollen Zug hindurch genießen, A zeigt, dass er/es selbst blockiert, gehemmt, symbolisch kastriert ist. A, der/das *Andere*, ist Garant der symbolischen Artikulation, doch auch dort kann man nicht das letzte Vertrauen und alle Gewissheit finden, denn dort ist kein Signifikant der die Wahrheit zusichern würde. Vielmehr bedeutet S (A̶) den Signifikanten eines Mangels im *Anderen*, weil das Begehren nicht bezeichnet werden kann obwohl es dort wirkt. Weil Größe da ist, aber doch zurecht gestutzt. Die ‚sexuelle Metapher' (daher der Begriff Kastration) funkt hier dazwischen, ist sie doch der Angelpunkt der psychoanalytischen Auffassung des Grund-Seelischen. In S (A̶) ist das *Spricht*, der symbolische Signifikant, dominierend, wenn eben auch nur als gebrochenes.

Das Gleiche passiert in $ <> a, in dem zweiten mit einem Pfeil versehenen Kreis im oberen Teil des Graphen, in dem das Subjekt wieder als gespaltenes, schräg durchgestrichenes S markiert ist, diesmal aber dem Objekt seines Begehrens in seinem Ur-Phantasma, seiner ursprünglichsten unbewussten Phantasie begegnet. Dieses Phantasma steht meist im Zusammenhang mit dem Wesen der frühen Mutter. Oft hat es perverse Inhalte, die dem neurotischen Subjekt nicht ganz bewusst sind, die sich aber hartnäckig dort halten und – gerade in der heutigen oft allzu offen liberalen Zeit – auch verbal verteidigt werden, da sie doch im modernen Dasein sichtbarer erscheinen.

Ich sehe hier umgekehrt wie beim S (A̶) mehr das *Strahlt,* den imaginären Signifikanten, in Aktion, denn hier wüten ungesteuert die Bilder der Frühzeit kindlicher Entwicklung. Aber auch die Genussobjekte des Gourmets gehören hierher. Bei ihm isst ja in erster Linie das Auge mit und selbst die Zunge ist schon zum Wahrnehmungsorgan mutiert. Die mit dem mütterlichen Körper und Begehren verknüpften Bilder haben noch die Urkraft des Trieb-Primärvorgangs und müssen in der analytischen Therapie lange durchgearbeitet werden, wobei fraglich ist, ob das überhaupt gelingen kann. Das Imaginäre ist zu multipel, zu inflationär, zu sehr traumbezogen und kann durch Wortassoziationen meist nicht erreicht werden. Der Kulturwissenschaftler K. Reich sprach von der ‚Ordnung der Blicke', doch es ist wohl eher eine ‚Unordnung der Blicke', ein bewegtes, betörend-vernichtendes *Strahlt*, in denen sich das andeutet, was man die ‚präödipale Mutter' nennt, ein vorwiegend imaginär-reales, unkontrolliertes Phantasma noch vor dem Ende der ersten zweieinhalb Lebensjahren.

Sie wird in der Ödipus Sage durch die Sphinx dargestellt, die die Männer fasziniert, sie aber umbringt, wenn sie ihr Rätsel nicht lösen. In der Antike wurde sie durch die orientalische Göttin Ishtar oder die indische Göttin Kali samt deren mörderischen Lust zum Ausdruck gebracht. Freud hat das Konzept seines Unbewussten aus dieser präödipalen Phase (also noch vor der Entwicklung des Ödipuskomplexes mit dem Begehren das Knaben hinsichtlich der Mutter und der Rivalität hinsichtlich des Vaters) gestaltet, in dem er dort Eros und Thanatos walten ließ. Seltsam eigentlich, denn wie konnte man einer Verbindung (und so sind die beiden Kräfte ja um Unbewussten ‚legiert' wie Freud sagte) überhaupt noch entkommen? Nur durch Sublimierung? Sie gehört wohl dazu, wenn auch im Konzept des *Strahlt / Spricht* ein direkter Start aus dieser Verbindung heraus möglich ist.

Hinsichtlich des *Strahlt* schreibt Lacan nämlich Folgendes: „. . das Subjekt sieht sich als gesehen werden, man sieht das Subjekt als gesehenes, aber selbstverständlich sieht man nicht schlicht und einfach, sondern im Genießen, in dieser Art Ausstrahlung oder Phosphoreszenz,[92] die sich dadurch freisetzt, dass das Subjekt sich in einer Position befindet, die aus man weiß nicht welcher ursprünglichen Kluft entstammt . . .“[93] Ich kann sagen, woraus diese Kluft besteht: sie besteht aus der allerursprünglichsten Kluft des *Strahlt / Spricht*, die aber in der Form ‚Luzidität / Ton' direkt erfassbar ist und von da aus weiter entwickelt werden kann. Da-

---

[92] Ich schlage vor, hier von Luzidität zu sprechen oder eben vom *Strahlt*.

[93] Lacan, J., Seminar V, Turia & Kant (2006) S. 371

rauf ist Lacan ja selbst schon fast gekommen, als er – wie erwähnt – diese beiden Triebe, Kräfte, Prinzipien, Freud gegenüber umformuliert dargestellt hat. Denn das *Spricht* des Tons ist am *Strahlt* des Luziden genauso beteiligt, auch wenn es nur seine Interpunktionen setzt.

Insgesamt kann man jedoch so gut sehen, wie das *Strahlt* und *Spricht* im oberen Teil des Graphen durch ihr Hin und Her an den vier Positionen (**a**, **$ ◇ D, S (A)** und **$ ◇ a**) kombiniert sind (**a** bedeutet das ‚Objekt' des Begehrens), wobei ich all dies nicht genau und weitschweifig erklären will. In der nebenstehenden Abbildung setze ich nämlich die meiner Auffassung nach wichtigen, primärprozesshaften Wesen des *Strahlt* und *Spricht* in den Graphen ein. Ich denke, das macht das Verständnis einfacher. Denn

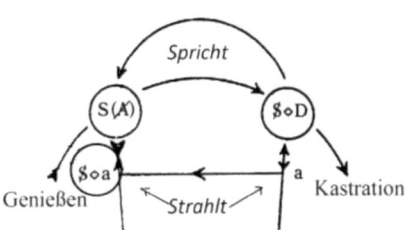

hier ist sichtbar, wie das *Spricht* auch in einer Art ‚Unordnung der Stimmen' hin und her geht so wie auch das *Strahlt* in seiner ‚Unordnung der Blicke' an mehreren Punkten zugleich auftritt. Im Verfahren der *Analytischen Psychokatharsis* wird nun das Genießen nicht zur Kastration hin durchgelassen, sondern verbleicht weiter im Kreis der vier Positionen. Die grundlegende Intention des Subjekts kehrt erst nach der Erschöpfung dieser Kreisbewegung (nach Beendigung der Meditation) nach links unten hin zurück. Aber nicht mehr zum Ich-Ideal, sondern zum *Pass-Wort*.

Quergestrichen wirkt **A** also eben gehemmt, nicht in seiner Metaphorik richtig gelungen, während er ohne diesen Querstrich den Signifikanten des unbeschädigten *Anderen* darstellt, also dessen, der Garant der Wahrheit sein kann. Anscheinend war diese Zeichnung des Graphen die ursprünglichere (siehe gleich den Hinweis auf die Darstellung von Pontalis und die Abbildung nebenan), wenn sie auch die ungewöhnlichere ist. Denn so, als **S (A)** geschrieben, könnte es Ausdruck eines perfekten, göttlichen

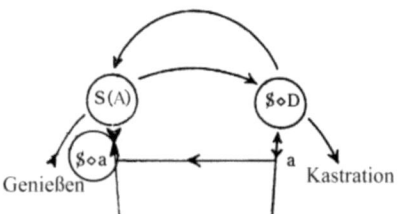

Anderen sein, den wohl niemand erlebt. In der Methode der *Analytischen Psychokatharsis* aber wird er eine Position bekommen, die ihn rechtfertigt, weil eben dadurch nicht das Ich-Ideal, sondern ein *Pass-Wort* am Ende erscheint. Für Weiteres muss ich diesbezüglich auf die späteren Kapitel verweisen, wo ich von den *Pass-Worten* schreiben werde, die direkt aus dem Unbewussten kommen und so nicht mehr in der gleichen Weise ‚symbolisch kastriert‘ sind, sondern mehr direkten Wahrheitsgehalt haben. Sie sind zwar nicht druckreif, automatisch klar und definitiv, aber das waren die Worte Gottes bei den alten Propheten ja auch nicht.

Denn die Worte, die Moses im brennenden Dornbusch vernahm, waren ebenfalls nicht druckreif. Schon dass **A** (jetzt als Stimme aus dem Busch) seinen Namen nicht sagen konnte, sondern ein rätselhaftes ‚Ehyeh Asher Ehyeh‘, ich bin, der ich bin, von sich gab, zeigt die etwas kurios verschobene Wahrheitsrede.[94] Es wäre zwar verfehlt hier von symbolischer Kastration zu sprechen, eher ist eine gewisse Stolperstufe darin eingebaut und genau dasselbe kann auch bei den *Pass-Worten* geschehen, die zwar meist sofort verstanden werden, um sie aber voll zu begreifen, muss man ihnen oft eine erweiterte Deutung geben. Ähnlich verhielt es sich auch bei den Mystikern und Mystikerinnen wie der Mechthild von Magdeburg, die das *Strahlt* (ihr ‚fließendes Licht‘) mit hocherotischen Gebete begleitet, in denen sie Jesus zu ihrem Geliebten auf dem „Lager der Minne und der höchster Wonne“ macht, so dass er zu ihr *Spricht*.[95] Ich sehe in ihren Texten, dass sie sich

---

[94] 2. Mose 3,14
[95] Mechthild von Magdeburg, Das fließende Licht der Gottheit, Verlag der Weltreligionen (2010) I, 28

exakt im oberen Teil des Graphen bewegt, **A** jedoch nicht quergestrichen ist.

Nochmals betone ich, dass selbst wenn alles bei Lacan klar verstanden wird, es für das, was ich hier schildern möchte, nicht so wesentlich ist. Eine Vereinfachung genügt, denn ich ergänze Lacans Theorie vorwiegend durch eine Praxis, die umso notwendiger geworden ist, umso mehr seine Theorie unter seinen Epigonen weiter verwirrt wird. Zwar hat Lacan auch hinsichtlich der Praxis Neues versucht. Er hat Kurzsitzungen von oft nur fünfzehn bis zwanzig Minuten eingeführt, weshalb er aus der psychoanalytischen Gemeinschaft ausgeschlossen wurde, da man dort auf den international üblichen Standard von fünfzig Minuten beharrte. Aber dies ist nicht das Entscheidende, was ich anmerken möchte. Diese seine Praxis hatte ihren Platz, aber sie ist kaum von jemandem nach ihm aufgenommen worden. Manche Klienten kamen jeden Tag für diese Kurzsitzungen zu ihm, was nur in einer Großstadt wie Paris mit guten Verkehrsverbindungen möglich war. Zudem musste ja Lacan selbst das Ende der Sitzung bestimmen, wogegen ein fester Zeitrahmen neutraler ist. So musste Lacan, damit die Patienten sich nicht brüskiert fühlten, nach jeder schnell beendeten Sitzung mit extrem liebenswerter Stimme sagen: „Wann kommen Sie wieder – morgen?"

Ich wiederhole also: Lacan führt einerseits das Wesen der Signifikanten bzw. ihrer Ketten in die psychoanalytische Theorie ein. Er konstatiert, dass diese symbolische Ordnung, dieses Signifikantensystem an allem Vorgängen im menschlichen Seelenleben, vor allem im Unbewussten, beteiligt ist und alles mitbestimmt. Es ist dem menschlichen Subjekt immanent, kommt ihm aber auch von außen und schon von jeher in dieser Weise zu. Es handelt sich um das, was ich ein *Spricht* nenne, ein ‚universales Gemurmel' wie er auch sagt, ein Verlautet, eine Invokation, einen Anspruch. Ich sehe in der Lacanschen ständigen Gegenüberstellung von Anspruch und Begehren die Kombination der zwei Grundelemente, des *Spricht* und des *Strahlt*, wobei letzteres von Lacan eben als ‚ultrasubjektives Ausstrahlen', als Lumineszenz des Genießens, tituliert wird. Auch die Invokation, das *Spricht* ist eine zu genießende Entäußerung, und so haben wir also auch im Graphen des Begehrens nur diese zwei Aspekte als wesentlich anzusehen.

Ich kann nun ganz leicht das Konzept der *Analytischen Psychokatharsis*, das die Kombinatorik von *Strahlt / Spricht* als Ausgangspunkt benutzt, weiter vorstellen. Dazu muss ich wie schon oben und hier nochmals gezeigt zu den oberen Punkten des Graphen noch etwas erwähnen. In den offiziellen Schriften Lacans, die von seinem Schwiegersohn J. A. Miller herausgegeben wurden, findet sich also die Schreibung S (Ⱥ) und $ ◇ D. J.-B. Pontalis hat jedoch an mehreren Stellen seiner Mitschriften der Seminare IV bis VI die Schreibweise verwendet, in der das A nicht quergestrichen ist, also das von mir schon oben erwähnte S (A) zeigt, weil es auch von Lacan anfänglich so geschrieben wurde.[96] Zudem findet sich dort noch eine weitere Schreibung, die in dem von Miller veröffentlichen Seminar V nicht aufgeführt ist, nämlich die mit einem A ◇ d im oberen rechten Eck (siehe Ausschnitt in der nebenstehenden Abbildung). Ich gehe also nochmals zu den Bedeutungen der oberen Kette, wo dem S (A) das A ◇ d gegenüber steht und nicht das S ◇ D.

A ◇ d bedeutet den *Anderen* in seinem Bezug zum Begehren, und S (A) ist hier nicht der Signifikant des durch die ‚sexuelle Metapher' quergestrichenen *Anderen*. A ist hier – wie schon vorhin zitiert – hinsichtlich der Wahrheit und Reife, hinsichtlich der „Willkür seines guten Willens" zu sehen wie es Pontalis referiert, und damit kommt man an dieser Stelle der ‚Metapher des Genießens' näher. Denn die Intention des Subjekts trifft hier auf den rätselhaften aber doch integren *Anderen*, der sich also anders etabliert hat als wie bisher gezeigt. Doch wie kann das gehen, sind doch in A all die Referenzen auf

---

[96] Pntalis, J.-B., Zusammenfassende Wiedergabe der Seminare IV – VI von J. Lacan, in RISS-Extra 3 (1998)

die bedeutenden, aber eben auch gebarrt, gehemmt zu sehenden Figuren als seelisch verinnerlicht zu verstehen? Wie kann A jetzt plötzlich so rein, perfekt und universell erscheinen wie er es bei Mechthild von Magdeburg und auch in der *Analytischen Psychokatharsis* mittels der Pass-Worte der Fall ist? Es kommt durch die Betonung des gleichzeitig wichtigen imaginären Signifikanten (des *Strahlt*) und dessen ganz enge, sich überlappende Zusammenführung mit dem symbolischen Signifikanten (dem *Spricht*) zustande.

Diese Zusammenführung findet bei der *Analytischen Psychokatharsis* im Moment des Übergangs (Lacan: Transition) von der ersten zur zweiten Übung statt. Ich formuliere ich also nicht wie-

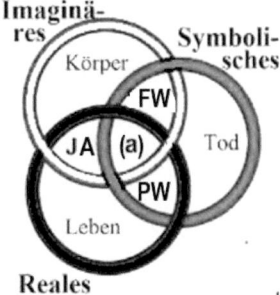

der einen rein theoretischen Bezug wie er bei Habermas und Lacan vorliegt, sondern eine ausgenmachte Praxis, die neu ist, und die die einzige Möglichkeit darstellt, das Reale, Imaginäre und Symbolische so zu verbinden, dass A ohne Querstrich bleibt und man den Bo-Knoten daher so zeichnen müsste, wie in der nebenstehenden Abbildung zu sehen ist. Das Objekt des Begehrens wird in Klammer gesetzt, denn es erscheint in der Meditation reduziert, am Rand oder nur noch vereinzelt. *Formel-Wort* und *Pass-Wort* sowie das nunmehr JA zu schreibende Genießen füllen die anderen Bereiche. Das *Formel-Wort* ist die totale Verbindung von Imaginärem und Symbolischen, das *Pass-Wort* die von Symbolischem und dem im Unbewussten versteckten Realen.

Dies wird strikten Lacanianern nicht gefallen. Lacan ging hinsichtlich der Signifikanten zwar von denen aus, die ich schon als die mehr vom Imaginären her bestimmten „maßgeblichen Bilder" wie „Sonne, Mond und Sterne" oder dem Bild des menschlichen Körpers aus, und vielleicht war es auch das, was ihn anfänglich des **A** ohne Querstrich schreiben ließ, obwohl dies bereits Sprachpragmatik ist. In seinem Genussstreben findet das Subjekt dann einen gewissen Halt im Signifikanten dieses **A**, *Anderen*, also in **S (A)**, weil es sich – anfänglich und durch die Maßgeblichkeit geführt – mit dem „Rätsel identifizieren" kann (Pontalis), das der *Andere* ihm auferlegt. Kurz gesagt: das Subjekt kann hier aushalten, dass Vater oder Mutter, Lehrer oder Analytiker zwar von ihrer Begehrensstruktur etwas gezeigt haben, kann dies aber auf maßgebliche Bildhaftigkeit gestützt zu einem ganzheitlichen, stabilen, die Wahrheit sichernden **A** versammeln. Die von Miller unterschlagene Darstellung **S (A)** und **A ◇ d** stellt also das dar, was vor oder außerhalb der Analyse passiert, was Alltag ist und in der *Analytischen Psychokatharsis* durch die letztlich daraus resultierenden *Pass-Worte* auch einen Namen bekommt..

Denn dort steht nicht nur der Name desjenigen Vaters als **A**, als Ort der Signifikanten-Ordnung, Ort des Gesetzes, der auf weitere Frauen verzichtet hat. Sein Signifikant ist nicht nur der Mangelsignifikant, der für das phallische Begehren steht und demgegenüber er die Kastration erleiden muss, mit der er nun auch das Subjekt konfrontiert. Sein Signifikant hat etwas mit den originären und grundsätzliche **A** zu tun, indem dies das Wesen der Sprachstruktur, des Schatzhauses sowohl der symbolischen wie auch imaginären Signifikanten selbst abbildet. Lacans Graph mit dem quergestrichenen **A** hat deswegen noch genauso Bedeutung, denn es betrifft den klassischen psychoanalytischen Weg über die „freien Assoziationen", Versprecher und Traumdeutungen Freud'scher Art.

Denn beim ausgeprägt neurotischen Menschen, der sich in Analyse begibt, muss zu sehen sein, dass der Signifikant des Anderen als **S (A̷)** geschrieben wird, weil das Genießen dort schon als betont phallisches Genießen Gestalt angenommen hat. Das Subjekt hat bereits im Durchgang bei **$ ◇ D** in seinem Anspruch, in seiner Forderung Gewicht bekommen, bezüglich dessen es in **A** keine so halb glückliche Antwort mehr erwarten kann, wie in der Konstellation von **A ◇ d** und **S (A)**. Die Antwort ist vielmehr eine verstörende des Begehrens von **A**, vereinfacht und alltäglich gesagt: warum braucht der Vater so viele Frauen? Wo soll ich nun mit meinem Begehren hin? Muss ich gar den Vater umbringen, wie Freud dies in seinem Buch ‚Totem und Tabu' beschrieben hat, um an die Frauen zu kommen?

Ja, für das Vorgehen in der klassischen Psychoanalyse gilt dies. Der Analytiker sitzt am Platz des **A** und muss nun sehen, wie ihn die Aggressionen seines neurotischen Klienten treffen. Er muss seinem Klienten den Ödipuskomplex anhand dieser auf ihn gerichteten Übertragungen interpretieren. Ich schildere jetzt alles etwas pauschal und mit deftigen Worten, aber in Wirklichkeit kommt es in dem, was ich hier schreibe, gar nicht so darauf an, was in einer üblichen Psychoanalyse passiert. Ich will nur die verschiedenen Schreibweisen des oberen Teils des ‚Graphen des Begehrens' aufdecken und dafür nutzen, das Verfahren der *Analytischen Psychokatharsis* plausibel zu machen, ganz *Nach Lacan*. Ich will zeigen, dass es – in einem gewissen Idealfall – die ‚Metapher des Genießens' gibt, die freilich auch ‚kastrierende' Grenzen aufzeigen, aber auch eine günstigere Prognose haben kann.

In diesem, meinem Verfahren wird diese andere Möglichkeit sichtbar. Das **S (A)** (aber im Fall meines Verfahrens sogar auch das **S (Ⱥ)**, das **A** $\diamond$ **d** (wie auch das **$ $\diamond$ D**) könnten nämlich mittels der Übungen der *Analytischen Psychokatharsis* durch das Lacansche S_1 / S_2 ersetzet werden, indem damit Lacans Grundregel ausgedrückt ist, nämlich dass ein Signifikant (S_1) ein Subjekt (/) für einen anderen Signifikanten (S_2) repräsentiert und etabliert. S_1 steht auch für den Lacanschen Invokations- bzw. Sprechtrieb, für das Es *Spricht,* S_2 für das Maßgebliche des Schautriebs, das Es *Strahlt,* so wie ich es bereits in der Abbildung des oberen Graphen mit den Begriffen des *Spricht* und *Strahlt* als vereinfachte Darstellung eingezeichnet habe. Für die *Analytische Psychokatharsis* kann man sich das Wesen der *Formel-Worte* im unteren Bereich des Graphen in **A**, im oberen in **S (A)** vorstellen. Das Wesen der *Pass-Worte* ist gut in **$ $\diamond$ D** als Anspruch aus dem Unbewussten und in i(a) als Ausgabe des im Vorbewussten noch zurecht Geschliffenen vermittelt.

Es handelt sich bei den *Formel-Worten* um Formulierungen, die mehrere Bedeutungen in einem einzigen Schriftzug enthalten, ohne dass damit geklärt ist, welche Bedeutung nun bevorzugt wird. Genau dies ist ja für die Konstitution der Signifikanten wesentlich. Der einzelne Signifikant ist keiner Bedeutung fähig, aber in einer Kette sind sie fähig, Bedeutung und Sinn zu erzeugen, insbesondere dann, wenn sie sich an sogenannten ‚Polsterknöpfen' – wie Lacan sagt – überschneiden. Dies kann bei der Meditation des *Strahlt / Spricht*, bei der Kombination des imaginären (S_1) und symbolischen (S_2) Signifikanten ermöglicht werden, die meiner Auffassung nach ja auch den Trieben gleich zu setzen sind. Ich stelle ein derartiges *Formel-Wort* schon hier einmal hier vor, auch wenn sie erst später ausführlicher kommentiert wird. Wenn man diese Formulierung, die der lateinischen Sprache entstammt, im Uhrzeigersinn liest, kommt – angefangen mit irgendeinem der Buchstaben fast bei jedem Mal eine andere Bedeutung heraus (die einzelnen Bedeutungen sind im folgenden Kapitel aufgeführt, hier will ich vorerst nur die formalen Zusammenhänge beschreiben).

Damit ist der Vorgang in den Linien des Graphen etwas anders zu werten als es in der herkömmlichen Psychoanalyse der Fall ist. Die Intention des Subjekts ist meiner Ansicht nach zuerst einmal die des Schautriebs, das *Strahlt*, das sich wie ein sich ausstreckender Fühler nach oben schiebt. Von Freud wird die Libidobesetzung (Objekte werden mit Lustenergie besetzt) an vielen Stellen seines Werkes mit ‚Pseudopodien' verglichen, also mit herauswachsenden oder sich auch blitzartig vorschiebenden und sich wieder einziehenden Gliedern.[97] Diese Intention des *Strahlt* wird nun von einer des *Spricht* gekreuzt, indem der verbale Signifikant bzw. dessen Kette als ein *Spricht* von links hereinschneidend die erste, die formale Kombination der beiden Grundtriebe ergibt.

In seinem „Entwurf einer Psychologie" hat Freud ein Konzept der menschlichen Psyche beschrieben, das ganz mechanischen und neurobiologischen Vorgaben entspricht. Andererseits zeichnet es

---

[97] Freud, S., GW X 141, XI 431, XII 6, XVII 73.

sich jedoch auch durch eine geradezu poetische und mythische Vielfalt von Begriffen aus, die dieses Konzept zu einer interessanten und gleichzeitig faszinierenden Lektüre machen. Trotzdem hat Freud es selbst nicht zu Lebzeiten veröffentlicht und zwar wohl deshalb, weil es ihm selbst noch zu mystisch, zu psychophysisch erschien. Vereinfacht gesagt treffen die von der Wahrnehmung kommenden Intentionen (das *Strahlt*) auf „Schalter" und „Regler" (Freud sprach von Kontaktschranken und anderen Reglermechanismen) im Inneren, Diese Verknüpfungen und „Verschaltungen" haben deutlich den Charakter einer symbolischen Intervention, also von einem Code, einem Es, das *Spricht*, das sich mit dem hereinkommenden *Strahlt* (unterer Teil des Graphen) kreuzt.

Im oberen Teil des Graphen verhalten sich die Dinge nun umgekehrt. In $ \$ \Diamond D $ ist die Intention viel unbewusster aufgefasst, das ‚Pseudopodium' hat sich durch das Passieren des Codes in eine Form des *Spricht*, nämlich in die des unbewussten Anspruchs gewandelt und das Subjekt jetzt endgültig gespalten zurück gelassen. Nunmehr kommt von der anderen, der linken Seite, das libidinöse Genießen (auch eine Art des ‚Pseudopodiums') in Form eines *Strahlt*, wodurch das Subjekt zum Klingen, zum Verlauten der ursprünglichsten Signifikanten gebracht wird, was ich als S_1 / S_2 beschrieben habe. Durch die Intervention der *Formel-Wort*-Formulierungen jedoch gehalten, wird es dieser S_1 / S_2 - Kombination einen Identitätsausdruck, ein *Pass-Wort* verliehen. So etwas geht nicht ohne eine Tendenz zur Selbstsublimierung vor sich, auf die ich am Anfang dieses Kapitels hingewiesen habe.

Der Identitätsausdruck kommt also strukturell und ganz elementar, ganz formallogisch verpackt zustande, nämlich in der gleichen Art von ‚B(r)uchstaben',[98] und dies hat andere Auswirkungen als in der Psychoanalyse üblich. Hier wird wirklich ins Zent-

---

[98] Oudee Dünkelsbühler, U., Zeugnis und Schrift: B(r)uchstaben an der Couch, Les Etats Généraux de la Psychanalyse (2001). Der Begriff B(r)uchstaben erscheint mir eine ideale Formulierung für dieses zugleich Wort- und Bildhafte zu sein, indem es „Buch" (*Spricht*) mit „Staben" (Linien, *Strahlt*) genau durch das ihnen eigene Element verbindet.

rum der Signifikantenketten eingegriffen ohne einen vorzeitigen, suggerierten oder auch sonst irgendwie schon vorverfassten Sinn zu geben. Hier greift ausschließlich eine direkte, heftige und wissenschaftlich abgesicherte Intervention in das Geschehen ein. Hier handelt es sich nicht um ein Enactment. Hier ist das Unbewusste unmittelbar angesprochen, wie es elementarer im Anspruch nicht ausgedrückt sein könnte. Man könnte auch sagen, dass die ‚B(r)uchstaben' auf der primärsten Strukturstelle, am naivsten Analogieelement ansetzen.

Der orale Anspruch beispielsweise, wie er sonst in $ <> D auftreten kann, wird links liegen gelassen, was aber nicht heißt, er würde erneut verdrängt. In S (Ⱥ) wird er, sollte er tatsächlich eine Rolle spielen, in den dort sich zur Botschaft aus dem Unbewussten vereinigenden Signifikanten mit zum Ausdruck kommen. Was dort aus dem Unbewussten direkt erfahrbar, hörbar, denkbar geworden herauskommt, nenne ich wegen seiner Identitätskraft ein *Pass-Wort*, Identitätsvokabel, dem Bewussten bereits nahekommende Chiffre. Das *Pass-Wort* korreliert eben den ‚B(r)uchstaben' des oder der *Formel-Worte* und den in sich selbst oft auch gebrochenen Triebansprüchen. Solch ein *Pass-Wort*, das mit dem Oralen zu tun hat, lautete bei einem meiner Probanden, der die *Analytischen Psychokatharsis* schon längere Zeit übte: „Vergessen". Mit anderen Worten: was er vergessen wollte oder auch vergessen hatte, war eigentlich gegessen worden, ‚runtergeschluckt', wo es natürlich nicht ganz verarbeitet wurde. Doch durch diese kurze Phrase, die Lacan auch „ultrareduzierte Phrase" nennt, war ihm sein Problem aufgegangen.

7. Die Dit-Mension und das Luzide

Die phantastischen Konzepte der Astrophysiker erinnern an die Visionen der Heiligen Hildegard von Bingen. Sie meinte, dass die gesamten Fixsterne, die sich für uns ja seit Myriaden von Jahren immer am gleichen Fleck befinden, am Tage des Jüngsten Gerichts wild durcheinanderwirbeln würden. Nichts stünde dann mehr fest, alles wird neu geregelt. Am Schluss bleibt nur noch ein intergalaktischer Fundamental-String übrig. Denn die menschliche Seele ist gespalten und die ungebrochene Symmetrie gab es nur im Paradies. Adam und Eva als die Prototypen der Intersubjektivität, der Beziehung zwischen zwei Subjekten, haben mit ihrem Lapsus, mit ihrem danebengegangenen Sexualakt die Symmetrie gebrochen, die eigentliche passende und geklärte Durchtunnelung kaputt gemacht.

Lacanianisch heißt das: für den Diskurs, für die Verständigung zwischen zwei Subjekten „muss man das Signifikat finden, dessen Signifikant der gleiche ist, wie der aus einem anderen Diskurs! Denn das Begehren des Menschen ist das Begehren des *Anderen*." Täuschen wir uns nicht! Die Wurzel unserer Ideale und unserer Wünsche ist uns wie Adam und Eva meist nicht bewusst. Von diesem Lacanschen *Anderen,* der wie Gott mehr weiß als wir selbst, habe ich schon genug gesprochen. Doch da er auch begehrt, dass er, der im Gegensatz zu meinem Ich (meinem Außen-Innen) mein strebendes Innen-Nach-Außen ist, bleibt mir nichts anderes übrig als auf den Moment oder den Platz zu warten, wo die Durchtunnelung zwischen den menschlichen subjektbezogenen Wesen möglich ist. Auf den Glücksmoment der wahren Begegnung, der sich eben im gleichen Signifikanten verschiedener Diskurse findet (hier im naturwissenschaftlichen und psychoanalytischen).

Auf einen solchen Glücksmoment haben auch die Forscher am LHC gewartet, als sie versucht haben, das Higgs-Teilchen nachzuweisen. Nachdem vorerst nur seine Masse festzustellen war, hat man es inzwischen soweit nachgewiesen, dass wohl nur noch weitere Berechnungen und Analysen notwendig sind, um ein endgültiges Ergebnis zu präzisieren. Das Wort Teilchen ist vielleicht genauso wie beim Graviton wohl kein idealer Ausdruck. Es handelt sich eher um ein virtuell-reales Feld, mathematisch berechenbar und wahrscheinlich nur über einen Milliarden teuren und künstlichen Riesenaufwand erklär- und beweisbar. Wir sind hier ähnlich wie bei den Wirtschaftsmanagern und ihren Rating-Agenturen in der Situation einer selbstrealisierten, selbsterfüllenden Prophezeiung.

Man sagt: wir bauen ganz verrückte Riesenmaschinen, die sogar kleine „Schwarze Löcher" hervorbringen können, und wenn wir nur alles auf Höchst-Energie-Niveau bringen und dann Teilchen gegen Teilchen schießen, werden wir das finden, was wir prophezeit haben. Doch irgendwann und irgendwo wird der Rahmen das Bild sprengen. Oder: wir prophezeien, dass ein psychisch Kranker an einem Borderline Syndrom leidet, einer schizoiden Persönlichkeitsstörung z. B., und er von dieser Krankheit nicht mehr loskommt, weil er von der Diagnose nie mehr los kommt. Hier ist es also umgekehrt als wie bei Lacan beschrieben: man bleibt im gleichen Diskurs, findet aber für jedes Signifikat einen anderen Signifikanten. Das ist auch typisch für jede Ideologie.

Aber auch innerhalb der universitären Wissenschaften verhält es sich so, indem dort, im universitären Diskurs, am Platz der Wahrheit, immer nur ein Mehrwissen hingestellt wird. Stets wird an die Studenten die Devise ausgegeben, dass sie immer neues Wissen brauchen, um an die Wahrheit der Thematik, die sie eruieren sollen, heranzukommen. Allein innerhalb der *String Theorie* gibt es immer wieder neue Definitionen, zusätzliche Theorien und immer mehr Dimensionen (fünf und mehr). Doch dies ist nicht der einzige problematische Effekt. Das Auftreten und sofortige Wiederzerfallen des Higgs-Bosons wie im LHC kommt im Universum nur weit von uns entfernt vor und ist für uns somit nur in irrelevanter Form zu haben. Keine Wissenschaft ist vor diesem Mechanismus der Irrelevanz aber auch dem einer negativen Selbstreferentialität gefeit. Ich bin mir nicht sicher, ob meine Schreibungen vom **A** anstelle von A wirklich relevant sind. Aber ich kann es mir leisten, bei den Spitzfindigkeiten von Lacans Theorie etwas nachlässig zu sein. Ich kann es bei einer gewissen Unschärfe belassen. Hauptsache ist doch, dass ich den Kern seiner Ausführungen begriffen habe und es ihm mit der ‚gleichen Münze zurückzahle'.

Vielleicht können meine auf den Knoten geschriebenen Buchstaben die Mehrfach-Dimensionen und die Verschachtelungen des Begehrens noch deutlicher vermitteln, so deutlich, dass man dann wirklich von der Dit-Mension reden kann. Obwohl die auf den Knoten geschriebenen Buchstaben harte Wissenschaft sind, werden sie einem zuerst doch wie Chiffren, Mantren und Kreuzworträtsel vorkommen. Darin wird zwar ihr Geheimnis und ihre Wirkung liegen, nämlich dass sie – exakt *Nach Lacan* - nicht gleich verständlich sind. Man muss sie sich erüben. Aber begreifen sollte man sie auch, denn es ist genauso wichtig, dass diese Buchstaben nicht einfach willkürlich, von mir frei erfunden, dort auf dem Knoten erscheinen. Es muss eine wissenschaftliche, z. B. eben psycho-linguistische oder auf sonst präzise Parameter bezogene Erklärung dafür geben. Exakt dies ist mein spezieller Beitrag, den ich im Folgenden ausführen will. Doch vorerst noch einmal kurz zurück zu den Anfängen.

Ich wiederhole mich nämlich gerne, weil jede Wiederholung etwas Neues dazu bringt, wenn sie eine gute und bewusste Wiederholung ist. Diese Unterscheidung in gute und schlechte Wiederholung ist in der Psychoanalyse wichtig.[99] Die unbewussten Wiederholungen, die wie gesagt als ein unbemerkter Zwang ablaufen, sind laut Freud die problematischen, weil sie dem Todestrieb nahestehen bzw. ihn direkt bedeuten. Unbewusst immer in die gleichen Spuren einzutauchen und darin bleiben, kann nicht gut sein,

---

[99] Bitsch, A., Diskrete Gespenster, transkript (2011) S. 121, wo die Autorin schreibt, dass „die schlechte Wiederholung sich stets auf eine ‚Washeit', ein Objekt, eine Idee bezieht . . . einen mit sich identischen Begriff, während die gute Wiederholung das Subjekt selbst als ein Medium, als die Operationalisierung von Ur und Sache bis hin zur wahren Ursache führt".

denn man kommt ja dann nicht weiter und so holt einen der Tod irgendwann und eben letztlich zu voreilig ein. Natürlich muss man Kreisbewegungen, Durchschlingunsbewegungen machen, aber sie müssen topologisch umformt sein, um weiterzukommen. Am Ende darf einen der Tod dann selbstverständlich berühren, weil das Universum nicht unendlich ist, wie die *String Theoretiker* sagen. Wenn wir alle Räume und Zeiten durchwandert haben werden, soll es ja den „Big Crash" geben, das Ziel oder den Übergang ins Paralleluniversum – egal wie man das letztliche Ende nennen will, das es aber dann doch vielleicht gar nicht gibt.

Es existiert meist ein großes Missverständnis in der üblichen Konversation, gerade, wenn man unter Seinesgleichen ist (z. B. unter Astrophysikern oder unter konventionellen Psychoanalytikern). Wer nur gerade herum redet, also nur den Konventionen nach spricht, enthüllt nichts. „Wer das Brot der Wahrheit mit seinesgleichen bricht, teilt die Lüge aus", meint Lacan daher. Er sagte sogar, dass die Japaner fast grundsätzlich lügen, weil ihre Sprache und ihre Höflichkeitskultur dies so nahelegen, dass man diesem Aneinander-Vorbei-Reden praktisch kaum auskommt. Und der Dialog mit dem Unbewussten verläuft eben auch oft nicht anders. Das Ich, Überich, die Neben- und Idealichs beherrschen die Diskussion und Es, das Subjekt, Es eigentlich, unser innerstes Wünschen und Denken, kommt nicht zu Wort. Es gibt ein „universales Gemurmel" im Unbewussten, sagt Lacan, [100] das wir nur im Traum, in Versprechern und manch „freier Assoziation" zum Ausdruck kommen lassen, ihm aber letztlich viel zu wenig Raum geben. Wir bleiben im Flat-Land, wo wir mit dem Begehren von uns selbst und auch des *Anderen* nicht klar kommen.

Ich will nun nicht den Fehler machen, den alle Esoteriker und mythisch-magischen Wissenschaftler so gerne machen: nämlich zu sagen, dass wir sozusagen die *Strings* in uns – und zwar am besten in unserem Kopf – selbst ein bisschen manipulieren und somit zum „wahren Realen" Zugang haben können. Dass also die

---

[100] Lacan, J., Das Ich in der Psychoanalyse Freuds, Seminar II, Walter (1980) S. 204

Strings nichts anderes sind als die Bahnen, auf denen man im Kopf Astralreisen machen kann. Die Physik bleibt Physik auch innerhalb biologischer Strukturen, Quantenphänomene sind ja durch die Unschärferelation eben nicht schärfer ausdrückbar, während biologische Strukturen aus viel größeren Dimensionen bestehen und nur nach ganz anderen Kriterien exakt beschreibbar sind: z. B. solchen der DNA, der RNA, zahlreicher Proteine, deren Tertiärstruktur und Reproduktion bis in die Chemie und physikalisch-chemischen Bindungen hinein (aber nicht weiter). Der Begriff „makroskopischer Quanteneffekt" ist eigentlich absurd wie ich schon bei dem Kommentar des Physikers M. Esfeld erwähnte. Eine Kohärenz der Quanten gibt es bisher nur im Minimalst-Bereich eines Bose-Einstein-Kondensats, eines ganz kurzfristigen Plasmazustandes von einigen Atomen. Dazu müssen extrem tiefe Temperaturen, nahe am absoluten Nullpunkt verwendet werden. Wie sollte dies für biologische Gewebe möglich sein! Was in der Biologie Schwierigkeiten macht, ist der Lebensbegriff als solcher, weil zur Untersuchung ihrer *Objekt*e diese immer wieder zerschnitten werden müssen, und diese Unklarheit, Unschärfe nutzen halbwissenschaftliche Autoren gerne aus.

Auch der Physiker F. J. Tipler versuchte eine totale Umformulierung der Wissenschaft und zwar nicht nur der Physik, sondern auch der Theologie und Psychologie.[101] Dabei bleibt er aber den jeweiligen klassischen Sprachen dieser Wissenschaften völlig verhaftet. Deswegen kommt er zu so grotesken Aussagen, wie der, die Toten würden real und individuell, nämlich durch eine Art von Computeremulationen wieder auferstehen und könnten so endlos miteinander kommunizieren, was auch viele ultrareligiöse Gruppen gerne glauben. Tipler erkennt nämlich sehr wohl, dass die Physik mit ihrer Sprache irgendwo am Ende ist, aber er sieht eben auch, dass die Theologen/Psychologen etwas Wichtiges zu sagen haben und dass auch sie sich mit ihrer Ausdrucksweise in einer Zwickmühle befinden. Deswegen versucht er einen physikalisch-theologischen und psychologischen Diskursbogen zwischen

---

[101] Tipler, F. J. Die Physik der Unsterblichkeit, Piper (1994)

allen Bereichen zu schließen, der jedoch in makabre Ungeheuerlichkeiten mündet.

So besteht für ihn z. B. *Identität* dann, wenn Systeme - und auch der Mensch ist für ihn ein, wenn auch sehr komplexes System - im gleichen Quantenzustand sind, also in diesem Zustand weiter nicht mehr messbarer materieller Unschärfe, der Emergenz, wie wir sie also schon von Heisenberg und der Verschränkungstheorie her kennen. Der menschliche freie Wille aber ist nichts anderes, als ein „unvorhersagbarer Phasenübergang im Gehirn" (das natürlich computeremulatorisch ersetzt werden kann), der dadurch zustande kommt, dass „Restfluktuationen in der Vakuumenergiedichte notwendigerweise Quantengravitations-Unsicherheiten widerspiegeln, so dass ein auf diesen Fluktuationen beruhender Zufallsgenerator ontologisch indeterministisch wäre."

Kurz: des Menschen Zugang zur Quantengravitation ist irgendwo frei und doch eingebunden in einen Algorithmus, in eine Formelhaftigkeit, d. h. Sprache. Der Mensch ist irgendwo psychisch frei handelnder Mensch und bewegt sich doch in *Identitäten*. Er ist gerade dadurch Mensch, dass er den Signifikanten und deren Kette unterworfen ist, d. h., dass er sie ernst nehmen muss, weil sie Wesen sind, die auch ohne Ich etwas zu sagen und zu zeigen haben! Die sich auch ohne Ich vergegenwärtigen. Wir Ichs müssen uns mit ihnen beschäftigen, damit wir selbst es sind, die das Wesentliche, Menschliche ausdrücken. Wenn man Tipler so auffasst, ist er gar nicht so dumm. Aber er reißt sich die ‚Metapher des Genießens' einfach unter den Nagel, indem er sie digitalisiert.

Denn warum muss ich den Begriff *Identität* quantenenergetisch bestimmen? Freud sagt, dass Identität ein unbewusster Vorgang ist. Dem könnte Tipler zustimmen. Nur Freud beschreibt dies in psychologischen Begriffen, die er allerdings durch diese Beschreibung mit erschafft. Aber damit gelingt es ihm, den Menschen in seiner als Ganzheit unterstellten Einheit zu fassen, also als *Subjekt* des Unbewussten, als *Subjekt* einer Kombinatorik von Signifikanten, während Tipler immer das eine (z. B. die psychisch-organische Subjekthaftigkeit = *Identität*) in Begriffen des

anderen (*objekt*ive physikalische Einheiten) ausdrückt. Theologi-
sche Zusammenhänge physikalisch ausdrücken zu wollen ist
schon ein mutiger und kühner Akt, den Tipler vor allem dadurch
für möglich hält, dass die Physik mit den „Quantengravitations-
Unsicherheiten" (wie auch bei der *String Theorie*) tatsächlich
noch eine sehr große Spekulationsmöglichkeit offen gelassen hat.

Im Grunde genommen geht es um nichts anderes, wofür Lacan
den Begriff des „L'Autre des Astres" erfunden hat. Hier handelt
es sich jedoch um den *Anderen* als ‚ultrasubjektiv Ausstrahlen-
dem', ‚Lumineszierendem', für den der Sternenbezug genauso le-
gitim ist wie der auf das unbewusste Begehren. Bekanntlich hatten sich schon frühe Psychoanalytiker wie Wilhelm Reich und
Fritz Riemann mit den Sternen und Strahlen beschäftigt und einen
Bezug mit ihren Therapien hergestellt. Fast – so könnte man sagen – lagen dabei die Sterne und die Lichter mit auf der Couch.
Aber der Unterschied zum normalen psychoanalytischen Vorgehen ist erheblich. Reich postulierte eine psycho-physische Energie, die er Orgon nannte und die die Freud´sche Libido (Sexua-
lenergie) genauso beinhalten sollte wie eine entsprechende Energie im Universum. Freilich ist er damit wissenschaftlich gescheitert, weil man sich nicht vorstellen konnte, wie die Erotik der
Sterne beschaffen sein sollte. Er zeigte seine Forschungsergebnis-
se sogar A. Einstein, der jedoch nichts damit anfangen konnte und
wollte.

Reich baute einen Apparat, der aus wechselnden organischen (biologisch) und anorganischen (kosmisch) Schichten erstellt war,
und unter dem man sitzend die Orgonenergie akkumulieren können sollte. Einstein meinte, hier seien keine Orgonenergien wirksam, sondern lediglich Temperaturunterschiede. Reich ist wohl
der Illusion verfallen, dass eine faszinierende Analogie (Energie
im Weltraum und im erotisch besetzten Menschenkörper) ein wissenschaftlicher Beweis ist. Dies ist jedoch – beim besten Willen –
nicht der Fall. Hier war der Astropsychoanalytiker Riemann
schon diplomatischer. „Wir müssen also ‚nur' annehmen",
schrieb er, „dass es neben dem persönlichen und dem kollektiven

Unbewussten eine noch tiefere Seelenschicht gibt, die wir das ‚kosmische' Unbewusste nennen können."[102]

Riemann verglich die aus der psychoanalytischen Behandlung eines Patienten gewonnenen Einsichten mit dessen Horoskop. Später ging er dazu über, zu einem bestimmten Zeitpunkt der Behandlung das Horoskop einzubeziehen und stellte dadurch eine produktive Wirkung auf die Therapie fest. Riemann wandte sich strikt gegen die fatalistischen, schicksalsdefinitiven Bestrebungen der herkömmlichen Astrologie. Überzeugend waren seine Bemühungen jedoch ebenfalls nicht, denn er konnte keine klar verbindende Struktur zwischen Psychoanalyse und Astrologie (oder gar Astronomie) aufweisen. Beide blieben relativ unverbindlich nebeneinander stehen, wenn man auch hinsichtlich lebensgeschichtlicher Ereignisse Korrelationen herstellen konnte, die wenigstens den Patienten überzeugten. Die Wissenschaft konnte er damit nicht beeindrucken.

Erst J. Lacan hat also mit dem Begriff des L´Autre des Astres einen Bezug zum Firmament und Universum hergestellt, der wissenschaftlich nachvollziehbar ist. Beim ‚L´Autre des Astres', beim ‚*Anderen* der Sterne' sind die Sterne wesentlich Bild, aber Bild mit Bedeutung, imaginäre Signifikanten. Sie sind Leuchter, Mahner, Hüter, Wegweiser – fast möchte man sagen – mythische Wesen wie Freud es von den Trieben behauptete. Seinen „*Anderen* der Sterne" bringt Lacan in Zusammenhang mit der seit jeher bedeutenden Erfahrung ‚erster maßgeblicher Bilder', wie ich sie schon eingangs am Beispiel von „Sonne, Mond und Sternen" erwähnt habe.[103] Auch das Bild des menschlichen Körpers gehört dazu, und so wachsen diese ersten Eindrücke zu wichtigen Symbolen, zu einem signifikanten Zeichensystem zusammen.

So zeigt das ‚maßgebliche Bild' auch das, was Freud die ‚Vorstellungsrepräsentanz' der Triebkraft im Psychischen nennt, also das

[102] Riemann, F., Lebenshilfe Astrologie: Gedanken und Erfahrungen, Klett-Cotta (2012)
[103] Lacan, J., Seminar II, Walter (1980) S.388

Bild, das Gemälde oder den imaginären Signifikanten, der die gerade im Moment wirkende Triebkraft perfekt darstellt und repräsentiert.[104] In einer Art von ‚luzidem Traum‘, von ‚Vision‘, kann man so etwas erleben, dass diese Triebrepräsentanz direkt zeigt. Denn während der übliche Traum rasch an einem vorbeizieht, ja taumelnd dahinrast, hat dieses Verbleiben, dieses Insistieren eines wie ausgestellten oder betont gezeigten Bildes, eine leicht betörende, anmutende Wirkung. Hier soll anscheinend etwas vermittelt werden, hier wird nicht schnell das Traumprogramm durchgespielt, sondern etwas davon herausgehoben. Es handelt sich also um das Gegenteil der glatten visuellen Kommunikation, wie ich sie vom zweidimensionalen Fotografieren beim Durchgang durch eine Stadt oder von der Dreidimensionalität der „Dupes" geschildert habe. Aber was unterschiedet nun der ‚luziden Traum‘ von der Vermittlung, wie sie die Freud'sche Vorstellungsrepräsentanz beinhaltet?

Beim luziden Traum handelt es sich wohl nur um eine gering vermehrte Steuerbarkeit des Traums, die nichts zu einer Selbsterkenntnis oder Selbstenthüllung beiträgt. Der Psychologe P. Lavie berichtet über Fälle, bei denen das Ich des Klar- oder Wach-Träumers zwar einen wesentlich stärkeren Einfluss auf das Traumgeschehen hat als üblich, dieses aber schlechter als die meisten schlechten Filme sich in Aneinanderreihungen von Banalitäten erschöpft.[105] Im luziden Traum hat der Träumer nicht mehr den kulturell-rationalen Überblick und verharrt daher unbeabsichtigt in meist infantilen Bemühungen. Auch W. Seitter hebt zwar die Besonderheit luzider Träume (Klarträume) heraus, es wird aber gleichzeitig deutlich, dass durch die Klarträume nichts wirklich „klar" wird.[106] In einem Beispiel, welches Lavie erwähnt, zeigt sich sogar plastisch, dass der „luzide Traum" Erscheinungen

[104] Lacan, J., Die vier Grundbegriffe der Psychoanalyse, Walter Verlag (1980) S. 117. Freud spricht hier auch von direkter Triebrepräsentanz (GW X, S. 254).
[105] Lavie, P., Die wundersame Welt des Schlafes, DTV (1999) S.123-28
[106] Seitter, W., Kunst der Wacht, Philo (2001) S. 23 und 204

mit großer Präzision darstellen kann, die aber dann um so plötzlicher in sich zusammenfallen. Der Klartraum „führt in märchenhafte Vorgänge ein" – so auch Seitter - ist also stark vom *Strahlt* her bestimmt und kommt zu keinem ernsthaften *Spricht*. Umgekehrt sprechen die Astrophysiker zwar ernsthaft, kommen aber nicht dazu, ein so reales Strahlen wahrzunehmen, von dem sie wirklich etwas hätten.

Die sogenannten luziden Träume sind psychoanalytisch gesehen nichts anderes als eidetische, projektive *Übertragung*en, d. h. *Übertragung*en, in deren Zentrum mehr das unbewusst, libidinös Bildhafte steht, nicht so sehr das Worthafte wie in der üblichen Psychoanalyse. Es geht also um die bereits zitierte ‚Unordnung der Blicke', die im luziden Traum sich scheinbar einer Ordnung nähern, doch er erreicht sie freilich nicht. Ich habe auf Freuds Hypnosen hingewiesen, in denen die Patienten in einen dem luziden Traum vergleichbaren Zustand fielen. In der *Analytischen Psychokatharsis* wird mit etwas ebenso Vergleichbaren gearbeitet, nämlich der reinen Katharsis, dem im extrem entspannten Zustand auftretenden ‚Durchrieseln' im zusammengefassten Körperbild. Damit ist gemeint, dass die von F. Dolto erwähnten Körperbilder sich wie Lacans Dreier-Zopf verflechten , überlagern, ja zusammenfließen. Auch bei bewegenden Musikstücken, wenn es einem wie durch den Rücken herunterrieselnden Schauer erfasst, spricht man von dieser Erfahrung des ‚Durchschauerns', ‚Durchrieselns'.

Damit schließt sich wieder der Kreis zu den Vorstellungsrepräsentanzen, innerhalb derer ein Zusammenschluss stattfinden kann, wenn atavistische Lautkombinationen dazu führen. Einer meiner Probanden, der die *Analytische Psychokatharsis* schon seit zwei Jahren ausübte, hatte einmal so etwas wie eine ‚Vision' dieser ‚Vorstellungsrepräsentanz'. Er ‚sah' für eine kurze Zeit, auf jeden Fall für mehr als einen Augenblick das hier nebenstehende Bild einer

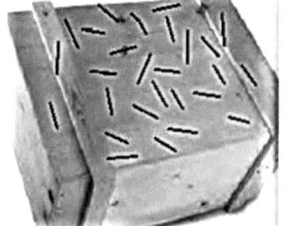

Holzkiste, die oben völlig wahllos zugetackert war. Er erstellte mir diese Computergraphik und meinte dazu, dass ihm sofort aufgefallen war, dass der Kistendeckel so ja gar nicht besser geschlossen war, sondern eher so aussah, als hätte jemand mit Wut all die Tackernägel auf das Brett gehauen. Er erkannte auch sofort: „Das bin ich, ich bin so sinnlos zu getackert". Und tatsächlich, alle seine Assoziationen aus beruflichem und privatem Leben dazu bestätigten die ‚Wahrheit' dieses Bildes. Ich schreibe ‚Wahrheit' in Anführungszeichen, denn seine letzte Wahrheit war es nicht.

Doch interessant ist die Unterscheidung einer derartigen ‚Vision' vom Traum und auch vom luziden Traum. Ich habe selbst mehrmals ein Erlebnis dieser Art gehabt, das sich vorwiegend dadurch auszeichnet, dass es für ein paar Sekunden wie fixiert stehen bleibt, bevor es wieder verschwindet.[107] Man ist davon wie gebannt, und ich halte auch diese ‚visionäre Wahrheit' für nicht so wichtig, wie die verbale mittels der *Pass-Worte*. Denn es ist nicht leicht, derartige Erfahrungen richtig zu steuern. Der Begriff ‚fixiert' weist ja darauf hin, dass das Bild, der ‚imaginäre Signifikant' sich wie ein skopisches ‚Objekt', wie ein ‚geordneter Blick', der einen selber anblickt, sich eben wie die ‚Vorstellungsrepräsentanz' des Schautriebs verhält. Würde man das Bild zu lange anschauen, könnte es zu einer beherrschenden und verwirrenden Halluzination werden, denn das Imaginäre verfügt wie das Symbolische auch über einen Weg zum Inflationären, zum seelisch Überwältigendem.

---

[107] Mit Bild veröffentlicht in ‚Das autochthone Genießen', BoD (2018) und in ‚Visionen: das ‚anders herum' von Liebe und Tod, BoD (2021)

II. ENS - CIS – NOM

8. Der runde Satz

Die Psychoanalytikerin D. Birksted-Breen hat diese Spiegelstadium – Erfahrung durch diese andere, gleichwertige und gleich-
wichtige und mehr linguistische bereichert. Sie sagt, dass in der
menschlichen Psyche neben meist unbewusst ablaufenden Spiege-
lungsprozessen auch sogenannte "Widerhalleffekte" eine wichtige
Rolle spielen. Der "Widerhall" ist wie der vom Linguisten F. de
Saussure gefundene Signifikant[108] ein lautlicher „ Prozess von
Gegensätzen“, von seelischen Echovorgängen, indem er zwischen
Mutter und Säugling (Kleinkind), nämlich zwischen dem Reverie-
Geplapper, dem Anklingen der Mutter und eben dem ‚widerhall-
lenden‘ Antworten des Kindes entsteht. Es findet also eine erste
Hall / Widerhall, Anklang / Widerhall oder Signifikanten-
Kombination statt, die noch keine ausgereifte Sprache darstellt,
dennoch aber schon symbolische Grundlage hat.

Und noch dazu: diese Grundlage ist auch real! Es verlautet etwas,
und in diesem Hin und Her der Verlautungen entsteht ein erstes
Identitätsgefühl zwischen Mutter und Kind. Ja mehr noch, es entsteht ein Identitätsklang, eine Art eines ersten Losungswortes,
wenn es auch vorerst nur Klänge, Laute und Vokale sind, aus denen dieses Wort-Klang-Widerhall-Geschehen besteht. Schon der
Säugling kann sogar meist die rhythmische Lautfolge wiedergeben, die ihm vorgelallt wurde, dieses erste Es, Da oder Das also
bestätigen und anerkennen.[109] D. Birksted-Breen zeigt Fälle auf,
an Hand derer sich ganz klar nachweisen ließ, dass Menschen,

---

[108] Hier ist der Signifikant, dieser „unscharfe Bedeuter", noch stark an
die Linguistik gebunden, erst in der Psychoanalyse wurde er zu etwas,
das dem Trieb selbst nahesteht.
[109] S. Freud sprach hier vom ES, die Daseinsanalytikerin C. Spitzer vom
Da des Anklangs / Widerhalls und der Psychoanalytiker D. Symington
vom Das, von der Dasheit des Zwischenmenschlichen.

denen diese Fähigkeit fehlt, nicht träumen können und daher auch meist schwere Schlafstörungen und psychische Probleme haben.

Diese Fähigkeit von bereits primitiven symbolischen Echos ist also für das Kind und seine seelische Entwicklung äußerst wichtig. Man weiß das auch von den frühkindlichen Monologen, die das Kind abends im Bettchen mit sich hält, und die es sofort unterbricht, wenn jemand ins Zimmer kommt. Das Kind braucht diese Widerhalleffekte um Erlebtes zu verarbeiten, und es weiß auch schon ganz genau, dass es dies am besten nur mit sich alleine tut. Es ist egal, ob wir diese Vorgänge nunmehr durch Echo-Neuronen bewirkt sehen oder nicht. Sie sind einfach real, sie haben etwas mit diesem *Spricht* zu tun, das einem zukommt und von einem auch wieder weggeht. Es bekommt eine melodische Erinnerung und Stimmigkeit, denn es ist die Stimme, die vom Körper aufgerufen ist und von ihm her antwortet.

In einem seiner letzten Seminare sagte Lacan: „Weil der Körper einige Öffnungen hat, deren wichtigste, weil es nicht verstopft, geschlossen werden kann, das Ohr ist, antwortet im Körper das, was ich eine Stimme genannt habe." [110] All die Laute, Klänge, Töne, die in uns unaufhaltsam eingedrungen sind, erzeugen diesen nostalgischen Widerhall, diesen heimatlichen Gesang lang vergangener Tage und deren sirenengleiche Süße. Mit einem mehr und mehr des Übens der *Analytischen Psychokatharsis* ist ebenfalls eine derartige Stimmigkeit verbunden, indem einen das Hören nach innen, das Hören auf den Ton, der ‚Tonstrom', hinein und hinaufzieht in die Selbstsublimierung der Stimme aus dem Off, aus dem Unbewussten, die die erwähnten *Pass-Worte* verlauten lässt, zu denen ich erst im übernächsten Kapitel Stellung nehme.

Die Selbstsublimierung, Verfeinerung, Vergeistigung oder das meditative In-Sich-Gehen, wird von den Psychoanalytikern als eine Form der seelischen Abwehr angesehen. Schon die normale Sublimierung der Triebkräfte in Richtung Arbeit, Kunst, Sport,

---

[110] Lacan, J., Seminar XXIII, Lacan-Archiv, Seite 10

Kultur, etc. gilt als Versuch der Überwindung dieser Kräfte, was den Theoretikern der Psychoanalyse stets Probleme gemacht hat. Gerade bezogen auf Schau-, Wahrnehmungs-Trieb und Sprech-, Entäußerungs-Trieb ist oft schwer zu sagen, ob es sich um den Trieb oder um etwas Sublimiertes handelt. Vor allem aber sind die Triebe laut Freud ja immer „legiert", kombiniert, und kann es da nicht Verbindungen geben, die von vornherein zwar weiterhin Trieb sind, aber gleichzeitig eben auch Sublimation, Rückzug nach innen, Phantasma? Damit ist nicht eine unbewusste Kerngeschehen gemeint, das wohl in jedem Menschen steckt, wie z. B. die Freud'sche „Urszene", die unverstanden und unterschiedlich phantasmatisch verarbeitete Szene der elterlichen Intimität. Oder mehr noch, die Identität, ‚Identifizierung mit dem Aggressor', das wilde, ungebundene Sagen, Artikulieren, das man Realität nennt, und dem man vielleicht nur durch ein ebenso starkes Artikulieren in der Selbstsublimation entgegen treten kann.[111]

Auch der Philosoph A. Noë schreibt in seinem Buch „Du bist nicht dein Gehirn", um auszudrücken, dass die Realität nicht in der Roheit des zentralen Nervensystems besteht. Dass wir uns heutzutage viel zu sehr von den Neurowissenschaften beeindruckt zeigen, wiederspricht dem, um was es in diesem inneren *Strahlt / Spricht* eigentlich geht. Gewiss ist es gut, wenn man bei Psyche-, Geist- und Bewusstseinsfragen die Rolle des Gehirns mit erklären kann, aber wesentlich ist es nicht. Für A. Noë liegt das Bewusstsein und das Seelische in erster Linie nicht im Gehirn, sondern im Kontext, in dem das Lebewesen mit seiner Umwelt und anderen Lebewesen steht und dynamisch interagiert. Dieser Kontext ereignet sich also eher in einer Art von hypersphärischem Raum, zu dem das Gehirn wahrscheinlich eine intensivere und komplexere Beziehung hat als die anderen Organe. Deswegen kann man also gelegentlich mal ruhig von Echo-Neuronen sprechen, wenn einem

---

[111] Lacan, J., Seminar XIX, Ed. Seuil (2011), S. 230, wo Lacan beschreibt, wie das Objekt des Begehrens sich aus den Effekten des Diskurses, der Sprachpragmatik, heraus entwickelt und so zur psychischen Realität für den Betroffenen wird.

neurowissenschaftliche Bilder mehr liegen als andere. Aber der Begriff eines Echokontextes wäre aber vielleicht noch naheliegender. Das ist doch der frühkindliche Monolog, die Echo-Stimme des Körpers, aber auch die gute Unterhaltung.

Aber egal, ob man es als Abwehr auffasst oder als originäre Sublimation, eine Selbstsublimation, Selbstsublimierung ist immer etwas Grundlegendes. Gerade die Aggression, Aggressivität, die nicht wie Freud noch annahm ein Trieb ist (Destruktions- bzw. Todestrieb), sondern auf den frühesten Identifizierungsmodi stammt, könnte man gut als gescheiterte Selbstsublimierungen auffassen. Man kann dies so verstehen: Licht ist schneller als der Schall, das *Strahlt* war vor dem *Spricht* da, wenn auch nur einen fraglichen Moment. Freud sprach diesbezüglich auch von der anfänglichen Wahrnehmungsidentität, der erst später die Denkidentität folgte. In der Wahrnehmungsidentität identifiziert man sich direkt mit dem Wahrgenommenen, jedoch nimmt man dieses nie in Gänze auf und kann sich schon gar nicht mit so umfassenden Objekten identifizieren. Lacan betonte stets, dass man sich nur mir „einem Zug des Objekts" identifiziert, einem charakteristischen Zug, wobei das Übrige und Uncharakteristische unter den Tisch fällt. Dort wirkt es als Weggestoßenes, Negativiertes, und kann so den aggressiven Teil des Seelenlebens erzeugen und auslösen.

In der Selbstsublimation wird jedoch über das Wahrnehmungsidentische (ein Freud'scher Ausdruck für die Identität der Frühmenschen und des Kleinkindes) des *Strahlt* hinausgegangen und zwar deswegen, weil von der Seite des *Spricht* ein Halt, eine Stabilisierung dazukommt. Frühmensch und eben auch das Kleinkind sind mit dem ausgestattet, was sie zugleich wahr- und wirklich-nehmen, sie sich also mit den ersten Objekten identifizierend und gestützt vom Signifikanten wahrnehmen. Es ist ein frühes *Strahlt / Spricht*, eine Erst-‚Verschränkung'. Ich halte es für eine Hybris, unsere Kulturen in Nordmesopotamien vor mehr als 10 000 Jahren als Beginn der Hochkulturen zu bezeichnen oder gar unsere heutige Zeit als besonders fortschrittlich zu klassifizieren.

Schon vor 40 000 Jahren hatten diese Frühmenschen eine umfassende Kultur. Sie beerdigten ihre Angehörigen, sie konnten Schmuck herstellen und waren geniale Jäger. Unsere Hochkulturen waren nichts anderes als erste Sesshaftigkeits- und Agrarkulturen, dann kam Ägypten mit seiner kosmotheistischen Kultur, und heute haben wir die technokratische Zivilisation. Der Fortschritt in den vielen tausenden von Jahren ist dabei äußerst gering, wie die verheerenden Kriege und Umweltvernichtungen von heute zeigen.

Man kann das nur verstehen, wenn man eben diese Früh-Erinnerungen sowohl phylogenetischer wie auch ontogenetischer Art genauer betrachtet. Die Ontogenese, die frühe Kindheit, die ja der Schwerpunkt der Psychoanalyse ist, hat uns gezeigt, wie weit wir großartigen Erwachsenen noch in diesen Kinderschuhen der ersten Lebensjahre stecken. Die gerade genannten infantilen aggressiven und auch die libidinösen Regungen beherrschen auch das Erwachsenenleben. Was die Phylogenese angeht, muss man sich an die Paläoanthropologie halten. Der Archäo- und Paläoanthropologe A. Czarnetzki schreibt, dass der Neandertaler „für die Wahrnehmung optischer Eindrücke wie z. B. optische Dingerkennung, Ortssinn, Ortsgedächtnis, Farb- und Helligkeitserkennen usw., aber beispielsweise auch für optische Gedanken ausgezeichnet ausgebildet war." [112] Er hatte ein größeres Gehirn als wir heute und konnte durch sein fast dreimal so großes Gehörsystem im Dunkeln eine Kiefer von einer Tanne an dem Laut des diese Bäume hindurchwehenden Windes unterscheiden, behauptet dieser Autor. Der Neandertaler war also ‚Wahrnehmungs-Identitätsling‘ ersten Ranges.

Er besaß diese primär-primitive, aber bereits ideale Kombination des *Strahlt / Spricht*. Er brauchte kein Fernsehen, keine Zeitungen und Magazine, denn er erlebte all diese Dinge, die wir nur zweidimesional präsentiert bekommen, in einem geradezu paradiesischen drei- bis vierdimensionalen Urzustand. Er dachte nur das

---

[112] Czarnetzki, A., Archäologie Nr. 6 (2001)

Notwendigste, denn seine Sprache war noch sehr elementar. Auch der Neandertaler konnte noch keine Verschluss- und Knacklaute bilden, wie ich es von den Frühmenschen beschrieben habe, doch war es ihm möglich zu den Plosiven, Frikativen und bestimmte Vokalen auch noch einzelne Konsonanten (sogenannte Klosanten) auszudrücken.

Zudem – oder in Verbindung damit – konnte er von der Situation unabhängige Symbole artikulieren und damit vieles klar geordnet sagen, aber er tat dies tonhafter, singartiger, mit mehr Atemtechnik, mit Lufthervorstossungen und mit wenig Kehlkopf, wie man aus entsprechenden Untersuchungen der Kehlkopfknochen, der Sprachgene und ein paar anderer Hinweise eruiert hat. Er redete schlichter, insbesondere was alltägliche Verrichtungen betraf, jedoch wesentlich zeitintensiver, was komplexere Zusammenhänge anging. Denn er benutzte eben nur wenige Signifikate und sprach fast nur in Signifikanten. Zwischen dem Ausstoßungs-, Explosionslaut pa und dem Implosionslaut ap beispielsweise konnte er nicht vollkommen unabhängig von seiner Atmung wechseln. Aus derartigen Kenntnissen konnte man doch weitgehend Schlüsse auf die Verlautungsfähigkeiten des Frühmenschen schließen.

Der Neandertaler legte also alles in seinen performativen Sprachkörper, in seine „Klangsage" und seinen „Sprechgesang", er lautete mit Haut und Haaren aus sich hervor, er platzte direttissimo aus sich heraus. Ohnehin waren die ersten Worte, die die Menschen hervorbrachten, Losungsworte, Identitätsworte. Im Gegensatz zu vielen Linguisten betont J. Lacan, dass das Sprechen nicht durch die lautliche Bezeichnung einzelner Dinge in Gang kam, sondern durch Losungsworte, die meist Befehlscharakter hatten. Dies bestätigt auch der Sprachforscher H. Haarmann, indem er die Identitätsfindung als die Ursache der Sprache auffasst.[113] Das Wichtigste war, dass man den anderen mit einem primär-primitiven „wer-da" anrufen konnte, und er musste Entsprechendes zurücksagen können.

---

[113] Haarmann, H., Weltgeschichte der Sprachen, Becksche Reihe, S. 32

Der Frühmensch war eben voll Gefühl und Empfindung. Gewiss musste er dafür im Gegenzug Naturkatastrophen, Wärme-Kälte-Extreme, Krankheiten etc. hilflos hinnehmen. Aber erscheint nicht gerade deswegen eine Methode ganz besonders reizvoll, die uns die alten Fähigkeiten zur ständig erneuerten Katharsis wieder aufzunehmen lehrt – aber zur Stütze und Verwendung in unserer heutigen Zeit? Freud hat diese Thematik anhand einer Diskussion mit R. Rolland aufgegriffen, als dieser ihm von seinen Yoga-Erlebnissen in Indien als der Erfahrung eines „ozeanischen Gefühls" erzählte, mit dem Rolland den Ursprung der religiösen Gefühle wiedergefunden zu haben glaubte. Der verunsicherte Freud verbarg sich hinter einer Zeile von Schillers Gedicht *Der Taucher*, „Es freue sich, wer da atmet im rosigen Licht". Man sollte also im rosigen Licht des Intellekts weiterforschen. Doch im Gedicht geht es genau um das Gegenteil, nämlich den Helden, der in die Tiefe des Ur-Seelischen hinabgetaucht ist, und große Erkenntnisse heraufholt. Nur der perfide und eitle König lässt ihn nochmals tauchen, was er nicht überlebt. In seinem Buch „Un sujet sans moi" (ein Subjekt ohne Ich) greift auch der Psychoanalytiker S. Wilder diese Problematik der Ur-Gefühle und Ur-Erkenntnisse wieder auf.[114]

Wilder, der auch praktizierender Zen-Buddhist ist, meint, dass man sich die „reine Liebe" in einem „Analytiker ohne Ich" realisiert vorstellen könnte. Denn *Nach Lacan* ist ein Subjekt ohne Ich ein „vollkommen realisiertes Subjekt", also so etwas wie der „spiritus purus" der Theologen, der reine Geist, der Gottmensch. Freilich existiert so etwas nicht wirklich, aber eine Annäherung an das Problem der Liebe stellen derartige Äußerungen durchaus dar. Denn es geht – einfach gesagt – um die Differenz zwischen der Liebe zu Seinesgleichen (also zu Menschen, die man kennt und denen man von vornherein vertraut und verbunden ist) und der Liebe zu einem absolut *Anderen* (der also völlig andres als man

---

[114] Wilder, S., Un sujet sans moi, Psychanalyse et expérience mystique, Epel (2008)

selbst, ja geradezu abstrakt, transzendent und doch in uns immanent).

Es ist gut bei diesen Ur-Erinnerungen anzufangen, bei diesen
Kindheitskulturen und erst von da aus zu unserer unglaublich
fortgeschrittenen Kultur weiter zu schreiten (man muss es einmal
so ironisch sagen). Denn unsere monotheistische und technophile
Kultur (Religion) ist in einer Krise. Schon lange hat der Glaube
nicht mehr den Wert wie früher, und für die seelische Gesundheit
gehen wir heutzutage nicht mehr zum Pfarrer. Vor allem ist uns
eine klare Auffassung dessen abhanden gekommen, was man das
Jenseits nennt oder nannte. Der Philosoph Michel Foucault sagte
daher auch, Gott wohnt nicht im Jenseits unserer Gedanken und
Vorstellungen, sondern im Diesseits unserer Sätze. Wenn wir unsere Sätze so hinbringen, dass sie in ihrer Logik derart fein formuliert oder in ihrer Aussage in sich poetisch oder gar kontrapunktisch philosophiert sind, würde aus diesen Sätzen ein göttlicher
Funke heraussprühen und wir eine verstaubte Gottesidee gar nicht
mehr brauchen. Wir könnten zurückkehren zur Naturreligion,
aber in wissenschaftlicher Form.

Auch der Dichter und Schriftsteller Max Frisch hatte diesen Gedanken ähnlich ausgedrückt und gemeint, dass ein vollends ge-
lungener Satz, den man sozusagen wie ein Werkzeug in der Hand
sachgerecht platziert und wiegt, das höchste aller Gefühle und die
wertvollste Arbeit sei, die erreicht werden kann. Der Satz muss
rund sein, in sich ausgeglichen, von ein oder zwei Nebensätzen
eingefasst, zutreffend, originär, wohlgestaltet gesagt oder niedergeschrieben sein. Solche Sätze gelingen einem nicht ständig, aber
doch so reichlich, dass man Seite um Seite damit füllen, ja vielleicht ein ganzes Buch damit schreiben könnte. Es wäre das Buch
der Bücher, mindestens vergleichbar der Bibel, die ja sonst als ein
solch besonderes Buch gepriesen wird.

Aber Max Frisch hat mit dem Versuch seiner ‚runden Sätze' die
Bibel nicht überholt. Wir müssen einen neuen Anlauf machen, um
aus dem Diesseits unserer Sätze diese noch besser gerundeten
Aussagen zu machen, so dass wir das Jenseits der alten Religio-

nen nicht mehr brauchen bzw. ihre alten Weisheiten in einer neu-
en Wissenschaft umformulieren können. Bei Lacan galt es ohnehin schon seit langem, dass im Unbewussten die Sätze rund sind.
Ziemlich rund sogar. Manchmal so rund, dass sie sich ganz ver-
drehen, verwirbeln, verwinden. Ich habe schon mehrmals auf die
Schwerverständlichkeit von Lacans psychoanalytischen Schriften
hingewiesen und dass dies zum Teil auch seine Absicht war. Er
wollte nicht schnell verstanden werden, weil dies nichts bewirkt.
Etwas krumm gerundete Sätze waren daher seine Spezialität.
Aber sie sollten sich runden im Gehirn und im Unbewussten seiner Zuhörer und Schüler, das war der Hintergedanke.

Lacan hat wie ich schon andeutete dafür den Begriff der „ultrareduzierten Phrasen" geprägt. Schließlich ist das Unbewusste seiner
Ansicht nach strukturiert w i e eine Sprache, d. h., dass es nichts
mit unserem üblichen verbalen Austausch zu tun hat, sondern ei-
gens und anders, nämlich wesentlich reduzierter, kompakter, ja
ganz ‚anders herum‘ aufgebaut ist. Die Rundung und ‚Ultraredu-
ziertheit‘ der Sätze haben bei Lacan folgenden Grund: nicht nur
war die Erde am Anfang wüst und leer, wie es in der Bibel steht,
sondern es herrschte auch ein eigenartiges Stillschweigen vor.
Doch je länger dies dauert und je stiller es ist, lässt es eine Laut-
wahrnehmung auftauchen, die leise anfangend sich bis zum
Dröhnen steigern kann. Lacan fasst dieses Stillschweigen in geometrische Begriffe: je länger es sich ausdehnt, meint er, windet es
sich zu topologischen Formen, die eben schließlich etwas laut
werden und so aus dem *Strahlt* ein *Spricht* werden lassen.

Lacan nennt eine „ultra-reduzierte Phrase" also das, was schließlich zustande kommt, wenn das Stillschweigen zu lange anhält
und das Irgendetwas, das ja stets irgendwo im Unbewussten da
ist, sich – als unbewusster Anspruch – zu artikulieren sucht.
Lacan zitiert hierzu eine Geschichte Dostojewskis. Dieser hatte
einst in Moskau eine Gruppe völlig betrunkener Studenten beobachtet, die heftigst über universelle, kosmologische Fragen dis-
kutierten. Schließlich stieß einer niederschmetternd das Wort
„Merde" aus (ich verwende hier das französische Wort, wie es

Lacan bringt, in Wirklichkeit war es natürlich russisch). Dieses vernichtende „Merde" veranlasste jedoch einen Zweiten zu einem fragenden „Merde"? worauf jedoch ein Dritter Augen und Hände zum Himmel erhob und ein flehentlich bittendes „Merde" ausrief. Fast schon ernüchternd stammelte zuletzt ein Vierter nur noch ein „Merde", „Merde", „Merde" . . . vor sich hin.

Kurz: der durch den Alkohol nur noch zur Fäkalsprache fähige und bis zur „ultra-reduzierten Phrase" des „Merde" gehende Austausch der Studenten untereinander, hatte dennoch eine gewisse und vielleicht sogar gesteigerte Signifikanz. Die ganze elaborierte Diskussion hatte nichts gebracht, aber Verfluchen, Fragen und Flehen führte nun zum irdisch gebundenen Stammeln über die Universalien und die Kosmologie. Knapp und präzise, zwar mit negativem, aber doch kompakten Ergebnis, und ich könnte hinzufügen: bis zur „ultra-reduzierten Phrase" der „kompaktifizierten" *Strings*. Bis zur totalen Rundung eines minimalen Satzes, den Lacan in seinen Seminaren stets ansteuerte, werde auch ich nicht kommen. Aber ich kann es den Probanden mit Hilfe von dessen Unbewussten in meinem Übungsverfahren selber machen lassen

Mir geht es hier darum, das Wesen der im nächsten Kapitel noch definitiver dargestellten *Formel-* und *Pass-Worte* zu begründen. Die ersteren müssen knapp und kompakt sein, denn man soll mit ihnen ja Übungen machen können. Zudem müssen sie einen wissenschaftlichen Aufbau haben. So versucht die Autorin S. Bayerl in ihrem Buch „Von der Sprache der Musik zur Musik der Sprache" diesen Spagat zwischen den reinen Klängen und den komplexen Begriffszusammenstellungen von ästhetischen, also annähernd mehr philosophischen, Konzepten her auszuleuchten. [115] Schon gewisse Alliterationen und Reime lassen schnell das Gefühl aufkommen, dass es sich bei bestimmten poetischen Texten um etwas fast Musikalisches handelt. Bayerl zitiert auch R. Barthes, um mit seiner Auffassung von der „Körnung, bzw. Rauhigkeit der Stimme" an die in der Musik bekannte ‚Tonigkeit'

---

[115] Bayerl, S., Von der Sprache der Musik bis zur Musik der Sprache, Königshausen & Neumann (2002)

heranzukommen. Sie weist auch auf Adorno und Benjamin hin, die bei der Musik vom „göttlichen Namen" gesprochen haben. Der Name Gottes soll unaussprechbar bleiben, er ist sozusagen nur ein musikalisches Erkennungszeichen, in das man sich vertiefen und verlieren kann. Es ist nur die Frage, ist ein runder Satz so etwas wie ein besonderer Name, ein eigentlicher Eigenname?

Lacan spricht hier auch vom „inneren Satz", der bei jedem Menschen in seinem Unbewussten wie dessen Losungs- oder Identitätswort auf der Lauer liegt. Er hat Klang, weil er spontan aus dem eigenen unbewussten Inneren kommt. Im Witz oder im Versprecher kommt dieser Satz dann plötzlich und unverhüllt heraus. Im Traum torkeln diese Sätze durcheinander, ein runder Satz entsteht hier eben erst nach längerer Deutung. Doch insgesamt erinnern diese runden Sätze, die „ultrareduzierte Phrasen" sind, natürlich wieder an die Signifikantenketten der *Strings*. Wenn sie sich total runden, sind sie die geschlossenen *Strings* der Gravitation. Wenn die *Supersymmetrie* sich über den Elementarteilchen und den Gravitonen rundweg schließt, bricht sie nicht. Leider ist man soweit noch nicht gekommen. Die ultrarunden Phrasen sind so beschaffen wie die ersten Worte, die die Menschen je gesprochen haben, die offensichtlich aus ersten ‚Lautbildern' geschaffen waren, ohne Bezug zur Umwelt.

Die ersten Signifikanten waren also Losungs- bzw. Identitätsworte, noch weitgehend unscharf, nicht für eine komplexe Sprache geeignet. Kommen jedoch mehrere Signifikanten zusammen, ergibt sich durch eine Kettenbildung der Sprachpragmatik schließlich eine vollkommene menschliche Sprache, wenn auch noch mit der Unbestimmtheit der Signifikanten Kombination versehen (die Tiersprache dagegen ist nur eine Signalsprache, sie kann nur Signale ausstoßen, die zwar von mehreren Tieren verstanden werden können, aber keine von jedem Handlungsbezug losgelöste Symbolsprache ist). Die Signifikantenkette ist auch im Sinne einer Ahnenkette zu verstehen: eine Linie, in die jedes Subjekt schon vor seiner Geburt und auch nach seinem Tod lautbildlich eingeschrieben ist.

Lautbildlich heißt ja, dass etwas *Strahlt* und *Spricht*, wenn ich meine verkürzte Nomenklatur hier wieder anwenden darf. So wie unsere Gedanken als „freie Assoziationen" in der Psychoanalyse laut werden, so werden sie auch vom Analytiker als einem – wie Lacan sich auch selbst nannte - „sprechenden Niemand" rhetorisch wieder zurückgespiegelt. Die analytische Sitzung ist gekennzeichnet von einem Gefasel, Geraune, irrigen Statements, unausgesprochenen Schwirrlauten, Angst-Lust und treffenden oder nicht treffenden Deutungen. Nicht umsonst hat Lacan hier auch vom „universalen" Gemurmel" gesprochen, einer Art Hintergrundrauschen der Gedanken und Phantasien sowohl beim Analytiker wie beim Patienten, die uns wie in ein Stimmenraunen, ja einer „Stimmung" einrasten lassen. Schließlich kommt das Wort Stimmung exakt von daher, dass man eingestimmt ist in ein inneres Echo, ein Echo des Unbewussten. Es ist das Echo eines unbestimmten Jemands, das Echo des Diskurses, das Echo der „Sprechenden Sein", der Menschen-Subjekte.

Akustische Halluzinationen sind das Echo eines ganz bestimmten Jemands, der Eltern z. B. eines Feindes, einer Konfliktperson, die vielleicht die Liebe verraten oder zu Verboten verführt hat. Deswegen sagen die Menschen von ihren Halluzinationen oft, dass sie mit „verstellten" Stimmen sprächen. Es sind eben Stimmen, die man nicht erkennen mag. Man kann sich zwar nicht dagegen wehren, dass diese Stimmen da sind und muss auch ihre Inhalte aushalten. Aber wenn man auch noch sicher sein könnte, von wem sie kommen, wäre die Realität zu krass, wäre man verloren. Dagegen vermag uns die Stimmung des „universalen Gemurmels", des „*Strahlt / Spricht*" einen Halt zu geben, eine positive Ur-Stimmung, befinden wir uns doch somit am Urgrund der Triebkräfte, bei der Macht ohne Machthaber und beim Sex ohne Gesetz.

Konkrete Ziele

Ich muss nun zum eigentlichen Ziel meiner Arbeit kommen, das darin besteht, aus diesen faszinierenden Analogien zwischen physikalischen, biologischen, topologischen und psychoanalytischen

Darstellungen etwas konkret Verbindliches, eine konkrete „praktische Logik" zu machen, die zum ‚wahren Genießen' führen sollen. Die Borromäischen Knoten und die Boyschen Flächen vermitteln zwar schon recht plastisch die Gemeinsamkeiten der verschiedenen wissenschaftlichen Bereiche, doch bleibt dies trotzdem immer noch scholastisch und theoretisch. Wenigstens ist erreicht worden, dass man pauschale Überbegriffe wie das *Strahlt* und *Spricht* tatsächlich verwenden und mit zunehmend tiefen, naiven Analogien verbinden kann. Denn natürlich sind die *Strings* und die Linien-Knoten der *Schleifenquantengravitation* nicht genau das, was Lacan mit dem „ultrasubjektives Ausstrahlen", mit der Phosphoreszenz oder dem „Kristallinen" gemeint hat (er sprach vom Unbewussten als einem „linguistischen Kristall"). Was ich als *Strahlt* bezeichnet habe und einen Überbegriff nenne, ist nichts anderes als eine primäre Luzidität, die jeder sofort in sich wahrnehmen kann, wenn er nur einige Zeit mit geschlossenen Augen dasitzt.

Um hier wieder etwas vorzugreifen: wenn die erste Übung der *Analytischen Psychokatharsis* darin besteht, eine kathartische, befreiende, körperhaft entspannende Erfahrung zu machen, also etwas wahrzunehmen, das dem Charakter eines *Strahlt* entspricht, so deswegen, weil die Regression, die Wonnen der Rückkehr zum scheinbaren seelischen Nullzustand so etwas ermöglicht.[116] Aber auch hierin liegt noch keine wirkliche Befriedigung und endgültige Lösung. Es muss vom *Spricht* noch etwas dazukommen. Im Umschalten von der ersten auf die zweite Übung konzentriert man sich auf diesen schon angedeuteten ‚Ton', ‚Tonstrom', des anfänglichen *Spricht,* der „ultrareduzierten Phrasen", die eben oft nur mit einem ‚Laut' oder etwas Stimmhaften beginnen. Sie können also so „ultrareduziert" sein, dass sie nur wie ein Silbenklang, ein ‚Es Verlautet', in einem wahrzunehmen sind. Psychoanalytisch gesprochen als Primärprozess des Entäußerungs- oder

---

[116] Im Sinne einer körpernahen Erfahrung des Strahlt kommt es oft zu dem schon erwähnten Durchströmen des Körpers, einem ‚Durchrieseln', eben einer spürbaren Katharsis.

Sprechtriebs. Lacan erzählte einmal, wie er aufgeweckt wurde durch ein deutliches Klopfen an der Tür. „I am knocked" sagte er, ich bin Klopfton, Laut, und so etwas kann auch erklingen, wenn man nur lange genug in einem total stillen Raum sitzt und die Stille anfängt hörbar zu werden.

Konzentriert man sich also anfänglich nur auf einen Lautphänomen im Inneren, kann sich dieses leicht zu einem Es Verlautet oder *Spricht* ausweiten. Es kommt dann entsprechend den kompakten „défilés du signifiant" zu den Phrasen, den ‚inneren Sätzen', den Pass-Worten, die man hören oder lautlich erhaschen kann. Ich nenne diese Phrasen also – als Pendant zu den *Formel-Worten* – *Pass-Worte*. Hier schon einmal ein Beispiel: ein Patient in meiner psychoanalytischen Praxis, der auch die *Analytische Psychokatharsis* übte, kam einmal in die Sitzung und erzählte mir, er habe sich wie kurz vor dem Einschlafen gefühlt, als er den Gedanken wahrnahm: „Haben Sie schon nachgiessen müssen"?

Im ersten Moment erschien ihm dies sonderbar. „Habe ich diesen Satz wirklich richtig erfahren, gehört, gedacht?" Ihm war jedoch zugleich sehr schnell klar, was gemeint war. Er hatte Potenzprobleme, die er noch nicht richtig erkannt hatte. Der Satz hätte eigentlich geheißen: haben Sie bei der Erektion und beim Erguss schon mal nachhelfen müssen und ist dies nicht ein Problem für Sie? Doch die kurze Formel vom „nachgießen" hat exakt mit der Ultrareduzierung im Unbewussten zu tun. Das Unbewusste setzt mehrere Bedeutungen wegen ihrer Dringlichkeit und vor allem der Überdeterminierung aus gegensätzlichen oder paradoxen Gedanken zusammen. "Die Überdeterminierung, das ist eben das, was ich mit meiner Art, das Wesen des Diskurses radikal zu formalisieren, dadurch verbildliche, dass der Diskurs gegenüber dem, was ich gerade als *Träger* [der Körper] bezeichnet habe, in einer rotierenden Position ist".[117] Rotierend, das heißt das Hin- und-Her Spiegelnde der zwei Körper in der therapeutischen Sit-

---

[117] Lacan, J., Seminaire XIX, Ed. Seuil (2011) S. 225

zung, also eine Form des *Strahlt*, des Bild-Wirkenden, das erst im Gespräch seine wahre Klarheit erhält.

Das Pass-Wort sagte nicht: es gibt da doch ein Problem mit der Erektion und dem Samenerguss, der Ejakulation. Wie könnte man dem geschickter nachgehen oder nachbessern und nachhelfen. Es setzt „ergießen" und „nach" zu einem direkten, provozierendem Neologismus zusammen, der spontan und authentisch ist und der dadurch viel mehr deutend, hinweisend, aufklärend wirkt, als irgendein sonstiger verbaler Bezug eines Freundes, der Frau oder Freundin, ja auch des Analytikers. Denn dieser hätte erst lange auf weitere Einfälle warten müssen, um genug ‚Material' zu darüber haben, dass die Potenz ein Problem sei. Natürlich hat er ‚nachhelfen' müssen, aber auch das hätte er seinem Therapeuten nicht gleich so genau gesagt. Gewiss bedurfte es noch einer weiteren Klärung hinsichtlich der tieferen Ursachen der Potenzproblematik. Doch auch dies konnte der Patient lösen. Er erzählte das *Pass-Wort* seiner Partnerin, denn das fiel ihm angesichts der Originalität des Satzes nicht schwer.

9. Der Andere des *Anderen*

Immer wieder betonte Lacan, dass es keinen Anderen des *Anderen* gebe, aber war dies nicht von vornherein logisch? Wie kann man noch anders sein als der, der ohnehin schon so ganz anders ist, weil er in kein bekanntes Schema passt? Trotzdem haben Lacanianer stets wieder darüber diskutiert, und zwar aus dem Grund, weil der Lacansche *Andere* ja immer quergestrichen (A̸) geschrieben wurde und man sich dringend erhoffte, es möge doch noch einen ganzen und reinen Anderen (A) geben. Dagegen hat Lacan sich natürlich zu recht wehren müssen. Dass ich den Anderen so, also ohne den Querstrich – sehen kann, habe ich bereits geschildert. Nun nehme ich die Thematik nochmals auf.

Der „L'Autre des Astres" war selbstverständlich auch nur der *Andere* mit Schrägstrich, denn ich habe ihn ja schon als Beispiel für den *Anderen* als imaginären Signifikanten, als einen anderen Begriff für das *Strahlt* herausgestellt. Aber er erfüllt eben nicht gleichzeitig das Wesen des Spricht und kann somit nicht der perfekte *Andere* sein, der (A) ohne Querstrich. Selbst Kant hatte vom „Sternenhimmel" über ihm so geschwärmt, dass er ihn zu dem einen wesentlichen Punkt seiner Erkenntnis machte. Doch es gab eben noch einen zweiten, das „moralische Gesetz" in ihm, und so konnte er damit auch den ganzheitlich *Anderen* für sich beanspruchen. Doch diesen Anspruch konnte er wohl nur für sich einlösen, schon die ersten Kantianer erfüllten ihn nicht mehr. die Sache ging weiter, und Hegel formulierte gleich von vornherein, dass er nur die Hälfte des göttlichen Bereichs von groß A abdecken könne, indem er der Weltgeist" sein, die notwendig dazu gehörende „Weltseele" aber von Napoleon verkörpert würde.

Und in diesem Zweispalt existiert auch der *Andere* des Geschlechts, bezüglich dessen Lacan ja meinte, dass es auch hier nur um A̸ geht, weswegen es kein perfektes Geschlechtsverhältnis gibt. Im indischen Yoga wird der Gott Shiva mit seiner Gemahlin und Geliebten Shakti als in ewiger Umarmung geschildert, sie gelten auch als Vorbild für die tantrischen Methoden, von dem selbst Lacan sagte, es könnte an ihnen „etwas Tatsächliches dran sein ... Denn ganz generell ist es möglich, dass es ein Wissen um das als sexuell bezeichnete Genießen geben könnte, welches der Grundwahrheit dieser bestimmten Frau gleichkäme, wenn es überhaupt solch eine Frau gibt, die sozusagen alle vertritt. Diese Angelegenheit ist nicht undenkbar, denn es gibt dergleichen mythische Spuren in manchen Ecken. Von Dingen wie dem Tantra sagt man, dass es [tatsächlich] praktikabel sei."[118]

Dieses Statement Lacans hat kaum einen Lacanianer bewegt, weil sie alle mit dem imaginären Signifikanten nichts anfangen können. Doch er ist genauso wichtig wie der symbolische Signifikant, nur mit beiden zusammen kann man das Ziel erreichen, das in der perfekten Reifung, in der der Weisheit angenäherten Persönlichkeit und seelischen Stärke besteht, egal ob dies durch eine langwierige Psychoanalyse oder durch die Anwendung der *Analytischen Psychokatharsis* geschieht. Der l'Autre des Astres ist so wie auch der im ewigen Eis der Arktis oder der der Wüste vorwiegend nur der quergestrichene *Andere*, nur der Bild-Wirkende. Natürlich: Es fehlt das wirkliche *Spricht*, das Wort-Wirkende, das Lacan auch das „volle Sprechen" nennt, wenn es – so verstehe ich ihn – mit dem Bild-Wirkenden vereint ist.

Doch wie steht es mit denen, die ständig voll zu sprechen scheinen, und denen dafür wieder das *Strahlt* des glitzernden Wüstensands oder der arktischen Eiskristalle fehlt? Ich denke an die Dichter und Philosophen, an die Lyriker und Gedichteschreiber, die durch wunderbare Reime den Widerhall des *Spricht* in uns erwecken können. Sie können ihn oft so stark erwecken, dass es zu *Strahlt*-Effekten kommt. So sagte ein Enkel einmal zu seiner Großmutter, die ihm so schöne Geschichten vorlas, dass es seine Angst vor der Dunkelheit vollkommen verlieren konnte: „Immer, wenn du sprichst, wird es hell". Aber groß **A** war sie dadurch nicht, genauso wenig wie die vielen Literaturkreise bis hin zum Nobelpreisautor den *Anderen* des Wort-Wirkenden zu finden wirklich imstande sind, auch wenn sie durch Wortwahl, Stil, pa-

---

[118] Lacan, J., Seminar XVIII, Sitzung vom 17. 2. 71

ckende Thematik, höchst aktuelle Schilderung etc. einfach **A** sein könnten.

Ich erinnere an die Mathematiker, Lacans Realisten, die genauso verzweifelnd neue Lösungen suchen, worüber ich bezüglich des Fields-Medaillen Gewinners P. Scholze im Jahr 2018 berichtet habe. Bei den Mathematikern geht es um die Zahlen, bei denen es keinen Sinn macht, sie als unendliche zu erfassen. Scholze hat aus diesem Grund die sogenannten Cardanischen Formeln (Arithmetik) und die gleichermaßen sogenannten Galois-Gruppen (Geometrie) verwendet, um die Zahlengerade in ähnliche pragmatische Umformungen zu verwandeln, wie Lacan es mit seinem Dreier-Zopf versucht hat.[119] Früher hat man es mit den Primzahlen probiert, eine handhabbare, wenn auch große Endlichkeit zu erstellen, mit der man gut rechnen könnte. Aber dies ist bis heute nicht gelungen. Und es ist ja auch kein Wunder, dass auch Mathematiker **A** nicht realisiert haben, denn gelänge ihnen dies, würde es auch das Ende der Mathematik bedeuten. **A** wäre die Lösung des geometrisch-arithmetischen Problems und damit aller Gleichungen.

Wenn ich trotzdem noch an die Verwirklichung vom nicht quergestrichenen *Anderen* glaube, so deswegen, weil ich meine in der *Analytischen Psychokatharsis* ein Verfahren gefunden zu haben, bei dem man, wie in der klassischen Psychoanalyse auch, hinter die Mauer des Subjekts gehend nicht nur auf **A̶** treffen muss, sondern auch auf **A** treffen kann. Man kann es in der Übung mit den *Formel-Worten* bei gleichzeitiger Konzentration auf das Visuelle, Optische, auf irgendetwas, das den definitiven Charakter des *Strahlt* hat, wirklich vor Augen haben. Man kann es ‚sehen‘, verbildlicht wahrnehmen, spüren und noch dazu kathartisch, befreiend, erfassen. Ich beschreibe kurz, wie ich dazu gekommen bin.[120]

---

[119] Lossau, N., in der ‚Welt Digital‘ vom 2. 8. 2018, sowie Bericht in der FAZ vom 1. 8. 2018, worin dargestellt wird, wie Scholze Geometrie und Arithmetik in Form der ‚perfektoiden Räume in Verbindung brachte.
[120] Ausführlicher habe ich es in der Broschüre ‚Die körperlich kranke Seele II‘ dargelegt.

In meinem psychoanalytischen Ausbildungsinstitut fand ich nette und interessante Lehrer vor, aber keine stellte das dar, was ich mir sehr erhofft hatte: eine große, unmittelbar zu erfahrende Persönlichkeit. Alle waren sehr gescheit und durchaus verbindlich, aber es lag ein Schatten von Schulmeisterei und Biederkeit über dem Ganzen. Widerstand! könnte man mir entgegen halten. Doch ich hatte nach einem längeren Aufenthalt in Indien Kontakte zu dem Yoga- und Meditationslehrer Kirpal Singh aufgenommen, der auch der Lehrer der damaligen Ministerpräsidentin Indira Gandhi war. Er sprach zwar eine einfache, mythisch geformte, ‚geisteswissenschaftlich' genannte Sprache, aber er war auch genau die Persönlichkeit war, von der ich geträumt hatte. Ich hatte – und dies bestärkte eigentlich erst wirklich meine Auffassung von ihm – nach längerer Zeit des Übens in der Meditation das Erlebnis des genannten ‚Durchrieselns' gehabt, als wenn es ein bewegendes Musikstück oder sonst etwas Chill-Out-Förderndes gegeben hätte. Doch es gab eben keinerlei äußerlichen Anlass! Zudem klappte es auch mit den Pass-Worten, von denen ich in anderen Büchern einige beschrieben habe und auch hier welche beschreiben will.

Ich habe noch während meiner psychoanalytischen Ausbildung mit den Meditationsübungen angefangen, was man mir im Institut als gefährlich, ungeeignet und zweckentfremdend vorwarf. Ich konnte jedoch an dem Sachverhalt, den ich anfangs als ‚Trancesitzung zwischen Analytiker und Patient' (gleichschwebende Aufmerksamkeit und freie Assoziation) geschildert habe, sehen, dass es viele Zusammenhänge zwischen Psychoanalyse und Meditation gab. Man muss das Ganze nur in ein neues, drittes Verfahren bringen, denn einfach zusammenschweißen kann man die beiden nicht. Man kann auch nicht mehr zu den Frühmenschen zurückkehren, die – nahe an **A** – diesen aber nicht denken konnten, wie es dann in den Hochkulturen und im frühen Griechenland begann. Selbst wenn die Neandertaler keine Transgenderdiskurse führten, weil sie zwischen Mann und Frau nicht so große Unterschiede machten, ganz zu **A** kamen sie nicht.

Wir aber müssen heute Transgenderdiskurse führen, was sollte es
sonst gewesen sein, das mir in der Meditation als *Pass-Wort* einmal zuraunte: „Sag deinen Mädchennamen" wenn nicht der *Andere*, der mich auf diesen Mangel hinwies und sich dabei gar nicht
so gehemmt und quergestrichen verhielt!? Im Gegenteil, hatte er
nicht Humor, war er nicht ein bisschen maliziös und ironisch!?
Freilich steckt in diesem Ausdruck, in diesem *Pass-Wort*, noch
eine Krux, denn die Sache ist schon ein bisschen kurios, dass ich
als Mann einen Mädchennamen haben sollte. Auf der anderen
Seite ist es aber, wenn auch ein über das Ironische hinaus, allusiv
und ulkig, ebenfalls aber auch sofort verständlich: Schon bei kur-
zem Nachdenken war mir klar, dass es sich um eine besonders
originelle Art gehandelt hat, auf das geschlechtlich Andere, auf
‚*L'Autre érotique*', auf das Weibliche zu verweisen.

Zudem ist die unbewusste Wahrheit ja eben gerade nicht die übliche, allgemein kommunizierte und bewusst, bekannte Wahrheit,
die man laut Lacan ja sowieso immer nur „halb sagen kann". Sie
ganz zu sagen hieße ja den Gesprächspartner nicht nur im Wort-
Wirkenden angesprochen, sondern auch im Bild-Wirkenden voll
vereinnahmt zu haben. Im Altertum sprach das Unbewusste daher
noch viel rätselhafter als es in meinem Pass-Wort zum Ausdruck
kommt, und wie es ja vom Delphischen Orakel her überliefert ist.
Doch in meinem Fall war das Rätsel schnell gelöst, ich sollte
meine weibliche Seite anerkennen, ich sollte die einseitige Männ-
lichkeit mehr hinterfragen. Auch steckt darin eine Scham-Schuld-
Problematik, wie sie Lacan zwischen dem Imaginären und Symbolischen angesiedelt hat. A war doch noch ein wenig quergestrichen und noch nicht perfekt.

Es gehört nicht viel dazu, um solch ein Identitäts- bzw. *Pass-Wort*
wie dem Spruch mit dem ‚Mädchennamen' in den druckreifen
Text zu übersetzen, bei dem es also um das Bild der Frau in mir
selbst ging. Einer der ersten Psychoanalytiker, der mit Freud eng
korrespondierte, war interessanterweise der Inder G. Bose. Er
entwickelte im Gegenzug zu Freuds Definition des Ödipuskomplexes den Komplex der „gegensätzlichen Wünsche" (opposit

wishes) oder Affekte. Der von Freud konstatierten Kastrations-
angst des Knaben setzte er zum Beispiel den „unbewussten
Wunsch des Mannes eine Frau sein zu wollen" gegenüber und
dem sogenannten (und etwas absonderlichen) Freud'schen ‚Pe-
nisneid' der Frau den „unbewussten Wunsch, ein Mann sein zu
wollen." Diese unbewussten Wünsche mussten dann vom Therapeuten dem Patienten bewusst gemacht und mit der äußerlichen
Situation versöhnt werden. Damit hatte also mein ‚Mädchenna-
me' etwas zu tun.

Heute, wo Transgender-Diskurse in aller Munde sind, ist das ohnehin alles klar. Es geht es bei diesen Transgenderphänomenen
um eine psychische Problematik und nicht so sehr um eine Perversion, wie man immer gesagt hat. Das Wort Perversion wird
heute als störend empfunden, Lacan sprach von der „père-
version", der ‚Vater-Verdrehung', wenn die Mutter durch die in
ihr verborgene Weiblichkeit, durch das ‚Präödipale', so vehement
bestimmend ist für die – ich sage einmal – noch körperlich nahen
sexuellen Identitäten (Imaginär-Reales). Wenn es ihr und ihrer
Umgebung – und dazu gehört evtl. auch der leiblich-soziale Vater selbst – nicht gelingt, den ‚Vaternamen', hier auch als ‚phalli-
scher Signifikant', als Verwalter und Bevollmächtigter des libidinös Symbolischen, aufzubauen, kann die eigentliche Identität ins
Unbewusste verschoben (Perversion) oder ganz verworfen (Psy-
chose) sein. So sprach Lacan vom „transsexuellen Delir", also
von einer wahnhaften Identität, von der vielleicht kein Mensch
ganz frei ist, die aber den Namen zurecht verdient, wenn sie zu
ausgeprägt, zu gefestigt und zu fixiert ist.

Nun, so krass sah es bei mir nicht aus, aber ich habe meinem **A**,
der mir auch noch einige andere Wahrheiten vermittelt hat, mit
meinen Büchern geantwortet. Das Schreiben, das auch bei Nancy
seine eigentliche „*Jouissance*' geworden war, hat bei mir wohl
das Gleiche bedeutet. Dazu kommt noch die kathartische Seite im
Verfahren der *Analytischen Psychokatharsis*, die die „défilés du
signifiant" in die Richtung des nicht gebarrten **A** verschoben haben, so dass es sich dann im *Pass-Wort* ganz **A**-entsprechend aus-

drücken kann. Ich gebe gerne zu, dass manche *Pass-Worte* nicht so klar und zutreffend sind und an die Lacansche Analyse des Senatspräsidenten D. Schreber erinnern. Schreber hörte nämlich von Gott kommende abgehackte Kurzsätze, die keine wirkliche Aussage zustande kommen ließen. Lacan deutet sie als typisch für die Verwerfung des Vaternamens, also des ‚symbolischen Vaters‘, der dem Konzept des A nahesteht.

Ein solches Symptom ist typisch für die Paranoia, die bei Schreber jedoch profunde Hintergründe hatte und bei all dem Wert seiner mystischen Erfahrung und seines Buches ‚Denkwürdigkeiten eines Nervenkranken‘, doch sehr ausgeprägt war. Rosenkreuzer, Theosophen und viele andere mythisch-magische Esoteriker haben Ähnliches geschrieben, das durchaus interessant zu lesen ist, aber kein Werk für eine ernsthafte, wissenschaftlich fundierte Psychologie darstellt. Für jemand, der sich psychisch in sehr großer Problematik befindet, ist die *Analytische Psychokatharsis* als reine Selbstpraxis auch nicht immer zu empfehlen. Hier sollte ein Psychotherapeut intensiv begleitend mitwirken. Doch die Hauptsache, die ich in diesem Kapitel vermitteln wollte, besteht in der Tatsache, dass A ex-sitiert.

Und er ex-sistiert nicht nur, er insistiert bei der Anwendung der *Analytischen Psychokatharsis* auch von innen her. In der klassischen Psychoanalyse ist der Analytiker nämlich ein Hindernis für die Offenbarung des reinen A. Dies nicht nur, weil Lacan konstatierte, dass der Hauptwiderstand in der Therapie vom Analytiker selbst kommt, sondern auch wegen dessen Gegenübertragung. Lacan hielt nicht viel von dieser Gegenreaktion des Therapeuten auf die Übertragung des Patienten. Denn diese Gegenübertragung zu nutzen bedeutet immer ein großes Maß an Empathie zu haben, und weil Frauen Empathie so sehr schätzen, waren es auch hauptsächlich sie, die darüber geschrieben haben, wie Lacan bemerkte. Überhaupt ist die physische Gegenwart des Psychoanalytikers lästig.

Seine wesentlichste Funktion besteht ja darin, dass er das Übertragungsobjekt schlechthin ist, also das symbolisch-imaginäre ‚Objekt' und nicht das reale. Seine Realität stört, wenn er hustet, laut atmet, sich hörbar bewegt, beim Begrüßen viel zu viel von sich zeigt, vorschnell Deutungen anbringt und vieles weitere mehr. So wichtig es vielleicht für die Neurosenbehandlung ist, dass er hinter dem Patienten sitzt um den Blickkontakt zu vermeiden, der unzählige imaginäre Übertragungseffekte bedeuten kann, so bedrohlich ist es für viele Patienten, das sich hinter ihrem Kopf jemand Unsichtbarer aufhält. Nicht umsonst war das Experiment, dass J. Weizenbaum mit seinem Computerprogramm ‚Eliza' als Therapie-Gesprächspartner initiierte so erfolgreich, weil die physische Anwesenheit eines anderen Menschen den meisten Probanden problematischer erschien als ein Apparat.

Dabei hat es sich bei ‚Eliza' um ein total simples Dialogprogramm gehandelt, weit weniger also als das, was die von mir zitierte Wiener Gruppe mit ihrem ‚Simulating the Mind' versucht. Doch ‚Eliza' hat bereits zeigen können, wie gut es wäre, wenn man den physischen Analytiker eliminieren könnte, der dauernd an den quergestrichenen Ⱥ erinnert, so dass man dem wahren A nie zu spüren bekommen wird. Vielen Patienten ist der Psychoanalytiker einfach zu nahe, würde er weiter weg und man ihm auch gegenüber sitzen, wäre es viel besser.[121] Eben dies ist in der *Analytischen Psychokatharsis* anders, dort ist er nur in seinem zentralen Aspekt als ideales ‚Übertragungsobjekt' vorhanden, und deswegen kann ich sagen, dass es A gibt, ex- und in-sistierend! Er ist die imaginär und symbolisch erstellte Lautbildlichkeit, nur, dass in diesem Film – vorgegeben im *Strahlt / Spricht* – man dennoch ein bisschen Regisseur sein kann.

Zu den Lautbildlichkeiten wie sie ja auch die *Formel-* und *Pass-Worte* kennzeichnen, muss ich nochmals Stellung nehmen. Ich

---

[121] Bei Persönlichkeits- bzw. sogenannten Grundstörungen werden heute meist sitzende Positionen eingenommen oder es wird verhandelt, ob man im Gegenübersitzen oder im Liegen verfahren soll.

habe bereits in einigen Büchern Heinrich Heines Geschichte eines Mannes erzählt, der mit seiner Bekanntschaft des reichen Baron Rothschilds prahlen wollte. Er wollte sagen, dass er mit ihm wie „familiär" verbunden sei, sagte aber: „ich bin mit ihm so „famillionär". Die Wahrheit, dass es doch die Millionen sind, die ihn faszinierten, rutschte ihm so aus dem Unbewussten heraus. Und genauso wie im „famillionär" eine Mehrfachbedeutung steckt, nämlich die des Familiären und der Millionen (und somit die Unverblümtheit einer Habgier), so auch in den *Formel-Worten*. Sie werden jetzt aber umgekehrt wie der Versprecher im obigen Beispiel benutzt, nämlich konstruktiv. Indem das *Formel-Wort* nur eine Formulierung bildet, obwohl ein Mehrfaches an Bedeutungen in diesem Schriftzug stecken, weckt es – wie schon mehrmals beschrieben – das *Unbewusste*.

fa mil i är	Die Vielschichtigkeit dreier Bedeutungen
mil l i on är	entsprechend ihrer klang-bildlichen
fa mil l i on är	Struktur unter einander geschrieben.

In diesem Mehrfachen von Bildern und Worten funktioniert also das *Unbewusste* und ebenso auch die *Formel-Worte*. Es ist nichts anderes als eine Kombination des Bild- und Worthaften in eben dieser Form von Schnittstellen, wie wir sie auch aus der modernen Computertechnik kennen. Dort ermöglicht eine Schnittstelle den Austausch zwischen zwei oder mehr Systemen. Übt man durch gedankliches Wiederholen ein derartiges - jetzt jedoch wie gesagt ein konstruktiv, wissenschaftlich aufgebautes - *Formel-Wort*, so greift dieses nun genau in die bereits vorhandenen Schnittstellen des ja genauso verfassten Unbewussten (Bild / Wort, *Strahlt/ Spricht*) ein, und kann dieses öffnen und modulieren. Eine derartige ideale, weil völlig formale Lautbildlichkeit, stellt auch das folgende *Formel-Wort* ENS - CIS - NOM dar, auch als SNO - MEN - SCI lesbar und

schreibbar, denn es ist gleichgültig, von wo aus man es liest, wie ich es bereits mit dem RA-DIC-IT gezeigt habe.

Der Neuro- und Kognitionswissenschaftler D. Hofstadter hat in seinen neueren Büchern versucht die Dynamik dieses „linguistischen Kristalls", dieses *Lautbildlichen*, darzustellen, um so „reales" und „wirkliches" Gehirn in Form von Kombinationen zu versöhnen, die ganz unserem Vorgehen entspricht.[122] Für ihn besteht die Kognitivität, die nichts bei ihm anderes ist als das *Genießen* des Gehirns, der *„Jouissance'*, in einer Art lockerem Schütteln, fließendem Verrutschen von „natürlichen Subeinheiten" von Bildern, Mustern oder auch Worten. So probiert er es z. B. mit dem Wort NEUGIER, das – ob im Gehirn oder im Computer geschüttelt, ist egal – plötzlich zu UR-EIGEN, UREI-GEN, ja zu UR-NEIGE, UN-REGIE oder GNU-EIER wird. Das erinnert auch sehr an Freuds Verschiebung bei Versprechern und an Lacans Metapher und Metonymie in kompaktester Form.

Es könnte durchaus einmal sein, dass jemand UR-EIGEN sagen will und spricht es als UREI-GEN aus, wohinter sich ganz im Freud'schen Sinne ein heikles Symbol verbergen könnte, von dem der Sprecher eigentlich nichts preisgeben wollte – es auch nicht sagt, aber man könnte es erraten. Das GEN vom UREI könnte die frühe, präödipale, unkontrollierte Mutter-Imago sein. Dagegen ist unwahrscheinlich, dass er UR-NEIGE sagen wird. Eine solche rein anagrammatische Verrutschung, Vertauschung ist meist zu komplex, um für eine Freud'sche Fehlleistung herzuhalten, der Signifikant und sein Bezug zum anderen Signifikanten, die Beziehung des *Spricht* zum *Strahlt*, des Lautes zum Bild, ist eben etwas anderes als ein reines Anagramm![123] Der Signifi-

---

[122] Hofstadter, D., Metamagicum, Klett-Cotta (1994) und „Ich bin eine seltsame Schleife", Klett-Cotta (2007)
[123] Es könnte Anagramme geben, die dem Gesetz des Signifikanten gehorchen, z. B. Lichtenbergs Wortspiel bei der Lektüre Homers, bei der er statt Agamemnon immer das Wort angenommen las. Aber der Esprit des Signifikanten liegt hier nicht im Anagrammatismus, sondern in ei-

kant führt selbst wenn er grausam ist, wenn er als Unsinn daherkommt, wenn er total simpel ist, noch in Richtung auf einen Sinn,
ja die Sinnwirkung, sein (unscharfes) ‚'Dafür-Sprechen' ist sein
Wesen.

Aber was sollen dann die „natürlichen Subeinheiten" sein, die
Anstoß zu solchen Kombinatoriken geben könnten? „Statistisch
emergente aktive Symbole", wie Hofstadter spekuliert? Also wieder so etwas Ähnliches wie es z. B. der Neurowissenschaftler A.
Jacobs in Form prototypischer Konzepte oder neuro-psychischen
Strukturschemata konzipierte?[124] Oder von den Echo- und Spie-
gel-Neuronen, von denen andere Neurologen sprechen und von
denen man dann eben eher zu viele hätte, als zu wenige!?

Trotzdem erinnern Hofstadters Versuche sehr stark an das Wesen
des *Formel-Wortes*. Denn seine „Subeinheiten" ordnen das Sprechen nach bildhaften (auch wenn die Bilder hier in Form großer
SCHRIFTZEICHEN erscheinen) Einheiten, nach Einheiten des
Schauens, Scheinens, d. h. tatsächlich als Zeichnungen, als
Schriften, als Hieroglyphen, die eben gleichzeitig schon Sprech-
einheiten sind, Phoneme, Vokabeln. Sie ordnen es schon als *Objekt*e, die man gleichzeitig *genießen* und erkennen kann. Auf jeden Fall ist die Schrift das ideale Medium der *Strahlt / Spricht*-
Kombinatorik, weil man sie mit nach Hause nehmen und dort
einüben kann bis man **A** getroffen hat, genau das, was ich doch
suchte, auch um jedem die Teilnahme an dieser Wissenschaft zu
ermöglichen. Nur das praktische Einüben geht mit Hofstadters
Subeinheiten nicht, da der Computer nicht mit Sinn- und Bedeutungseinheiten wie den Signifikanten arbeiten kann.

Der Psychologe J. C. Weber hat nachgewiesen, dass bei lesebe-
hinderten Kindern erst so etwas wie das Märchen, der Bildgedan-
ke, das Durchgliedern der Worte, das „Verschleifen der Lautierung" etc. (also auch wieder genau die Struktur des *Lautbildli-*

---

ner phonematischen Verschiebung und semantischen Verdichtung, die
nie in einen totalen Anagrammatismus münden wird.
[124] Jacobs, A., Schrott, R., Gehirn und Gedicht, Hanser (2011

chen) durch Verknüpfung von Affektivem und Kognitivem das Lesen der Schrift ermöglicht.[125] Es muss sich also in der Tiefe der neuro-psychischen Seele etwas Heftiges tun, damit ein Leiden oder eine erkenntnishafte Enthüllung zustande kommt. Freilich dienen uns dazu nicht mehr die Märchen und auch ein „Verschleifen der Lautierung" muss in unserem Fall wissenschaftlich begründet sein. Aber ideal dafür eignet sich die Schrift, die Lautschrift, die ‚signatura' des A. Bisher erfüllt nämlich keine der bisher bekannten phonetischen Schriften ein derartiges Ideal.

Diese Enthüllung, die Wirkung im Unbewussten, die Wirkung all dieser *Lautbildlichkeiten* (Signifikantenketten, sprachpragmatisch vergesellschaftete Subjekte) darf wie in der Psychoanalyse nicht durch Manipulationen oder wie im Mythos durch völlig subjektive Geschichten erreicht werden. So heißt Mens cis No, der Gedanke innerhalb von No, Nomen scis, der Name, du weißt, Omen scis N, du kennst das Omen N,   Cis no mens, diesseits schwimme ich, der Geist, Ens cis Nom, das Ding diesseits von Nom, C is nomen S, hundert, dieser Name S usw. Wenn man also diese Formulierung, in ihrer zwar etwas enigmatischen, rätselhaften Form als ENS – CIS - NOM (oder noch besser als ständig weitergehende Kette: E-N-S-C-I-S-N-O-M-E-N-S-C-I etc.) langsam, aber ständig in sich gedanklich wiederholt, mehr oder weniger nur Buchstabe für Buchstabe, also nichts von den darin enthaltenen Bedeutungen präferierend (!), skandiert man, malt man, stückelt man genau jene Stücke des Unbewussten aneinander, aus denen es zusammengesetzt ist, wenn wir ausgehen von der Definition: „Das Unbewusste ist die Sprache des *Anderen*".[126]

Diese reine hieroglyphische Buchstabenfolge spricht für mindestens drei oder mehr Bedeutungen, die jetzt zwar nicht mehr entziffert werden müssen, denn wir kennen sie bereits, von denen wir aber keine präferieren wollen, so dass tatsächlich nur die reine Chiffre bleibt, die aber umso tiefer ins Unbewusste eindringt, je

---

[125] Weber, J. C., Die Sprache des Abwesenden, Asanger (1988).
[126] Lacan, J., Schriften I, Walter (1975) S. 14

mehr sie eben nichts Bestimmtes sagt, weil sie Bild ist, *Strahlt* ist, aber doch auch ein *Spricht* im vollsten Sinne enthält. Man wird keine auch nur annähernd logische und zusammenhängende Geschichte aus den Bedeutungen im *Formel-Wort* machen können, denn nichts legt eine Kombinatorik fest. ENS – CIS – NOM ist nur rein formal ein Schlüssel, ein Sprachkristall. Als *Formel-Wort* wirkt es dadurch, dass die drei oder mehr Bedeutungen weit genug auseinanderliegen und eben gerade keine festgelegte Geschichte darstellen. Dadurch können sich die Bedeutungen im Unbewussten zu dem zusammensetzen, was sie jeweils beim einzelnen wirklich bedeuten bis hin zum unbewussten Sinn

Natürlich könnte man fragen, warum man nicht gleich sich eine Buchstabenkombination vom Computer geben lässt oder einfach nur noch lallt und Buchstaben ausstößt, denn je irrationaler das *Formel-Wort* ist, umso besser. Doch der Computer und auch die Intuition löst aus zweierlei Gründen das Problem nicht. a. Es könnte nämlich durch Zufall gerade das gewählt werden, was ich vermieden habe, nämlich Bedeutungen zu favorisieren, die alle etwa das Gleiche oder Ähnliches beinhalten. Denn dann würde eine Zielrichtung, ein schon vorgefasster Sinn, ganz stark suggeriert sein, und dies darf natürlich gerade nicht passieren. Kurz: die wesentliche Disparatheit der verschiedenen Bedeutungen ist gefragt. b. Auch wenn überhaupt keine drei oder mehr Wörter, Begriffe, darin enthalten sind, sondern willkürliche gelallte Buchstabenkombinationen, hält es einer wissenschaftlichen, analytischen Konzeption nicht stand.

Man wüsste dann nämlich, dass hier Jemand durch Intuition eine irrationale Formulierung versucht hat. Beim Üben würden man jedoch immer wieder einmal an diesen Jemand denken und fürchten müssen, ob der Zufall nicht vielleicht doch etwas bewirkt, was man nicht will. Nur wenn die Dynamik des *Formel-Wortes*, seine Schnittstellen, seine kristalline Sprachstruktur etc. in ihrer Entstehung als sachlich klar und in sich logisch konsistent sind, kann das Verfahren funktionieren. Es muss also eine wissenschaftliche, logische Transparenz haben, das den Intellekt zufrieden stellt. Denn der Intellekt soll ja mithelfen, einen evtl. beim Üben auftretende Angst in Schach zu halten und das Verfahren sogar weiter zu entwickeln. Man muss etwas intellektuell und wissenschaftlich begreifen können, weil das Sicherheit und Überzeugtsein vermittelt.

„Liebe", sagt Lacan, „gibt es nur zu einem *Namen*", aber es muss ein *Name* sein, der - wie das *Formel-Wort* fast unaussprechlich und unbestimmt ist. Jeder andere Name würde uns nur wieder fixieren an schon gängige Bedeutungen oder das S e i n eines *Anderen*, wo es doch um den *Namen* als solchen geht, den henologischen *Namen,* der uns selbst als *Anderen* im originären A einschließt, uns selbst als ‚Benamenden', ja als Schöpfer. Dieser Name darf nichts von vornherein festlegen. Und damit man ihn voll Vertrauen anrufen, wiederholen, denken und lieben kann, muss er (heutzutage wissenschaftlich) in seiner Benennungs-Verweigerung gut begründet sein. Ein rein traditioneller Name, ein reiner Glaubens-Name, tut es nicht mehr. Die ‚Metapher des Genießens' kann nur solch ein in sich selbst gegensätzlicher oder überdeterminierter Name sein, und die Liebe, die ihm, A, gilt, schafft ihn auf diese Weise ja auch. Das ist der Clou, warum A existiert.

Dabei ist es auch noch wichtig, dass man beim Üben des *Strahlt* - ENSCISNOM - und des *Spricht* - notfalls jederzeit das Wissen abrufen kann, wie das Ganze dieses *Namens* aufgebaut ist, und dass man ihm daher voll vertrauen kann, indem es einem wirklich schlüssig erscheint. Im entscheidenden Moment des Übens kommt man nämlich oft an einen Punkt, wo das Ich mitsamt seinen *Objekt*en und das Unbewusste in Form jenes „*Anderen*" sich wie disparat gegenüberstehen, und dieser Punkt ist auch gleichzeitig der Punkt der Angst. Dieser Angst halten wir besser stand, wenn wir um den intellektuellen Aufbau des Verfahrens wissen, als wenn wir lediglich einem Guru glauben oder einer Maschine.

Die Angst ist, wie Lacan sagt, „nicht ohne *Objekt*", aber dieses *Objekt* hat Blick und Stimme, *Strahlt* und *Spricht*, denn es handelt sich ja um den Punkt einer letzten Kombinatorik. Angst hat man nicht davor, dass irgendetwas geschieht, sondern dass dahinter, hinter diesem Punkt ein unbekannter, unheimlicher „Niemand" steht, ein „Irgend", dass es also um ein signifikantes Geschehen geht, und in diesem Moment ist irgendeine Formel oder Formulierung, von der nicht klar ist, wie sie aufgebaut und entstanden ist, keine Hilfe. Im Gegenteil, sie paranoisiert geradezu die Angst, sie macht sie noch schlimmer, oder sie zementiert mich in einer Abhängigkeit des blinden Vertrauens. Man muss wissen, wie das *Formel-Wort* aufgebaut ist, dass es aus den Gründen der Triangularität, der Triade des Unbewussten, mindestens dreifach strukturiert sein muss.

Wenn ich also von vornherein nur einer Maschine, z. B. dem Computer, der eine Buchstabenfolge ausgibt, vertraue, verhält es sich genauso wie beim Guru, der vielleicht durchaus eine seriöse Gestalt ist, der mir aber seine *Formeln* nicht wissenschaftlich und nicht nach den Maßstäben unserer Denk- und Wissenschafts-Kultur erklären kann. Wenn ich weiß, dass es nichts anderes ist als ein Maschinelles oder eine Person, die zwar vertrauenswürdig ist, aber nichts verstandesmäßig erklären kann, kann das eine wie das andere in weiß Gott welchem Zusammenhang zu meinem Unbewussten stehen, kann so die Angst auftauchen als reine Angst. Wie sollte ich in dem Zufall der Maschine vertrauen? Selbst wenn ich mir denken kann, dass sich das Vorgehen in der Maschine physikalisch irgendwie erklären lässt, wie sollte mir dies Vertrauen geben, wo selbst die Teilchenphysiker nicht wissen können, was sich wirklich hinter dem Quant abspielt? Vielleicht sind Quantenprozesse nichts als ewige Spielereien toter Materie, eine Vorstellung, die mich in reine Angst versetzen könnte.

Das gleiche Problem taucht beim Guru auf, dessen intellektuellen und kulturell-geistigen Hintergrund ich nicht total wissen kann. Wird mich nicht da sein „Wort" (Name) am Kulminationspunkt des Vertrauens in Zweifel stürzen, wie es denn als Wort mit anderen Worten, als Signifikant mit anderen Signifikanten zusammenhängt? Selbst wenn ich ihn immer wieder fragen kann, wenn dieser Zusammenhang beispielsweise rein aus einer buddhistischen oder durch das Sanskrit gestützten Tradition stammt, warum wähle ich dann diese, wo ich doch dem gleichen *Traditiom*, dem gleichen traditionellen *Idiom,* dem gleichen durch reine Überlieferung hergestellten Urgrund wegen meines „Unbehagens in der Kultur" (Freuds Buch zum grundsätzlichen Unbehagen, das keines an der Kultur ist, sondern eines des verhaftet Seins mitten in ihr), entfliehen wollte. Das Gurutum (indische Meditation) ist eine Sache des Ostens, das nicht in den Westen übersetzt werden kann. Man muss es mit der Psychoanalyse zusammen in ein drittes Verfahren einbeziehen, in dem eine übergeordnete Sprache zustande kommt.

10. Identitäts- oder *Pass-Worte*

Ich habe es am Frühmenschen gezeigt, dass von ihm einfach zu
wenig vorhanden ist und man so nur mit der Liebe als Erkenntniskategorie zu einer halbwegs objektiven Enthüllung gelangen
kann. Seine Kultur war konnatural, enorm mit der Natur, also mit
dem *Strahlt* verwoben, während die unsere vorwiegend sozial und
sprachpragmatisch (*Spricht*) bedingt ist. Die Forschungen des Ar-
chäologen A. Czarnetzkis zitierend, habe ich – freilich hilflos
dem intensiv Wahr-Realen des Neandertalers gegenüber – geschildert, wie dieser Frühmensch die Wälder durchstriff, dem
Pfeifen, Trillern, Rauschen, Säuseln, Brausen, Wehen, Pflügen,
Toben und Lispeln des Windes lauschend wie einem Orchester,
das Mendelssohn Bartholdys Violinkonzert spielt. Der Neandertaler konnte wahrhaft mit allem und jedem in der Natur kommunizieren – das ist keine blinde Spekulation – wenn seine Kommunikation auch nicht so sprachpragmatisch ausfiel, wie es Habermas
sagen würde.

Das immense Hör-Laut-Klang-Geräusch-Gehirn des Neandertalers konnte man anhand der Wölbungen, die dieser Teil des Gehirns in der Schädelkalotte hinterlassen hat, ziemlich genau rekonstruieren. Zudem besaß er das FOX2-, das Sprachgen. Er
konnte also – wie gesagt sehr reduziert, was die Phonemartikula-
tion anging – von seinen psycho-physischen Intensiv-Zuständen
etwas sagen. Die Abbildung unten zeigt die Verhältnisse wie sie
der Paläoanthropologe A. Czarnetzki ausdrückte und zeichnen
ließ (Abb. nebenan
nach mündlicher und
graphischer Mittei-
lung). Er war also
stark vom *Strahlt*
beherrscht und passt
so nicht ganz in das
Schema, das Lacan
vom ersten Men-

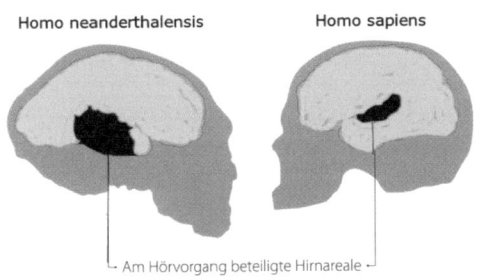

Homo neanderthalensis   Homo sapiens

⌐ Am Hörvorgang beteiligte Hirnareale ⌐

schen gibt, der – so Lacan – den ‚Herrendiskurs' ausübt. In diesem Diskurs erhebt sich der Mann, seiner Kraft und Potenz folgend, zum Herrn in S_1, im Signifikanten des *Spricht*. Nicht mehr Es *Spricht* jetzt, sondern Er. Als solcher wendet er sich an S_2, an das *Strahlt* nicht mehr als einem Es, sondern als einem *Strahlt* der Natur und der Frauen. Man muss die Frauen dazurechnen, denn er selbst konnte sie nicht zählen. Sie waren nicht abzählbar.

Lacan meint, dass heutzutage nur die Jungfrauen nicht abzählbar sind, die – sozusagen reiferen Frauen wurden – nicht durch die Entjungferung, sondern durch die Einordnung als sprachpragmatisch vergesellschaftetes weibliches Subjekt zählbar. Da es für Lacan ja kein Geschlechtsverhältnis gibt, muss man die Beziehung der Geschlechter differenzierter ausrücken. Dazu muss der analytische Diskurs daher den zu oberflächlichen Sinn außer Acht lassen und sich darauf berufen, hinter allem Gesagten entweder das $J\Phi$, das plaisir phallique, das männlich dominierte, phallische Genießen zu erkennen und so die Wahrheit entlarven zu können. Oder er muss herausarbeiten, was das $J\cancel{A}$, die „*Jouissance* de l'Autre', das Genießen des Anderen, das weibliche Genießen bedeuten könnte. Selbst der auf diesem Sektor so gewiefte Lacan meinte daher, die Frau könnte – als ultima ratio – nur glücklich im Zustand einer Art von Verstaatlichung sein. Mein Gott!

Lacan hat mehrmals die Beziehung Mann/Frau in einer mathematisch komplexen Quantorenlogik beschrieben, die intellektuell brillant ist. Sie ist aber, selbst wenn man sie als psychoanalytische Theorie versteht, nur mit Müh und Not vom Fachmann in der therapeutischen Sitzung anwendbar. Für eine philosophische, soziologische und sonstige Verwendung muss man sie in ein einfacher verständliches Konzept übersetzen, was ich hier versuchen will: Lacan geht davon aus, dass der Mann, das Sprechen und die sexuelle Funktion als Dreiheit eine reale Ausgangssituation herstellen, die das phallische Genießen ins Zentrum stellt. Es ist diese Drei, die den Anfang macht, was Lacan auch mit der Mengenlehre untermauert, bei der die Drei ja das Mindeste ist, mit dem man anfängt.

Der Mann kann wegen dieser dominierenden Drei zum phalli-
schen Genießen (plaisir phallique) nicht grundsätzlich Nein sagen, er bleibt darin ‚endlich', zahlkonform, aber er zählt nur sich,
während die Frau die Möglichkeit des Neinsagens dazu besitzt.
Doch was hat sie davon, diese Möglichkeit zu nutzen? Sie bleibt
wie die Jungfrau im Bereich der nicht Abzählbaren, der immer
Gleichen und braucht so etwas Weiterführendes. Die Situation ist
– wie man mathematisch sagt – unentscheidbar, und so bekommt
in diesem Konflikt wieder das Vater-Prinzip, Vater als EINs, als
universelle Metapher, die Entscheidungsfähigkeit, mit der er die
Frau in den Kreis der Bestimmer und Bestimmerinnen erhebt, ja
sie inthronisiert, wodurch sie abzählbar wird. Abzählbar steht ihr
alles zu, die Freiheit zu bestimmen, aber auch ‚Visionen' zu haben.

Um all das noch weiter verständlich zu machen, ist es gut, sich an
Lacans Henologie, der Wissenschaft von L'Un, vom EINs oder
vom *Eins/Einen* anzulehnen, die Lacan in seinem Seminar XIX
ausgearbeitet hat.[127] Denn auch das *Eins/Eine* kann man nie sehen
und beweisen, es kommt in der Welt immer schon als Gespaltenes
daher, und wir können es nur als transzendent, virtuell dahinter,
hypothetisch real konzipieren. Trotzdem ist dies alles – hoffe ich
– nicht unverständlich. „Das *Eins/Eine*, EINs, bewirkt das Sein",
wie Lacan in diesem Seminar bemerkte, und nicht umgekehrt.
Hinter den Sternen vermuten wir das EINs des Universums, hinter
der Natur das des Lebens und hinter dem *Strahlt / Spricht* das der
Mediation, das des Kreativen, des Schöpferischen.

Man muss also auch das *Eins/Eine* lieben. So sehr ich den Leser
wiederum mit Spezialgeschichten drangsaliere, so sehr kann ich
dennoch darauf hinweisen, dass dies alles ganz genau zu verstehen gar nicht so wichtig ist. Wichtig ist nur zu sehen, wie Gebilde
sich ineinander umwandeln können und doch ihre mathematisch-
geometrische Ganzheit nicht verändern. Genau diese ist es, die

---

[127] Im Französischen ist ‚l'Un' das Eine und die Eins, ich schreibe daher
vom EINs, *Eins/Einen*, während R. Nemitz es mit „das Eins" übersetzt.

ich als *Lautbildlichkeit*, als Bild-Wort-Wirkendes, als die Formel vom *Strahlt/Spricht* bezeichne. Denn auch diese samt den Formel-Worten muss man lieben, anders kann ich dem Leser die Wissenschaftlichkeit meines Vorgehens nicht klar machen. Ich muss nicht die volle Zustimmung der Physiker und auch nicht die der klassischen Psychoanalytiker einholen. Ich verwende diese Wissenschaften lediglich für eine größere Plausibilität, für die sie natürlich einigermaßen (unscharf) richtig dargestellt sein sollen. Absolute Stringenz, wissenschaftliche Präzision sollen meine Ausführungen nur im Bereich der vom Real-Imaginären her betonten Topologie und der vom Real-Symbolischen her dominierten Kreativität haben, die beide zusammen die vorherrschende Wissenschaft ist. Lacan sprach in diesem Zusammenhang auch von einer *Konjekturalwissenschaft.*

Konjektur heißt Vermutung, und die *Konjekturalwissenschaft*, die schon Nikolaus von Kues so benannte, geht von einem Denken in sehr präzisen, eben den in der Mathematik üblichen Vermutungen aus, die sich immer mehr zu etwas Zutreffendem hin verdichten, bis ein letztlicher exakter, nicht mehr weiter verfolgbarer Schluss feststeht. Spieltheorie und Wahrscheinlichkeitsrechnung sind Paten dieser Vermutungswissenschaft. Auch diesbezüglich bin ich also exakten Vorgaben gefolgt, habe zahlreiche Wissenschaftsbereiche behandelt, so dass nur noch der Schluss übrig bleibt: an Hand des bisher Gesagten müsste jeder selbst diese Wissenschaft weiterführen können. Nach all dem Theoretischen, sollte er mit der Praxis (*Analytische Psychokatharsis*) weiterfahren, um dann eigene theoretische Anstrengungen zu verfolgen.

Das Erfahren der Katharsis oder der „*Jouissance'* als Ergebnis der ersten Übung der *Analytischen Psychokatharsis* habe ich bereits erwähnt. Freud hatte bekanntlich seine Psychotherapie mit der Hypnose und der darin erfahrenen Katharsis (Befreiung, Entspannung) begonnen. Doch die Patienten gaben sich zu sehr dem Genuss dieser – wie man die Katharsis auch nennen könnte: ‚Kommunikation-in-Versenkung' hin, anstatt ihre Problematik zu verarbeiten. So entwickelte Freud die Gesprächstechnik, in der man frei seine Einfälle äußern musste. In der *Analytischen Psychoka-tharsis* kann man nur die Befreiung und Entspannung, das Wahr-werden des Luziden und Faszinierenden vollauf genießen, denn dieser Vorgang wird schon einleitend von den *Formel-Worten* und ergebnisorientiert von den *Pass-Worten* mitgesteuert. Auf dieses Letztere, mit dem ich auch das Kreative, Schöpferische verbinde, will ich hier nochmals eingehen. Denn nichts ist so sehr eindeutig dem Schöpferischen zugetan wie das Entstehen der *Pass-Worte* aus dem ‚ex nihilo'.

Bevor ich die wissenschaftliche Begründung dieser Formulierun-gen, die die zweite Übung des Verfahrens der *Analytischen Psychokatharsis* darstellt, möchte ich dazu nochmals ein paar Beispiele anführen.[128] Jemand, der diesem Verfahren der *Analyti-schen Psychokatharsis* sehr kritisch gegenüberstand, es aber den-noch schon einige Zeit übte, hatte plötzlich den wie von ferne her kommenden Gedanken oder die Eingebung oder vermeinte gar es fast gehört zu haben: „Nichts gesagt!" Doch im selben Moment realisierte er natürlich, dass gerade sehr wohl etwas gesagt wurde, nämlich die zwei Worte „Nichts gesagt!" Aber nicht nur dies überzeugte ihn, dass die *analytisch psychokathartische* Methode doch irgendwie funktioniert, er verstand jetzt auch wie das *Unbe-wusste* konstruiert ist: nämlich oft durch Gegenbesetzungen, durch ein „Andersherum" zum Bewussten. Wie bereits betont, be-steht diese zweite Übung, in der dem gerade genannten Adepten diese ‚ultrareduzierte Phrase' zukam, in der Konzentration auf das *Spricht*, den ‚Laut' oder ein ‚Es Verlautet', also auf das, was ich Lacan zitierend die „Stimme des Objekts" nennen kann.

Oder anders gesagt: es ging genau um die Resonanz des körper-nahen Signifikanten, weil „es in ihm etwas geben muss, das räso-niert",[129] also widerhallen lässt. Und weiter: „. . die Triebe sind

---

[128] Das folgende, also erste Beispiel, habe ich der im Anhang dargestell-ten Praxis der *Analytischen Psychokatharsis* entnommen, es findet sich also dort erneut.
[129] Lacan, J., Seminar XXIII vom 18. 11. 1975, Lacan-Archiv, S. 10

das Echo des Körpers . . tatsächlich gibt es ein Sagen, aber damit dieses Sagen räsoniere . . ist es notwendig, dass der Körper sensibel dafür sei." Diese Resonanz nennt Lacan auch eine „Stimme". Signifikant, räsonierendes *Spricht*, all dies läuft genau auf das hinaus, was dem genannten Übenden das „Nichts gesagt" zurief. Denn bewusst war er ja der Meinung gewesen, dass dieses psychotherapeutische Verfahren eigentlich „nichts sagt", es ist Humbug, Nonsens. Das Unbewusste aber schob ihm im selben Moment eine kleine Offenbarung, eine echte Deutung zu: nämlich dass er einen Widerstand, eine „Abwehr" dagegen hatte, dass das Unbewusste tatsächlich etwas „Wahres" sagt, weil es wie ein Wort des *Anderen* ist, in und außerhalb von uns selbst. Denn obwohl ihm schon klar war, dass es etwas von ihm, in seinem eigenen Inneren war, hatte er doch auch das Gefühl, als habe es ihm ein Lehrer, ein Deuter, ein Fremder, *Anderer* eingegeben.

Betonen muss ich vor allem auch die Tatsache, dass es etwas ganz anderes ist, als wenn der Übende bei sich selbst nach einiger Zeit kritischen Zweifelns den bewussten Gedanken gehabt hätte: ach, vielleicht ist doch etwas an diesem Verfahren dran. Er wäre durch diese äußere Logik nur sehr schwach überzeugt gewesen. Aber als dies wie von tief heraus, wie fremd aus dem eigenen Inneren, ja genau wie die „Stimme des Objekts", das Echo des Signifikanten, um das es hier geht, ihm zukommt, ist die Überzeugung eine andere. Plötzlich war aus dem „universalen Gemurmel" heraus (den Lauten, Klängen, Raunen, Verlauten oder *Spricht* des Unbewussten) exakt jene *Andersheit* des Unbewussten selbst wie hörbar herausgetreten. Der/Das *Andere* selbst (innen und außen) hat gesprochen.[130] Das erzeugt in erster Linie eine „schlüsselartige" Erkenntnis (*Analytische*) und auch noch etwas *Psychokatharsis*, eine Befreiung. Dabei hat diese Erfahrung des „Nichts-Gesagt" und der Erhellung der dahinter steckenden Bedeutung nichts mit Mystik zu tun. Es ist das *Unbewusste*, das sich in seiner strahlenden

---

[130] Ich erinnere nochmals daran, dass der/das *Andere* in der Psychoanalyse Lacans ein wichtiger Begriff ist und dass das Unbewusste vorwiegend durch die symbolische Ordnung bestimmt ist, dass „Es Spricht".

Form artikuliert, denn das „Nichts-Gesagt" ist von dem Blitz (*Strahlt*), dem leichten *kathartisches* Gefühl hergekommen und in ein kreatives, schöpferisches „ultrareduziertes" Formulieren (*Spricht*) des *Pass-Wortes* hinüber- und hinausgegangen.

Dass diese „inneren Sätze", diese *Pass-Worte* so knapp und präzise sind, hat auch mit der gleichen Knappheit und Präzision der *Formel-Worte* zu tun. Das Unbewusste wird durch so eine kompakte in sich vielschichtige Formulierung wie es das *Formel-Wort* ist (das übrigens ja auch gerade wegen seiner Vieldeutigkeit „nichts sagt") zu einer ebensolchen Resonanz-Formulierung angeregt. Wie erwähnt gehören diese zeitlich knapp skandierten *Pass*- bzw. *Identitäts-Worte* mehr auf die Seite des Analytischen, ja sie sind geradezu Übersetzungs-Worte, denn sie übersetzten das, was die *Formel-Worte* im Unbewussten linguistisch, semiotisch gezielt angeregt, angesprochen, evoziert, räsoniert, haben, in eine dem Bewussten entsprechende Antwort. Aber ihr Auftauchen ist auch Schöpfung, eindeutiger, zutreffender kann man das gar nicht sagen.

Diese Resonanz, sagt Lacan, spielt mit einem ‚Äquivok', mit etwas Gleichlautendem, mit der „Ähnlichkeit als erster dialektischer Kategorie", mit dem *Strahlt*, dem das *Spricht* dann seine Deutung gibt. Es erinnert wieder an Hofstadters ‚naive Analogie', die Ähnlichkeits- und Deutungsmerkmale hat, aber auch an das, was Freud Zensur nannte. Die Zensur ist etwas zwischen Widerstand und Überich, es hat mit dem Schlafwunsch des Ichs zu tun, der verhindern will, dass sehr triebbezogene Inhalte zu deutlich ins Bewusstsein treten und so ein Aufwachen begünstigen würden. Der Schlafwunsch ist ein Wunsch nach Nichts, ein Wunsch nach einem todesähnlichen Zustand. In der Meditation der *Analytischen Psychokatharsis* gerät man ebenso in einen todesähnlichen Zustand, in dem der Zensor eben nur noch abgeschwächt reagieren kann. Et lässt nur noch ultrareduziertes Räsonieren zu, das schöpferisch zum „Nichts gesagt" des obigen Falles führt.

Der Einfachheit halber erwähne ich nochmals ein weiteres Beispiel aus meiner eigenen Erfahrung: „Was bietet Sisyphos an"!? lautete die aus dem Unbewussten auftauchende Phrase. Wieder war mir sofort klar, dass ich selbst gemeint war, und sich das *Pass-Wort* in mehrerer Hinsicht auf meine Situation bezog. Einerseits war ich Sisyphos, weil ich Buch um Buch schrieb, viele analytische Psychotherapien durchführte und dabei kaum jemanden fand, dem ich die *Analytische Psychokatharsis* empfehlen konnte. Denn die Menschen kommen in die psychoanalytische Therapie, weil sie reden wollen, und ihnen zu sagen, bleibt zu Hause, macht meditative Übungen und wir besprechen dies dann von Zeit zu Zeit, wollte niemand hören. Auch in Vorträgen, zu denen oft dreißig bis vierzig Personen kamen, fand sich nur gelegentlich jemand, der das Verfahren erlernen wollte. Ich war also Sisyphos, schleppte mein Vorhaben vor mir her, und allein schon diese Erkenntnis veranlasste in mir eine neue Gleichgültigkeit: ich muss ja den Stein meiner Texte nicht jeden Tag auf den Berg wälzen wie Sisyphos es tun musste. Wenn die Sache gut ist, wird sie sich auch so durchsetzen, konnte ich mir denken.

Wie bei den anderen Beispielen hatte auch ich das Gefühl, dass es mir überhaupt nicht geholfen hätte, wenn mir jemand geraten hätte, ich solle mich doch mit dem Schreiben und den Vorträgen nicht so übernehmen. Ich hätte das zur Kenntnis genommen. Aber ein ‚innerer Satz', der noch dazu so rätselhaft weise erscheint, nimmt man ernst. Niemals wird die Wirkung auf das Seelenleben so stark sein, wie wenn sie aus dem eigenen Inneren kommt und auch noch intellektuell einleuchtend ist, weil sie einen direkten *Strahlt / Spricht* — Charakter für den Betreffenden hat. [131] Ande-

---

[131] Hier muss ich nochmals die Anmerkung machen, dass sowohl das *Strahlt* wie auch das *Spricht* nicht nur eine Kraft aus dem eigenen Inneren ist. Zu einem noch unklaren Teil wirkt es auch außen. Dies trifft für das *Spricht* vielleicht etwas weniger deutlich zu. Denn das *Spricht* in der Natur erinnert uns wieder an J. Böhme und seine spiritistisch-mystische Weltanschauung. Doch gerade mein Vergleich zur *Stringtheorie* zeigt ja, wie das Innen eines Paralleluniversums das Außen eines anderen ist.

rerseits enthielt dieses *Pass-Wort* noch eine ganz andere Bedeutung. Denn es hat ja nicht nur geheißen „armer Sisyphos", „was bietet oder bedeutet dir Sisyphos", sondern was bietet dieser mythologische Typ „an"?!

Ist er nicht nur das Paradebeispiel des zwanghaft Arbeitenden, der die Last des Lebens, den gewaltigen Stein, ständig nach oben schleppen muss, wo sie wieder ins Tal herunterfällt: hat er vielleicht sogar ein Angebot? Das klingt nach einer seltsamen Verdrehung des Mythos wie sie übrigens auch Camus einmal deklariert hat. Camus schrieb in seinem Buch ‚Der Mythos des Sisyphos', man „müsse sich Sisyphos als einen glücklichen Menschen vorstellen". Er hat dies – quasi etwas antimarxistisch – auf die Selbstbestimmung des Arbeiters bezogen. Der Arbeiter sollte sich sagen, ich mache meinen Teil, mein Ding, dafür kann ich mich in jeder anderen Richtung selbst bestimmen. Sisyphos war also ein Angebot an Camus eine Philosophie der Selbstbestimmung auszuarbeiten, wenn sie auch etwas paradox klingt.

Was ich als Sisyphos anbieten kann ist nicht nur dieses *Pass-Wort* als existenzielle Deutung. Ich fand darin auch den Zusammenhang zwischen Bewusstem und Unbewusstem. Was völlig unbewusst war, war der Anfang des Pass-Wortes mit dem „Was bietet Sisyphos . . ." Denn ich habe mich mit dieser Figur seit ewigen Zeiten nicht mehr beschäftigt und ich wusste zwar, dass ich mich wohl mit meinem Schreiben etwas überfordere, aber der Name Sisyphos wäre mir dazu nicht eingefallen. Doch das „an" klang nach mehr und bereits aus dem Vorbewussten kommend. So ein kleines Verknüpfungselement stört die Wahrheitsaspekte enthaltende Botschaft aus dem Unbewussten nicht, die ja darin bestand, dass ich Sisyphos war, und zwar der, der noch etwas anzubieten hat. Ich biete nicht an, sich einfach so als glücklicher Mensch vorzustellen, ich biete an, den Tod zu überlisten.

Exakt der knappe, geschlossene *String* erinnert an den „ultrareduzierten Satz", der im Bewussten wie auch im Unbewussten gleiche Geltung hat.

Der historische Sisyphos ist nämlich an den Frauen gescheitert, er konnte nicht anders als sie zahlreich lieben. Schließlich schickte Zeus ihm den Gott Thanatos, den Tod, doch es gelang Sisyphos ihn betrunken zu machen, zu überwinden und zu fesseln, so dass kein Mensch mehr sterben konnte. Erst der Kriegsgott Ares befreite Thanatos, weil auf den Schlachtfeldern ja keine Kämpfer mehr gestorben wären! Doch Sisyphos überlistete den Tod ein zweites Mal, indem er seine Frau Merope anwies, keine Bestattungsriten durchzuführen. Wenn man den Tod nicht ernst nimmt, nichts für ein Begräbnis tut, existiert er auch nicht, war damals die Devise. Doch eines Tages schaffte es Zeus doch noch, ihn, den listigen und großen Helden, zu diesem schrecklichen Tun zu verdammen.

Ein bisschen denke ich schon, dass meine Methode der *Analytischen Psychokatharsis* den Menschen vom Tod als einem Negativum befreien könnte. Es ist vor allem wieder die imaginäre Seite des Verfahrens, die engstens (konkretistisch!) mit der symbolischen verbunden durch Einblicke in die unzähligen Formen des Lebens den Tod vergessen machen könnte. Natürlich gibt es irgendwo einmal ein Ende, aber führt dies nicht wie die unendliche Gerade wieder zum Anfang zurück? Selbst wenn es das von den Psychoanalytikern postulierte ‚Verschmelzungsphantasma‘ ist, das einen zum Anfang (zum ‚Primärobjekt‘, zur frühen Mutter, zur Paradiesvorstellung, aber auch der ‚Präödipalität‘, etc.) zurückführt, ist der Tod doch wie bei Sisyphos überlistet, wenn die Verschmelzung nur in der vom *Strahlt / Spricht* besteht, in der von der ‚'Verschränkung mit A, dem *Anderen* ohne Querstrich. Und wenn ‚Verschränkung‘ nicht vielleicht auch Verschmelzung ist, könnten wir mit allem eins sein, freilich in noch gerade etwas rationaler Form, nämlich durch „défiles signifiantes" gestützt, wenn ich so spekulieren darf.

Andererseits ist beim Angebot des Sisyphos fast zu spüren, dass Freud mit seinem Eros- und Todestrieb doch auch an dieser Thematik ganz nahe dran war. Es fielen mir also auch ein paar Sünden aus früheren Jahren ein, die ich durcharbeiten musste: habe ich auch mal versucht mit dem Sex den Tod zu überlisten? Ja natürlich, das ist wohl der Sinn von Sex überhaupt. Besteht nicht die Strafe des Sisyphos darin, das ständige Begehren, die Sucht, das ‚Lustobjekt' auf die Höhe zu schleppen, wo – wie Lacan ja betonte – der Sex immer wieder versagt, ständig daneben geht, nie nachhaltig befriedigt, weil der Mann immer auf dem Höhepunkt (Sisyphos' Berg) seiner Angst ejakuliert, indem er nicht mehr weiter weiß. Auch mit seiner Gier nach Geld und Ruhm weiß er ausgerechnet am Höhepunkt nichts mehr anzufangen. Wenn ein zweihundertfacher Milliardär wie Warren B nur ein paar Milliarden verliert, ist er todunglücklich, und zwar deswegen weil es eben Milliarde heißt und nicht Hundert.

Nun ist dies nicht mein einziges *Pass-Wort* geblieben. So wie ich bezüglich der *Formel-Worte* noch ergänzen muss, dass man meist mehr, am besten bis zu fünf gebrauchen kann, so benötigt man meist auch mehrere *Pass-* bzw. *Identitäts-Worte*, um sagen zu können, dass man das Ziel des Verfahrens für sich erreicht hat. Das Erreichen des Ziels kann bei jedem ganz unterschiedlich sein, hier gibt es keine festen und starren Regeln. Aber ich glaube, es ist klar geworden, was ich unter den *Identitäts-, Kenn-,* oder *Pass-Worten* verstehe, nämlich dass dies ein passender Ausdruck für das Intellektuell-Analytische ist und auch einen gewissen Kulminationspunkt der *Analytischen Psychokatharsis* darstellt, weil es gleichzeitig mit einer Katharsis einhergeht.

Dieser Kulminationspunkt ist das Lacansche ‚Ding'. Denn es findet sich inmitten der substanziellen Leere einer Selbstsublimierung, wie man das Vorgehen der *Analytischen Psychokatharsis* auch nennen kann. „Wäre das ‚Ding' nicht ein zu tiefst verborgenes, würden wir zu ihm nicht die Art Verhältnis haben, das uns nötigt . . . es nur umrisshaft zu entwerfen."[132] Man kann also eigentlich nichts von ihm sagen, so wie man von den letzten Dingen der Physik nichts sagen kann, mag man auch noch so viel Ma-

---

[132] Lacan, J., Seminar VII, Quadriga (1996) S. 146

thematik betreiben. Das Lacansche ‚Ding' ist etwas, was nur jeder Einzelne selbst erfahren kann und muss, kein anderen kann es einem symbolisch, imaginär oder real vermitteln. Wenn ich sage, dass es mit der ‚genießenden Substanz' zu tun hat, so weil ich eine Verheißung davon geben will. Ich will der Verwerfung, Verdrängung und Verschiebung entgehen. Der Töpfer, sagte Lacan, gestaltet seinen Krug um die Leere herum, um das Nichts des ‚Dings', um das *Strahlt* seiner Vorahnung, dass man diese Leere einst wird füllen können. Doch das ‚Ding' kann auch sprechen, allerdings nur anders, anders herum, gedreht, verwickelt, verknotet herum wie es die Topologie zeigt.

„Ultrareduzierte Phrase", *Pass-Wort*, geschlossener *String*, topologische Ausdrücke für die Identität – all dies hat für mich einen ähnlichen Klang, weil es die „Passe", den Durchgang, Übergang von ganz Gegensätzlichem bis hin zu Widersprüchlichem markiert. Lacan hat exakt mit dem Begriff der „Passe" (französisch für „Durchgang") das Ziel des psychoanalytischen Lehrkandidaten bestimmt. Der Durchgang, die „Passe", ist etwas, das knapp zusammenfasst, wie der psychoanalytische Ausbildungskandidat durch seine Analyse hindurch gekommen ist. Er muss dann zwei Personen benennen, denen er mitteilt, welche Abwehren er hat aufgeben müssen und welche Einsichten er dadurch wiederum gewonnen hat etc.

All diese Schlüssel-Sätze die seine „Passe" ausmachen, sollen nun die gewählten zwei Personen an die Ausbildungsjury herantragen. Im Besitz dieses Schlüssels – und nicht im Besitz auswendig gelernter Sätze - kann so das Wesentliche weitergegeben werden, wie es ja dann auch im fertigen Beruf an die Patienten weitergegeben werden soll. Der fertige Analytiker hat dann den Schlüssel zu sich und zu anderen auf der gleichen Ebene. Und in diesem Sinne funktioniert auch das *Pass-Wort* der *Analytischen Psychokatharsis*. Auch ein Beispiel aus der christlichen Mystik mag die „Passe", den Durch- und Verbindungsgang demonstrieren, wobei hier das Vorgehen fast ganz umgekehrt ist als in den oben erwähnten zwei Beispielen.

Es geht um eine Geschichte der Heiligen Theresa von Avila (1515 – 1582). Als sie mit ihrem Wagen bei der Durchquerung eines Flusses verunglückte und sich noch gerade schwimmend retten konnte, hörte sie nämlich eine Stimme vom Himmel sagen: „So behandle ich meine Freunde"! Worauf die Heilige - gewitzt wie sie war - antwortete: „Deswegen hast Du auch so wenige"! Das war keine Unterhaltung mit dem wirklichen christlichen, liebenden Gott; in dieser spöttisch-sarkastischen Weise hat ein Christus nicht geredet. Das war vielmehr jener radikal *Andere* mit großem **A**, eine bild-worthafte Spiegelung ihres eigenen Psychischen, der aber in einer symbolischen Ordnung, in einer Art von Rhetorik so perfekt und ultrareduziert war, dass er eine Stimme hatte und man mit ihm fast wie im Wirklichen sprechen konnte - eine hohe Form der Meditation, des Dialogs mit den *Anderen* und des mit ihm assoziierten „Dings".

Als Gott der Konfessionen, also als ein vom ‚Ding' etwas weg Verschobener, spricht in diesem Falle einer, der nicht mehr dem *Strahlt / Spricht* ganz nahesteht, denn Offenbarungen sind wie strahlende Floskeln, die man heute nur noch rezitiert. Dagegen *Strahlt / Spricht* der *Andere* gerne sarkastisch, paradox, prosodisch, rätselhaft, ultrareduziert. Der Humor der Heiligen Theresa enthält die kathartische wie analytische Seite, er enthält versteckt das *Pass-Wort*, mit dem die Heilige Theresa die Kluft von Diesseits und Jenseits überbrücken konnte. Es war ein erotisches Wort, wie es schon in der bekannten aggressiv-erotischen Szene beschrieben ist, in der ihr ein jünglingshafter Engel ständig seine Lanze in die Brust stößt, die wohl unschwer als die „sexuelle Metapher", als Lacans Φ, zu erkennen ist. Die Entgegnung der Heiligen Theresa bei ihrem Sturz in den Fluss hieß praktisch: „unsere Liebe könnte besser sein, wenn du uns nicht so schlecht behandeln würdest." Es geht also um die enge Durchtunnelung, um brisante und doch auch liebevolle „défilés du signifiant".

Und so sehe ich auch die *Strings* der Physiker. Sie verraten etwas von der Erotik ihrer Erfinder. Während Dürrenmatt die Physiker noch ins Irrenhaus verfrachtete, sehe ich sie im Boudoir, wo die

Dessous etwas hervorschauen. Dies gilt nicht nur für die Schwarzen Löcher, bei dem Physiker Greenstein, der sagte – was schon der Name Schwarzes Loch auch irgendwie nahelegt – dass „ihre Faszination eine starke sexuelle Komponente besitzt".[133] Sie haben eben etwas mit dem Unbewussten in der Seele der Menschen zu tun hat, das, wie Freud sagt, immer irgendwie eine im weitesten Sinne sexuelle Dimension hat. Das Dunkle, alles Verschlingende, Unheimliche hat etwas mit der frühen Mutter-Imago zu tun, der Hexe, der ‚präödipalen Gestalt', der Rache- und urhaften Muttergöttin, die ihre Kleinen auffrisst.

Die Physik befindet sich in einer Sackgasse, sie wird von der Technik abgelöst. Sie selbst dagegen hat zwar noch ganz faszinierende Theorien zu bieten, die jedoch völlig nutzlos sind. Sie sind vom ‚Ding' zum Objekt heruntergestiegen. Sie hat das eigentlich Menschliche verworfen. Dagegen verbirgt sich hinter dem Humor der Heiligen Theresa ein tiefer Ernst: nämlich dass Gott zu verstehen, mit Gott zu sprechen, eine derartige Transzendenz zu erfahren, wirklich nur ganz wenigen möglich ist und gelingen kann, weil man dazu etwas aushalten muss: die „genießende Substanz" ist nicht ständig ganz oben in ihren Höhepunkten, man muss auch ihre Niederungen aushalten.[134] Man kann sich somit auch vorstellen, in welchen armseligen Zustand sich heutige Kirchen und konfessionelle Institutionen befinden, die solche Persönlichkeiten schon lange nicht mehr hervorgebracht haben.

[133] Greenstein, G., Der gefrorene Stern, DTV Sachbuch (1985) S. 337-340
[134] Im indischen Yoga gibt es den Unterschied zwischen den Sarvikalpi Samadhi und dem Nirvikalpi Samadhi. Samadhi ist der kathartische Höhepunkt, die Berührung mit der „genießenden Substanz". Aber nur im Nirvikalpi ist dieser Höhepunkt dauerhaft, ist er das ‚Ding'.

11. Das Zirpen der Gravitationswellen

Bei den Quark- und Quantenpsychologen hatte ich bereits darauf hingewiesen, dass ich nicht den Fehler esoterischer und mythischer Autoren machen werde, die *Strings* der Physiker ganz einfach mit den Signifikantenketten der Psychoanalytiker gleich zu setzen. Ich habe deshalb die Wissenschaft der Topologie in den Vordergrund gestellt und ihre so wesentlichen Verformungen, diese Knoten- und Raum-In-Raum-Dinge mit dem Begriff der *Lautbildlichkeit*, einer eigenen, sozusagen dritten Sprache und den Begriff des ‚Dings' belegt. Ich sehe in diesem Begriffspaar sogar etwas Übergeordnetes, was in der herkömmlichen Topologie nicht so herauskommt. Diese ist ja tatsächlich mehr vom Bildlichen, Geometrischen, her bestimmt als von einer symbolischen Ordnung, einer Laut-Folge-Ordnung, einer Bedeutungs-Ordnung. Erst wenn man dem topologischen ‚Ding' Buchstaben aufklebt – so meine These und wie auf Seite 65 zu sehen war – wird sie *Lautbildlichkeit* als übergeordnete Topologie.

Denn es gibt keine direkte Übersetzung psychischer Strukturen in physikalische Gegebenheiten. Quark-, Quanten-, Neutrino- oder *String*-Psychologie ist eine zu voreilige, zu überhastete Formulierung für etwas, das in dieser direkten und unmittelbaren Form nicht existiert. Dies konnte bereits in der Mathematik gezeigt werden, wenn die wohlbestimmten numerischen Werte fehlen, die somit ein letzliches Grenzphänomen sind und die man somit – will man mit topologischen Vorstellungen arbeiten – nur mit so etwas wie Maldacenas Dreiecken in befriedigend vermitteln kann. Nur beim Begriff der ‚Verschränkung' kann man noch einen Moment verweilen, weil es ja hier nicht nur um Physik geht. Hier dominiert die *Lautbildlichkeit*, man hört sofort Schranken hoch- und herunter- und vor allem durcheinandergehen,

Es hat einen Reiz so etwas zu formulieren, indem man sich in die ‚tiefe und naive Analogie' begibt. Gehen wir z. B. in die Astrophysik und zu den Gravitationswellen. „Kleine Störungen der Raumzeitgeometrie - kleine Abweichungen von der Geometrie der absolut leeren Raumzeit – [also die bereits öfter gezeigten topologischen Mehrfachverformungen] - können sich als Wellen ausbreiten.[135] Eine ähnliche Art der Ausbreitung kennen wir von Schallwellen: ein kleiner Bereich von Luft ist etwas dichter und hat daher einen höheren Druck als seine Umgebung, dehnt sich daher etwas aus, was wiederum in der Nachbarschaft zu höherer Dichte, Druck und leichter Ausdehnung führt, und auf diese Weise pflanzt sich der Dichteüberschuss immer weiter fort. Im Einstein'schen Fall ist es eine kleine Raumzeitverzerrung, die zu einer weiteren Raumzeitverzerrung in der Nachbarschaft führt, so dass sich die Störung letztendlich durch den ganzen Raum fortpflanzt und zwar, so ergibt sich aus der Theorie, mit Lichtgeschwindigkeit. Diese sich fortpflanzenden Störungen sind die Gravitationswellen."

Für den einfachsten Fall einer solchen Welle lässt sich die Verzerrung wie folgt veranschaulichen. Angenommen, wir befinden uns einmal mehr im Weltraum, fernab aller Gravitationsquellen. Auf den Fußboden unserer Raumschiffkabine legen wir aus verschiedenfarbigen Sandkörnern das folgende Mandala-Bild. Eine einfache Gravitationswelle, die durch dieses Mandala läuft, verzerrt die Abstände zwischen den Sandteilchen so, wie in der animierten Abbildung (Pfeilrichtung) zu sehen. In dem dargestellten Fall läuft die Welle aus Richtung hinter den Bildern auf den Betrachter zu und durchquert dabei das Mandala. Das Zusammenspiel von Verlängerungen und Verkürzungen der Abstände - Streckung

---

[135] Die hier und im Folgenden zitierten Abschnitte stammen von dem Astrophysiker Markus Pössel, " Die Wellennatur der Gravitationswellen " in: *Einstein Online* Band 3 (2007), 1106

in die eine Richtung, gleichzeitige Stauchung in die andere - und der Umstand, dass die Verzerrungen in einer Ebene senkrecht zur Ausbreitungsrichtung stattfinden, sind allgemeine Eigenschaften von Gravitationswellen."

Man fühlt sich nicht nur an die Verwindungen der *Strings* erinnert, deren Windungsgrad ein Maß für die Energie war. Auch an Vorgänge in der Kunst oder Linguistik könnte man denken, wozu ich noch Stellung nehmen will. Vorerst jedoch noch einmal zu den „Gravitationswellen, die [in dieser Weise] astronomische Objekte aussenden und die in einiger Hinsicht mehr einem Orchesterklang als einem Bild ähneln. Was uns etwa von einem Paar umeinander kreisender Neutronensterne erreicht, ist kein unzusammenhängendes Gemisch vieler kleiner Beiträge, aus denen sich die Detailstruktur des Entstehungsgebiets rekonstruieren ließe, sondern eine harmonische Gesamtwelle, die Informationen über ihren großräumigen Entstehungsprozess enthält. Tatsächlich geht die Analogie noch weiter, denn die Frequenzen einiger Gravitationswellen liegen im gleichen Frequenzbereich wie die von einer ganz anderen Art von Wellen - den Schallwellen nämlich, die wir mit unseren Ohren hören können. Diese Gravitationswellensignale lassen sich daher in hörbare Töne ‚übersetzen‘. . . überträgt man die Frequenz des Gravitationswellensignals und seine zeitliche Entwicklung auf Schall, so kann man bestimmte kosmische Prozesse hörbar machen. Durch die Abstrahlung von Gravitationswellen verliert ein solcher Doppelstern Energie und die Dichteverteilung im Zentrum einer Supernova könnte dann direkt ‚hörbar‘ werden."

„Dazu eine Erklärung am Beispiel zweier Neutronensterne, die umeinander kreisen. Durch Energieverlust kommen die Neutronensterne einander immer näher, die Umlaufzeit wird immer kürzer und auch die Schwingungsdauer der Gravitationswellen (die gerade die Hälfte der Umlaufzeit beträgt) wird immer kürzer, entsprechend steigender Frequenz. Da mit schnellerem Umlaufen auch der Energieausstoß steigt, schaukelt sich der Prozess auf, und kurz, bevor die Neutronensterne sich so nahe gekommen sind, dass sie miteinander verschmelzen, wird die Frequenz merklich immer schneller immer größer. In hörbare Töne übersetzt entspricht das einer Art ‚Zirpen' – einem Ton, der leise und tief beginnt, und dann immer höher und immer lauter wird. Für Astrophysiker ist ein direkter Nachweis solch eines ‚Zirpens' hochinteressant – der Verlauf des ‚Zirpens' enthält nämlich Informationen über die Stärke der ausgesandten Gravitationswellen."

Es sind also tatsächlich die Gravitonen und ihre Wellen, die man hören kann und man müsste ihre Laute und Rhythmen nur noch in die von Lacan her mit dem „symbolischen Automatismus beginnende verbale Sprache übersetzen, um die Gravitonen- oder *String*-Psychologie verifiziert zu haben. Aber eben gerade dies geht nicht wie ich schon gerade erwähnt habe. Zweifellos haben die Schwerkraftwellen, die ja die geschlossenen *Strings* darstellen, eine starke Verwandtschaft zum ‚Es Verlautet', zum Es *Spricht*. Wir haben hier die Signifikanten vor uns, die die Natur als erstes *Maßgebliches* liefert. Aber man darf nicht glauben, dass ein Signifikant direkt einem anderen Signifikanten antworten kann, wie es die Mystik und Esoterik behauptet. Da liegt der grobe Fehler aller Pseudowissenschaft wie sie auch in der Antike üblich war und wie ich sie gerade oben bei den Begriffen Quanten- und Quark-Psychologie kritisiert habe. Aber das Zirpen der Gravitationswellen ist immerhin ein Es *Spricht* im Sinne des „symbolischen Automatismus".

Was es heißt, dass ein Signifikant einem anderen zu antworten versucht, konnte ich einmal bei einem Kind beobachten. Es wollte die Geschichte von den Räubern im Wald erzählen, und als es zu der Stelle kam, wo es sagte „und dann waren da im Wald die Räu . . . .", konnte es nur noch selber vor Angst zitternd hervorstottern: „Räuhäu . . äuho . . häu . . eber . . ." Der Räuber-Wald-Signifikant, der Signifikant des Dunklen, Bösen, Schaurigen hatte das Kind selbst im Griff der Identität. Dem romantisierten Märchen-Räuber hatte der echte Gewalträuber geantwortet. Das Du-hun-kle, das Bö-höö-se, das Scha-ha-haurige, eigentlich sollte man alle diese Worte immer so aussprechen, lautmalerisch, wie sie wirklich sind. Denn natürlich besitzt der Mythos etwas Echtes. Wir haben das verlernt. Aber es hat auch Sinn gehabt, es zu verlernen, weil wir so differenziertere Wissenschaft betreiben können und nicht mehr vom reinen Offenbarungsmythos oder Märchen abhängig sind, in denen ein Signifikant direkt und unmittelbar einem anderen Signifikanten zu antworten scheint.

Und so können eben die hörbarsten Gravitationswellen nicht in unserem Unbewussten eine direkte, unmittelbar antwortende Nachricht aus dem All hervorrufen. Zudem ist es ja auch von der Seite der Astrophysik schon klar, dass auf unserer Erde die Anziehungskraft alle anderen Schwerkraftwellen übertönt (im tatsächlichen Sinne dieses Wortes). Man arbeitet z. Z. an Detektoren gestaltet durch weit auseinanderliegende Satelliten, um das Zirpen der Gravitonen aufzufangen, was an die Arbeit der Astrophysikerin F. Terenzi erinnert. F. Terenzi versuchte, die Aussagen der modernen Astronomie in Kunst und Meditation umzusetzen.[136] Sie scheint zu wissen, was das weibliche, das andere *Genießen* ist, denn es überfällt sie beim Anblick des Sternenhimmels. Nur, Terenzi ist Fachfrau, und sie weiß es differenzierter auszudrücken als nur durch ein enthusiastisches Gefühl. Mit Hilfe einer Musik-Software transformierte sie die astronomischen Daten in Sphärenklänge und kann somit die Bewegungen und Kräfteverhältnisse im Universum ebenso hörbar machen.

Sie hat sogar auch Einfälle, wie man die Doppelsterne und Galaxienpaare zu Liebespaaren ummünzt. Irgendwo da fängt es allerdings auch an, dass man sich fragen muss, wohin sie uns führen will. Freilich sind auch die Sternen-Bilder in Signifikanten Kombinatorik an den Himmel geschrieben. Dass aber „die Gravitation ein weibliches Prinzip ist", wie sie behauptet, klingt aber doch sehr kühn und wenig plausibel, wenn auch analog zu den ganz weit oben zitierten Aussagen Lacans zur weiblichen Libido, die sich bei der Frau in ihr zum Kreis schließt. Was die Libido angeht, bleibt die Frau mehr bei sich, die sexuelle Strebung zielt

---

[136] Terenzi, F., Der Kosmos ist weiblich, Goldmann (1999)

bei ihr nicht direkt auf ein männliches Sexualobjekt. Mit weiteren Lacanschen Worten: Terenzi hatte vielleicht das ‚Ding' erfahren, war aber von ihm verschlungen worden. Die *Andere* Seite des ‚Dings', L´Autre, wollte sie unbedingt zu Wort kommen lassen, ist aber übers Ziel hinausgeschossen. So war kein Gleichgewicht in ihrem Erlebnis, keine Value-Gewichtung, die sie statt zur erotischen Esoterikerin zur Erfinderin einer neuen Astro-Psychoanalyse hätte machen können. Immerhin wurde ihre Arbeit als Diplom von der Astrophysikalischen Universität anerkannt.

Ich kann diese Faszinationen durch die Sterne um ein ganz anderes Beispiel, nämlich um die sogenannten „Nahtoderfahrungen" noch bereichern. Diese Erfahrungen haben ihren Namen nämlich nicht ganz zu Unrecht, obwohl mit Sicherheit hier „Dissoziationseffekte" eine Rolle spielen. Dissoziation heißt Abspaltung seelischer ‚Objekte', ein für die Psychoanalyse ganz gängiges Phänomen. Wie schon gesagt, sind wir alle im Unbewussten irgendwie etwas gespalten, ohne dass es so weit kommen muss wie bei Dr. Jekyll und Mr. Hyde. Es ist die symbolische Ordnung, die tief in die natürliche Ordnung eindringt, die Lautlichkeit in die Bildlichkeit, das *Spricht* ins *Strahlt* etc. und so eine feine Fissur in uns anlegt. Diese klafft beim Nahtoderlebnis auf, hier geht es jetzt ums Ganze und da wird der Rand wieder sichtbar, die Kluft, das ‚Ding', das den Anfang machte. Die Menschen, die von sogenannten Nah-Tod-Erfahrungen berichten, erzählen oft, sie hätten das Gefühl gehabt, als seien sie aus ihrem Körper herausgetreten und könnten von oben auf sich selber sehen. Es geht ihnen also so ähnlich wie den Frühmenschen, die sich selbst nach einer Million Jahren in einer völlig anderen Frühmenschenform begegnen.

Tatsächlich handelt es sich um etwas Vergleichbares wie beim ‚Déjà vu', diesem Erlebnis, was gerade passiert ist, schon einmal gesehen zu haben. Dem ‚Déjà vu' steht nämlich ein ‚Jamais raconté' (noch nie erzählt) gegenüber. Weil man irgendetwas nicht einmal sich selbst erzählt hat, irgendetwas, ein Wort, eine Bedeutung, so sehr von sich abgespalten, verdrängt hat, erscheint plötzlich das gleiche Etwas in Form eines schon einmal oder gar mehrmals Erlebten oder Gesehenen. Weil man seinem Analytiker noch nicht alles erzählt hat, gelangt man immer wieder ins An-schauen des Traums und der Phantasien und muss davon dann wieder von vorne anfangen zu erzählen. Man sieht sich als Gan-zes nur virtuell im *Anderen* und wenn man aus dem Basispunkt, Brennpunkt, des Gehirnspiegels heraus ‚sehen' kann, dann weil man so in diesem *Strahlt* des Brennpunktes reduziert und regre-diert ist, so dass man sich wie hellseherisch wahrnimmt.

Es geht um das gleiche ‚Hellseherische' einer Mehrfachwahr-nehmung, wie wir sie von den Filmtheoretikern her kennen. Man befindet sich im Kino total in der Aufmerksamkeit des *Anderen* (in der Aufmerksamkeit der vielschichtigen Blicke des totalen Films, zusammengesetzt aus dem Blick des Zuschauers, der Ka-mera, der Schauspieler, des Regisseurs etc., also eines komplexen Mehrfachblicks). Das heißt, man ist nicht mehr ganz man selbst, sondern identifiziert sich in diesem Moment mit dem bildhaft, imaginären *Anderen*, und so ‚sieht' man sich wie von außerhalb, vom Standpunkt des *Anderen* aus gesehen. In Wirklichkeit – so könnte ich mit meiner Nomenklatur sagen – wechselt man in die-sem Moment nur die Seiten, man wechselt vom *Strahlt* ins *Spricht*. Es ist, als gäbe es in diesem Augenblick ein „Sieh`s", ein „Schau", ein „ENS, ein „CIS", also ein Ausruf, ein *Spricht* höchs-ter Angst oder auch nur grellsten Erstaunens, und man nimmt sich eben wie von oben oder aus einer ganz anderen Perspektive her wahr. Es ist exakt die Perspektive unserer topologischen Figuren, denn man ‚sieht' sich von der anderen Seite der gleichen Figur her, des gleichen Möbiusbandes her, von der Seite anderer Ringe im Bo – Knoten oder anderer Verbiegungen in der Boyschen Flä-che her.

Denn wenn es um eine so elementare und eindrucksvolle Erfah-rung geht wie der des Nah – Todes (oder auch nur eines Schock-Zustandes), sind das *Strahlt / Spricht* ganz zusammengerückt, zeigen aber darin ihre Kluft. Sie verbinden sich zur ultrareduzier-ten Phrase des „Sieh`s!", „Sterben!!! Leben!!!", oder zu sonst ir-gendeinem intensiven Ruf, einer *Lautbildlichkeit*, einem Menetekel. Doch es handelt sich nur um den *Spiegel-Blick* des *Echo-Diskurses*, um die letztliche Kombinatorik von Lust und Tod. Warum dazu ,das Jenseits' sagen, warum glauben, dass man wirklich dem absoluten Tod nahe ist? In uns lauert immer diese Frage nach der eigenen Identität, nach dem „wer bin ich" eigentlich, wie kann ich mich wirklich sehen, so wie mich das Auge eines absolut *Anderen*, eines objektiven *Anderen*, eines „Jenseitigen" sehen würde.

Doch kein *Anderer* ist wirklich derart objektiv oder absolut. Wenn ich vom nicht quergestrichenen A gesprochen habe, so von einem, der diese Kluft des *Strahlt/Spricht* nicht zeigt. Man kann ihn aber nur in der Form einer Luzidität, in Form des *Strahlt*-Punktes wie ihn Lacan anhand seiner Blicktheorie vermittelt hat oder im ,Durchrieseln' wahrnehmen(,sehen'). Gleichzeitig wird man mit ihm sprechen, wenn man die Pass-Worte ,hört' und ihren Inhalt auch verarbeitet, ja ins Leben als Reifungs-Veränderung einfügt. In gewisser Weise werden wir stets wie von überall her erblickt, stehen wir ständig unter einer Visibilität der Welt, unter einem *Strahlt* des A-Multiversums. Doch niemals können wir uns in diesem Vexierspiegel, in diesem Spiegelkabinett der Welt oder der Welten allein wirklich erkennen.

Dazu muss wenigstens ein Minimum von Sprachlichem, von Rhetorischem, vom *Spricht* dazukommen und zwar im Moment der Transition. Auch in Momenten höchster Anspannung, Schreckens oder auch in perfekter, innigster Meditation eines *Formel-Wortes* taucht dann aus dem *Strahlt* ein knappes *Spricht* auf: eine Art von „Tat dvam asi", das bist du, Symingtons ,Dasheit', eine Prosodie mit Bedeutung, eine „ultrareduzierte Phrase". Es sind immer die beiden Grundkräfte, die sich einen Ausdruck geben, so wie beim ,Déjà vu' und ,Jamais raconté', nur sind sie in A überlappend, ineinander verwoben ausgedrückt. Die Schwerkraftwellen können uns tatsächlich im Erspüren unseres Körperbildes an die Erfahrung vom Körperschwere und Leichtigkeit erinnern, so wie man im Traum und in der Meditation fliegen und so – aber rein modellhaft! – sich in die Gravitationswellen hineinversetzt.

Niemals aber wird die reine Natur die Moral oder das *Strahlt* das *Spricht* (und umgekehrt) ersetzen können. Die Natur ist das *Strahlt*, die Ethik das *Spricht*, und es gibt nur eine Möglichkeit, diese Kluft, Spaltung, Dissoziation zu überwinden: durch Üben beispielsweise mit dem von der Psychoanalyse und den *Strings* abgeschauten Verfahren der *Analytischen Psychokatharsis* oder etwas Vergleichbarem, das eben das Subjekt in der Teilnehmerperspektive mit einbezieht, das eine subjektbezogene Wissenschaft ist, die als einzige die enge, ‚konkretistische' Kombination des *Strahlt / Spricht* ermöglicht.

Nach psychoanalytischer Auffassung wehrt sich der Mensch gegen die zu heftigen und schwer kontrollierbaren Strebungen der Triebkräfte und entwickelt daher sogenannte psychische „Abwehren", Hemmungen und Blockierungen dagegen. In der psychoanalytischen Therapie müssen diese „Abwehrmechanismen" dann aufgedeckt und gelöst werden, ein langes, umständliches Verfahren. Auch in der *Analytischen Psychokatharsis* müssen natürlich diese Zusammenhänge von Triebkraft und Abwehr berücksichtigt werden. Aber das Vorgehen ist hier fast umgekehrt. Hier werden die Triebkräfte sehr wohl psychisch direkt in der Konzentration auf das *Strahlt* und *Spricht* erfahren, also in einer formal sehr eingeengten und durch die *Formel-Worte* geführten Weise, bei der auf die „Abwehren" nicht so extrem geachtet werden muss. Sie werden eher vereinfacht, nivelliert und durch die Konzentration auf das Ziel hin ausgeglichen.

Selbstverständlich gibt es auch ganz normale Wege, diese erwähnten Triebkräfte und ihre „Abwehren" zu regulieren, und dies tun wir ja auch ständig. Wir tun dies in Form der nun schon mehrmals erwähnten *Sublimierung*, unter der die Verfeinerung, Anhebung, Verbindlichmachung der unbewussten Triebkräfte ins bewusste, gesellschaftliche und allgemeine Leben verstanden wird. Arbeit, Kunst, Kultur, körperliche Bewegung, soziale Kontakte und vieles andere mehr können die ungesteuerten Triebkräfte so steuern und regulieren, dass sie dem bewussten Alltags- und Gefühlsleben als normale Empfindungen zugänglich gemacht sind. Manche dieser *Sublimierungen* sind also mehr intellektuell, andere mehr körper- oder gefühlsnah.

Abb. 10 Zusammenhänge (körper- gefühls-, und intellekt-bezogen) verschiedener Sublimierungsmöglichkeiten auf dem Hintergrund einer Boyschen Fläche. Es ist nur eine Auswahl von kulturellen, psychotherapeutischen oder sonstigen Zugängen zum Menschen in seiner Gesamtheit als Subjekt. Die Boysche Fläche demonstriert so erneut die Vielschichtigkeit in einer einheitlichen Formulierung. Dies ist von zentraler Bedeutung für die *Analytische Psychokatharsis* (hier mit den Buchstaben AP markiert).

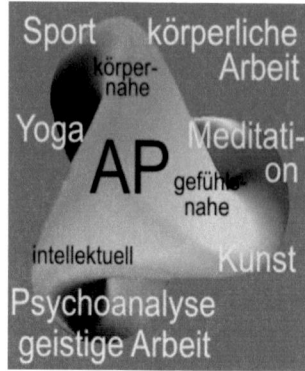

Die Abbildung nebenan oben soll alle diese Zusammenhänge nochmals durch einige Beispiele anschaulich darstellen. Man hätte noch Bereiche des Kultur-und Familienlebens so wie der Sexualität anführen können. In der Abbildung wird ersichtlich, dass Sport beispielsweise eine sehr körpernahe *Sublimierung* ist, aber es wird nichts intellektuell verarbeitet oder enthüllt. In der Kunst ist es mehr die gefühlsnahe *Sublimierung*, die wirksam ist, wobei sie in ihren Bildungen oft sehr nahe an die enge Kombination des *Strahlt / Spricht* herankommen kann. Die Psychoanalyse ist dagegen eine sehr intellektuelle Methode, bei der auch viel enthüllt und geistig-seelisch verarbeitet wird. Aber es fehlt ihr der nahe Bezug zum Körperlichen, Körperhaften, und dies ist gerade heute oft das entscheidende Problem. Wer ginge z. B. mit Migräne oder chronischen Magenschmerzen hunderte von Stunden in eine psychoanalytische Gesprächsbehandlung, in der er zwar sehr viel über sich erfährt und auch eine kleine Erleichterung seiner Beschwerden verspürt, aber nicht direkt an die Nahtstelle von Seele und Körper gelangt, wo sein Leiden sitzt?

Eine körpernahe und gleichzeitig intellektuelle *Sublimierung* ist also genau das, was in der Freud'schen Theorie noch fehlte. Viele Autoren sind der Ansicht, dass sich Freud mit der Entdeckung des Destruktions- bzw. Todestriebs das Sublimationskonzept, nämlich dass man die Triebe auch weitgehendst verfeinern, kultivieren und umlenken kann, vermasselt hat.[137] „Wenn die Strebung zu Destruktion und Tod tatsächlich ein Trieb ist, aktiv und dynamisch, dann zwingt ein solches Konzept miteinander legierter Eros- und Todestriebe zu viel Verzicht und Askese und mündet in Pessimismus. Es kommt dann etwas Ähnliches heraus, gegen das sich Freud so gestemmt hat, nämlich eine Zwangsreligion, die durch glorreiche Versprechungen im Jenseits das Diesseits recht schwarzseherisch gestaltet. Goethe habe es besser verstanden das Fortleben erotischer Triebregungen jenseits purer Sexualität aufzuweisen," schreibt der Literaturwissenschaftler E. Goebel. Und noch hilfreicher hierfür erscheint die Philosophie Ludwig *Marcuses*.

Laut Wikipedia[138] „geht Marcuse im Unterschied zu Freud davon aus, dass ein solcherart durch weitgehende *Sublimierung* befreiter Eros nicht zum Untergang der Kultur führen würde, im Gegenteil: ,Die Befreiung des Eros könnte neue, dauerhafte Werkbeziehungen schaffen.' Es käme zu einer *Selbstsublimierung* der Sexualität, die kultiviertere Beziehungen der Individuen untereinander ermöglichen würde." Diesen Gedanken greift auch R. Pfaller auf.[139] Auch er sieht einerseits eine falsche *Sublimierung* am Werk, wenn der Eros durch politisch-ideologische Steuerung nur auf eine Pseudokultur trifft bzw. eine solche mit Hilfe dieser Steuerung als Endziel erreicht. Oder andererseits, wenn der Eros, das Begehren, nur durch das Brechen kulturerstellter Verbote Fahrt aufnimmt und so eigentlich nur ein Pseudoeros ist. Eine echte *Sublimierung* würde in Geboten bestehen, im Imperativ. „Verharre nicht in deinem Narzissmus, sondern füge dich einem Standard von öffentlicher Kultur." Von erotischer, von katharti-

---

[137] Goebel, E., Jenseits des Unbehagens, transcript (2009) S. 10 - 14
[138] Siehe unter >Triebstruktur und Gesellschaft<
[139] Pfaller, R., Die Sublimierung und die Schweinerei, PSYCHE Nr. 7, 2009. Weitere Stellungnahme zum Begriff *Selbstsublimierung* im Text.

scher Kultur, könnte man hinzufügen. Übe Selbstanalyse und Selbstsublimation (Katharsis).

Denn die Katharsis hat ein bisschen etwas mit dem Autoerotismus zu tun. Es ist ja eine Selbstreinigung, ein „Selbst-Durchrieseln", eine Selbstsublimierung. Das Unbewusste hat keine Sexualität, aber es ist eben Sexuelles als solches, der Kitzel ohne Gesetz, das Drängen als Unspezifisches an sich. Für den Philosophen J. Nancy kennt das erotische Genießen keinen Unterschied zwischen Potenz und Akt, kurz: es geht um etwas, „das sich selbst genießt", also der Gipfel der *Selbstsublimation*.[140] Das ist nicht einfach zu verstehen, denn es klingt fast nach so etwas wie Selbstbefriedigung. Doch Nancy meint dies absolut nicht. Er meint eine kathartische Selbstsublimierung, wie sie auch nur annähernd durch philosophieren erreicht werden kann. Man benötigt dazu ein Instrument, dass das Ganze sehr vereinfacht. Denn die üblichen Wege der *Sublimierung*, aber auch der klassischen Psychoanalyse und anderer Methoden (übliche Meditation, Yoga oder Ähnliches) sind stets um einen Moment zu langatmig und eine Anstrengung zu umständlich. Die Übung mit den so stark kompaktifizierten *Formel-Worten* ist die direkteste Methode, die vorstellbar ist.

---

[140] Nancy, j.-L., Es gibt Geschlechtsverkehr, diaphanes (2012) S. 27 und 48

12. Das ‚Ding‘ und die ‚Metapher des Genießens‘

Dass man die Leere des „Dings" genießen kann, erscheint unglaubhaft. Schließlich ist die Leere ja auch das unheimliche Nichts, eine Art ewigen Fallens, einer grenzenlosen Dunkelheit. Doch durch die Betonung des *Anderen* und dessen „ultrareduzierte" Symbolik, durch dessen rhythmisierenden Silbenklang, wird die Leere in der Schwebe gehalten, am hauchdünnen Faden einer Bedeutung, die sich noch bilden muss oder gerade bildet. Ich erinnere an Lacans Ausspruch, in dem er sagt: „Es gibt in der Liebe immer irgendeine Wonne des Todes, eines Todes jedoch, den wir uns nicht selbst auferlegen können."[141] Dieses sich Fallen lassen in den Endzustand, dieses Genießen im Zustand totaler Zurückgezogenheit, bedeutet eben auch, dass man das ‚Ding‘ nicht selbst erzeugen und erzwingen kann. Und auch der Suizid verfehlt diese Wonne, obwohl es manchem so erscheint. Und jede Droge und manches Medikament stört hier genauso.

Lacan sagt ganz klar, dass die herkömmliche Wissenschaft den Fehler macht, das ‚Ding‘ zwar zu setzen, aber nicht mit ihm zu rechnen.[142] Um mit dem „Ding" rechnen zu können, muss man etwas ihm Gleichwertiges zugesellen, eine algebraische Gleichung, eine Tautologie, eine ‚Verschränkung‘ oder die *Pass-Wort-Bildung*, die Verlautungen der Identität. Allein in sich zu hören, dass es ein Lautphänomen gibt, das irgendwie urexistent ist, das dem Primärvorgang, Primärprozess des Sprechtriebs entspricht, gibt einem schon das Gefühl einer Sicherheit, einer Lotung, einer simplen Grund-Orientierung. So kann man, zumindest etwas, die Wonnen des Todes zulassen, ohne wirklich tot zu sein. Eben dies beinhaltet die ‚Metapher (*Spricht*) des Genießens (*Strahlt*)‘.

---

141 Lacan, J., Die Übertragung, Seminar VIII, Sitzung vom 15.5.61, Übersetzung G. Schmitz.
142 Lacan, J., Seminar VII, Quadriga (1996) S. 162

In meinen eigenen Übungen hatte ich einmal die ultrareduzierte Phrase aufgefangen: „Gut durchgegrenzt", was ich sofort als Mahnung empfunden habe, mich klar abzugrenzen von den unlauteren Methoden psycho-physischer Natur, von den vielen heute gebotenen Unterhaltungen und den übergescheiten Menschen in manchen Wissenschaften, wie ich es in meinem Buch ‚Analytische Psychokatharsis' moniert habe. Doch es bedeutete wohl auch, dass mein Schreiben nicht grenzenlos, eine Thematiken nicht zu zahlreich, ich mich nicht selbst plagiieren und nicht vom Hundertsten ins Tausendste gehen sollte. Es muss gut ‚durchgegrenzt', d. h. auch ‚durchgearbeitet' sein, ein Begriff, den die Psychoanalytiker grundsätzlich verwenden, um nicht zu vorschnell mit ein paar Assoziationen und Deutungen ans Ziel kommen zu wollen. Auch ein „gut durchgesetzt" habe ich herausgehört, doch dies ist ein Wunschgedanke, denn das Verfahren der *Analytischen Psychokatharsis* hat sich noch kaum durchgesetzt. Es fordert viel ‚Durcharbeitung' und Zeit sich damit bezüglich aller Schwierigkeiten des eigenen *Selbst* ‚abzugrenzen' und ‚durch-zusetzen'.

Hat doch Lacan alle die „universitären Diskurse" als überholt und, weil an der eigentlichen Wahrheit vorbei gehend, als nur rein wissenssüchtig demaskiert. Lacans ständiges Thema ‚Wahrheit und Wahres' aufgreifend meinte einer seiner Zuhörer einmal: „Warum sagt er nicht gleich „das Wahre über das Wahre". Weil es keine Metasprache gibt, die das Wahre über die wahre Alltagssprache sagen könnte, entgegnete Lacan. Wenn jeder selbst den für ihn ‚je-seinigen' – wie Heidegger sagt – Sprachweg zum Wahren finden kann, dann ist das Wissen nur Mittel und nicht Zweck alleine, und niemand braucht mehr auf die Idee zu kommen, das Wahre über das Wahre zu sagen. Die ersten Menschen haben – „durchgegrenzt" und sicher sehr simplifiziert – immer nur das Wahre gesagt, von Wahrheit und Lüge wussten sie noch nichts.

Genau dahinter steckt ja auch die Geschichte mit dem Lacanschen „Ding". Die ersten Menschen, die Frühmenschen, die ich mit ihren Naturreligionen erwähnt habe, haben sich noch nicht so stark an die Objekte verloren. Sie lebten noch von Grund-auf-zu-Grund-auf, von Ding-zu-Ding. Sie atmeten noch die Natur um und in sich, während wir heute keine Ahnung mehr davon haben, dass wir – wie Lacan meint – die sind als die wir atmen, indem wir mit dem Atem der uns umgebenden Fauna und Flora und Gestirne eins sind. Zugegeben, auch sie setzen somit das ‚Ding‘, rechneten aber nur in primitiver Weise damit. Sie waren unbegrenzt und doch auch nicht, sie waren eben „durchgegrenzt". Hinter dem „Durchgegrenztsein" steckte auch eine elementare Intention, doch hätte ich diese niemals so ausgedrückt. Ich hätte vielleicht gesagt und habe es auch so schon manchmal so gedacht, dass man wie die ersten Cro Magnon Menschen vor vierzigtausend Jahren nochmals von vorne anfangen können müsste, wo man noch – ohne den rettenden Ödipuskomplex – sein eigenes ‚Wahres‘ war.

In gewisser Weise ist solch eine Regression ins frühe Präödipale in der *Analytischen Psychokatharsis* möglich, indem Erfahrungen des *Strahlt*, die bis ins ‚Visionäre‘ gehen, erreicht werden, auch wenn nur für eine kurze Phase, die dann notwendigerweise zum *Spricht* der Pass-Worte gelangen muss. Während ich an diesem Buch schrieb, fiel mir das *Pass-Wort* zu: „mir sind die Füße gebunden." Nicht nur ich, jeder wird hier sofort an den gängigen Spruch erinnert: „Mir sind die Hände gebunden". Selbst ein Außenstehender, der nichts von mir weiß, würde diesen Satz in eine Richtung deuten, die etwas mit einer umgekehrten, also irgendwie umgedrehten Blockade bei mir zu tun hätte (von den Händen auf die Füße umgelenkt). Aber es hatte einerseits auch mit einer Fuß- und Beinerkrankung bei mir und andererseits damit zu tun, nicht mehr ständig hinter den Dingen hinterherlaufen zu wollen. Ich bin müde geworden psychoanalytische Gutachten zu schreiben, wie es Vorschrift ist für die Bewilligung einer Therapie. Am Anfang habe ich dies gerne gemacht, aber inzwischen kommen immer mehr junge brillant geschliffene Theoretiker als Bewilligungsgutachter zu Wort, immer umfangreicher wird das Vokabular, immer komplexer und diffuser. Mit anderen Worten: ich sollte verstehen, langsamer zu treten, denn die Füße erlahmen etwas..

Diese *Pass*-, bzw. Identitäts-*Worte* aufzuspüren besteht oft in einer humorvollen und auch interessanten Tätigkeit. Sie stellen nicht nur das absolute Pendant zu den *Formel-Worten* dar, sondern sind natürlich auch durch diese angeregt, linguistisch stimuliert. Die *Pass-Worte* enthalten wie die *Formel-Worte* komprimiert das *Strahlt / Spricht* in sich, mit Betonung auf dem letzteren. Daher nehmen sie auch die Form eines stimmlichen Gedankens an. Will man aus Anschaulichkeitsgründen bei dem Begriff ‚Stimme' bleiben, könnte man auch sagen, dieses *Spricht* besteht – ähnlich also dem *Formel-Wort* – aus drei oder mehr sich verknotenden ‚Stimmen'. Denn natürlich handelt es sich nicht um ein krankhaftes Stimmenhören. Es geht bei den *Pass-Worten* um die Stimme Freuds, dann um die des eigenen Unbewussten, und dann noch um die, die man selbst im letztlichen rationalen Nachprüfen eventuell noch dazu geben muss, die des aktuellen Deuters.

Gerade durch die Verknotung werden die Stimmen zu einem *Spricht*, das sich fast eher in der Form eines Spruchs, „ultrareduzierten Phrase" oder Gedichts ausdrückt.[143] Schon Sokrates stützte sich – wie Lacan treffend bemerkt – in seinem therapeutischen Verfahren, seinen Gesprächen, erstens auf die Stimme des Sklaven (im Menon zieht Sokrates aus dem Sprechen eines Sklaven das Wissen über die Quadratwurzel). Aber dann stützte sich Sokrates auch noch auf die Stimme seines ‚Daimonions', seine ‚innere Stimme' und schließlich ja noch auf seine eigene, seine sich äußernde Philosophen-Stimme. Ebenso stützte sich Freud auf die

---

[143] In ihrer Studie „Gehirn und Gedicht" (Schrott, R., Jacobs, A., 2011) haben ein Neurowissenschaftler und ein Schriftsteller ausführlich derartige elementare Verbindungen, Verknotungen beschrieben. Sie nannten sie prototypische Strukturschemata. Der amerikanische Dichter W. Whiteman, der eine Synthese von Dichtung und Wissenschaft versuchte, drückte sich – analog zu Schrott und Jacobs Buch - ganz direkt aus: „Wir sind das Gedicht". Es erinnert an Pierce „der Mensch ist Symbol" und an Habermas ‚sprachpragmatische Vergesellschaftung'.

Stimme der Wissenschaft, zweitens auf die seiner Patienten und drittens ebenfalls auf seine eigene vortragende und deutende Stimme.

Lacan spricht nicht nur von der „Stimme des Objekts", an anderen Stellen sagt er auch, dass sich das Subjekt im „Gebot der Stimme" vollendet, im *Strahlt / Spricht* des gut gelungenen psychischen Objekts also. Dieses Komprimieren der verschiedenen ‚Stimmen' zu so etwas wie einem Ausruf, einem Spruch dieser eben verschiedenen ‚Stimmen', repräsentiert perfekt das *Unbewusste* als solches. Man muss hier ‚Stimme' in Anführungszeichen schreiben, denn so gesehen sind es ja eher Wortklangbilder, wie sie auch von Freud so genannt wurden. Es sind Laut-Kantilenen, Syllaben der eigenen unbewussten *Andersheit*. Auch ich stütze mich auf die ‚Stimme' Freuds und Lacans, so dann auf die verschiedenen Bedeutungen im *Formel-Wort* und schließlich ebenfalls auf die, mit der ich mich hier in einer bisher noch nicht veröffentlichten Form *Nach Lacan* äußere, wortklangbildlich.

Auch das Wortklangbildliche trägt zur Katharsis bei. Es gibt eine Methode, die Autonomous Sensory Meridian Response, bei der die Leute sich schon mit ganz kleinen und unbedeutenden Geräuschen in euphorisch-kathartische Zustände bringen. Sie laden sich sogar eigene, dafür erstellte Videos herunter, die leichte Kratz-, Reibe- oder subtile Knirsch- und Brumm-Geräusche bei verschiedensten Gelegenheiten zeigen und hören lassen. Sie schicken sich die Aufnahmen auch untereinander zu und tauschen sich darüber aus. Doch das Ganze ist kurios und ein Geräuschfetischismus zugleich. Jede moderne Mutter weiß nämlich inzwischen, dass ihr Kleinkind sich bei Gejammer und Unruhe auf eine nahe aufgestellte elektrische Zahnbürste oder ein fernes Motorengeräusch sofort beruhigt.

Immerhin ist so ein Geräusch noch nahe der Klangkulisse beim Einschlafen im vierten oder fünften Stockwerk bei offenem Fenster eines Hotels in einer fremden Stadt beispielsweise. Die Verkehrsgeräusche, das ferne Geplapper menschlicher Laute und das Flüstern des Windes ergeben die ideale Hörkulisse zur Beruhigung und Meditation. Man greift auf einen Atavismus, auf ein in der frühen Kindheit (Geräusche im Mutterleib?) oder frühen Menschheit (primäre Natur- und Anlaut-Geräusche) wesentliches Element der Gegenseitigkeit zurück. Es ist, als führe man eine Unterhaltung mit dem ‚universalen Gemurmel' des Unbewussten, das diesmal tatsächlich sowohl von innen wie auch von außen her kommt. Die AMSR-Probanden aber sind ständig auf der Suche nach immer anderen, zum Teil recht skurrilen Reizen, was sie eigentlich von dem wesentlichen Anteil des Gemurmels, nämlich dem, das schon sprachorientiert von innen kommt, ablenkt und immer weiter wegführt.

Sie bevorzugen Kratz- Klirr- und skurrile Reibegeräusche, und so werden sie niemals zu den so wichtigen *Pass-Worten* aus dem Unbewussten kommen, sondern im äußerlichen Geräusch einer infantilen Katharsis verbleiben. Während der Meditierende weiter aufsteigt, muss sich der AMSR-Übende ständig nach äußeren Reizen umsehen. Sicher gibt es Übergänge, das Ganze hat mit den schon erwähnten ‚Durchrieselungserfahrungen' zu tun, die z. B. für die Frühmenschen zur Kommunikation notwendig waren, da sie nur über wenige der modernen Sprachlaute verfügten und über Verschmelzungserlebnisse dieser Art kommunizierten. Katharsis ist in der Meditation wichtig, aber sie muss aus innerer Erfahrung kommen und mit etwas Analytischem verbunden sein. Nur so kommt die wirkliche ‚Metapher des Genießens' zustande, ‚la jouissance feminine' wie sie die Psychoanalytikerin R. Golan nannte, ‚la vraie jouissance'.[144]

Es hat also auch mit dem Lacanschen „universalen Gemurmel", dem „linguistischen Kristall" in unserem *Unbewussten* zu tun. Dieses besteht eben aus den Resten des Gehört- und Gesprochenen und den nicht zu Ende gebrachten Gedanken im *Unbewussten,* das auch zu viel werden kann, zu lästig, und dann seine kristalline Struktur verliert. In der *Analytischen Psychokatharsis* jedoch konzentriert man sich nur auf den Appell dieses „Gemurmels", auf diese linguistische, fast musikalische Resonanz dieser

---

[144] Golan, R. Loving Psychoanalysis, Karnak (2006)

im *Formel-Wort* kristallin strukturierten und der unbewussten Gedanken und erhält so eine Konzentration auf das *Spricht* (das *Verlautet*) als solches. Dieses *Spricht* scheint von oben und rechts im Kopfzentrum zu kommen, denn es hat etwas mit unserem Sprachzentrum im linken Gehirn und der echoartigen Rückwirkung zu tun (deswegen erklingt es auch als Resonanz im rechten Teil. Es hat aber auch etwas mit einer signifikanten Orientierung zu tun, die sich auch im Sprachgebrauch durch die Verwandtschaft von ‚recht', ‚rechts', ‚richtig' ausdrückt. Oben rechts ist richtig).

Das Phänomen der *Pass-Worte* ist sowohl gegenüber der herkömmlichen Psychoanalyse wie auch gegenüber allen anderen Verschränkungstheorien ein Fortschritt. Denn sie sind die Worte von **A**, von jenem *Anderen*, der/das durch die erste Übung zur kathartischen, also gereinigten Höhe gebracht worden ist, von der aus er/es zu verstehen und zu begreifen ist. Damit verweise ich nochmals darauf, dass die *Pass-Worte* nichts mit den völlig abgehackten Phrasen des Paranoikers oder Psychotikers zu tun haben, wie ich bei dem Bericht des Senatspräsidenten D. Schreber zu finden waren und die meist eine geradezu höhnischen, sadistischen Charakter haben. Ein einziges *Pass-Wort* kann für den Betreffenden viel bedeuten und seinem Leben eine andere Richtung geben und vielleicht auch einmal eine andere Politik anstoßen. Ich verweise hier auf den Soziologen T. Lipowatz, der die Worte hinsichtlich Individuierung und Liebe zur Transzendenz ebenso als Anstoß für einen neue Lebens-Politik begreift.[145]

Schon in den siebziger Jahren des letzten Jahrhunderts haben Elektroniker und Ärzte sogenannte Phospheme (endogene Bildmuster) beschrieben, die sie durch Gehirnreizungen hervorgerufen haben (Abb. 11).[146] Diese Phospheme gleichen wiederum sehr

---

[145] Lipowatz, Z., Der Fortschritt der Geistigkeit und der Tod Gottes, Königshausen & Neumann (2005) und Lipowatz, A., Die Verleugnung des Politischen, Quadriga (1986)
[146] Eichmeier, J., Höfer, O., Endogene Bildmuster, U&S – Verlag (1974)

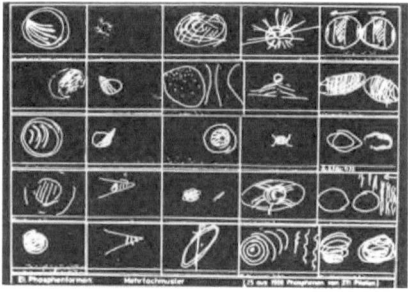

Abb. 11 Phospheme

topologischen Figuren, auch wenn sie einfache optische Muster sind, die offensichtlich in der Region zwischen Gehirn und Psyche hervor zu locken sind. Was ich damit sagen will ist lediglich, dass es nicht auf kunstvolle Topologie und auch nicht auf große Bildszenarien oder den perfekten *Strahltpunkt* ankommt. Vielmehr ist eine Katharsis in Form des mehrfach schon geschilderten ‚Durchrieselns' oft die beste Form. Alles was einfache optische Dynamik vermittelt, ob aus Kunst, Wissenschaft oder Mathematik vermittelt ganz gut das *Strahlt*, dieses Oszillieren des Blickens und Angeblickt Werdens, der körperbildliche Subjektpunkt als das ‚Durchrieseln' in der Meditation.

Ihm muss sich dann nur noch das *Spricht* der *Formel-* bzw. *Pass-Worte* dazu gesellen, um die optimalste Lösung für die Frage nach unserer Existenz oder nach dem, „was die Welt in Innersten zusammenhält" – wie es Goethe im ‚Faust' beschreibt – zu erreichen. So komplex und wichtig die ganz hohen geistigen Ebenen ausfallen, die Psychoanalyse ist genauso ausgereift und bedeutsam. Freud betonte zwar stets, dass er und sein Werk in den untersten Regionen angesiedelt sei, was nicht ganz stimmt, denn seine Devise: „Flectere si nequeo superos, archeronta movebo",[147] war umfassend, neu und nicht zimperlich. In einem Brief an Binswanger gibt er allerdings zu dass, „hätte ich noch ein Arbeitsleben vor mir, so getraute ich mich auch jenen Hochgeborenen [Religion, Kunst und andere] eine Wohnstatt in meinem niedrigen Häuschen anzuweisen."[148] Freud hat gespürt, dass noch etwas fehlt, und ich meine, ich kann dies gut mit der Methode der

---

[147] Wenn ich die da oben nicht beugen kann, werde ich an der Unterwelt rütteln.

[148] Binswanger, L., Ausgew. Werke, Bd. 3 (1994) S. 26

Analytischen Psychokatharsis ergänzen. In ihr ist **A** eben im Durchtunnelungsdurchgang der B(r)uchstaben (*Formel-Worte*) und der kathartischen Selbstsublimation so präzisiert und gereinigt, dass er ohne den Querstrich auskommt.

Und in dem andern Beispiel, das ich geben möchte, erwähne ich den Wissenschaftler G. Bachelard mit seinem Buch „Poetik des Raumes."[149] In diesem Buch schildert Bachelard glückliche Räume, gepriesene Räume, Schlupfwinkel, Traumorte, Kindheitswohnungen, Zufluchtsräume und hundert andere mehr, und das alles nur um dieses vielschichtige *Spricht* zum Leuchten, zum *Strahlt* des Raumes zu bringen, weil „alles, was leuchtet, sieht". Plötzlich befinden sich also in diesen mannigfaltigen Räumen Augen, menschliches Schauen, ja, der *Andere* selbst ist da: denn wer in den Räumen sich einzurichten weiß, ist nicht allein. Und so nennt Bachelard seine Betrachtungen zurecht eine „Topophilie". Man kommt doch immer wieder zu den gleichen Ergebnissen, und ein bisschen Teilnehmerperspektive ist natürlich auch überall dabei – aber eben nur ein bisschen. Für die volle Teilnahme an der Wissenschaft v o m Subjekt, an der der „Liebe unterstellten Wissenschaft", muss man sich schon selber in die praktische Erfahrung derselben begeben. In die Selbstanalyse und Selbstsublimierung. Hier gilt: eine Unze Praxis ist mehr wert als eine Tonne Theorien (aber es gilt natürlich auch: eine gute Theorie ist die halbe Praxis).

J. Lehrer stellt in seinem Buch „Prousts Madeleine" acht Fälle vor, in denen die Kunst mit der Wissenschaft (hier meist der Neurowissenschaft) vollkommen übereinstimmt, obwohl sie ganz unterschiedliche Zugänge haben. Noch dazu zeigen sie genau den Lacanschen und *String theoretischen* Ansatz einer anfänglichen grundlegenden Leere, also des „Dings".[150] So malte etwa Cézanne in seinem Nonfinito-Stil Bilder, die Bereiche auf der Leinwand

---

[149] Bachelard, G., Poetik des Raumes, Fischer Wissenschaft (1992)
[150] Lehrer, J., Prousts Madeleine, Hirnforschung für Kreative, Piper (2007)

leer ließen. Dies erzeugte einen besonderen Wahrnehmungseffekt, den Cézanne wohl unbewusst genutzt hat. „Das visuelle Erleben" – so Lehrer – „übersteigt die visuellen Wahrnehmungen". Das Unbewusste ergänzt aus Gründen einer seelischen Geschlossenheit Leerstellen im Bild zu einem ganzheitlichen Eindruck. Das heißt, das „Ding" ist eigentlich vorhanden, aber wir verdecken es mit unserer Art zu sehen, wir rechnen nicht mit ihm und haben so nur photographische Abbildungen vor uns und nicht die wahre Schau, die Cézanne uns vermitteln wollte.

Nicht anders verhält es sich mit den Erinnerungen bei M. Proust selbst in seinem Werk „Auf der Suche nach der verlorenen Zeit". Die üblichen Erinnerungen sind nicht echt, schreibt er. Freud nannte dies Deckerinnerungen, die die ursprüngliche wahre Erinnerung verdeckt und die durch die Analyse enthüllt werden muss. Wir erinnern also alles nur durch die leicht entstellende Brille einer „Nachträglichkeit" (so Freuds Ausdruck) oder einer Rekonsolidierung (so die neurowissenschaftliche Bezeichnung). Das tatsächliche „Ding", Prousts Madeleine, ist nicht mehr zu haben. So sehe und verwende ich das Ding" auch in der Katharsis nur dazu, um den analytischen Vorgang (*Formel-Wort / Pass-Wort*) zu stützen. Denn die geschilderten positiven Eindrücke durch die *Pass-Worte* verdanken sich auch der starken Entspannung, Befreiung beim Üben des Verfahrens. „Ding" und *Pass-Wort* stützen sich gegenseitig.

Auch der Philosoph Heidegger hat sich mit dem ‚Ding' beschäftigt, indem er es im Wesen des Krugs als etwas Besonderes herausgestellt hat. „Der Krug west als Ding," sagt er. „Wie aber west das Ding?" Es west indem der Krug Wasser von oben her aufnimmt und auf der Erde zum Ausgießen sammelt, was eine Art von Geschenk- und Opferhandlung ist. „Im Wasser des Geschenks weilt die Quelle. Im Wasser der Quelle weilt die Hochzeit von Himmel und Erde. . . . Das Geschenk des Gusses aber ist das Krughafte des Kruges und im Wesen des Kruges weilen Erde und Himmel . . ." Wie erwähnt bezieht sich auch Lacan auf die Kunst speziell hinsichtlich des Töpfers. „Der Töpfer erschafft, ganz so wie Sie, zu denen ich spreche, den Krug mit seinen Händen um diese Leere herum, erschafft ihn, ganz wie der mythische Schöpfer, es nihilo, vom Loch aus. . . Es gibt Identität zwischen der Ausformung des Signifikanten und der Einführung einer Kluft, eines Lochs im Realen," des „Dings". Und weiter. „Für alle Kunst ist eine bestimmte Weise der Organisation charakteristisch, die um jene Leere herum kreist".[151]

Um also der höherwertigen Topologie, - graphie, -philie, etc. einen guten Abschluss zu geben, schlage ich die Übungen mit dem ENS – CIS – NOM und ein paar weiteren *Formel-Worten* (siehe Anhang) vor und beschreibe dazu die zwei Möglichkeiten eines Ergebnisses. Die erste ist also die der *Katharsis*, der Entspannung, Befreiung, die zwar nicht lange anhält, aber doch so körperbezogen ist, dass sie wie körperlich, also körperhaft-authentisch erfahren werden kann. So etwas passiert in der klassischen Psychoanalyse nur selten, meist überhaupt nicht, weshalb psychosomatische Beschwerden durch die psychoanalytische Therapie kaum angegangen werden können. Das Symbolische bleibt in der Psychoanalyse einfach zu wenig real. Ein klein bisschen vom Realen sollte in den Signifikantenketten schon stecken, was A. Bitsch mit dem Begriff der „Korpsifizierung" herausgearbeitet hat (also etwas, das Körper, das Biss haben muss), und wozu sie das Reale der Medien heranzieht.[152] Zu viel Körper macht den Psychoanalytikern Angst, weil sie befürchten, dass die *Übertragung* dann zu sehr erotisiert, sexualisiert wird oder in negative *Übertragung* übergeht.

Die Übungen der *Analytischen Psychokatharsis* ordnen sich nicht nur nach ihren b(r)uchstabenartigen, bildlichen Elementen, sondern auch nach phonematisch-phonologischen Aspekten. So ließ sich bei vielen Probanden leicht bezeugen, dass beim Üben mit

---

[151] Lacan, J., Seminar VII, Quadriga (1996) S. 151 und 160 - 62
[152] Bitsch, A., Diskrete Gespenster, transcript (2011) S. 59, wo die Autorin vermerkt, dass eine Formel [bei mir: *Formel-Wort*)] immer „korpsifiziert" sein muss.

bestimmten *Formel-Worten*, die viele dunkle ‚r' und ‚a' oder ‚u'
– Laute enthielten, Veränderungen im Körper, meist in der Mit-
telbauchregion, verspüren konnte. Hellere wie das ‚i' machten
den Kopf freier. Damit ist psychosomatischen Gegebenheiten
Rechnung getragen, die sowohl den Bedeutungsschnittstellen wie
auch den akustischen Anklängen verstärkt gelten.[153] Schließlich
hat Lacan den Signifikanten auch ein „akustisches Bild" genannt,
also auf lautmalerische, phonematische und ähnliche Bezüge hingewiesen wie sie ja auch im gerade zitierten ‚Klangobjekt vorkommen.

Damit wäre ein Durchbruch zu erweiterten Heilungsmöglichkei-
ten geschaffen, wobei freilich der analytische Teil, der sich mit
der Wahrheitsfindung der *Pass-Worte* beschäftigt, nicht vergessen ist. Reine Psychoanalytiker wehren sich immer heftigst gegen
den Begriff der Heilung, weil sie ja in erster Linie Einsicht und
(meist bittere) Wahrheit fördern. Ich kann lediglich an den ‚kreativen Aspekt' des Unbewussten erinnern, den der Psychoanalytiker S. Leikert besonders hervorgehoben hat. Er legt den Schwerpunkt auf das „rhythmisch Kreative" und nicht so sehr auf das
„lexikalisch Sprachliche".[154] Die Musik, insbesondere der absolute ‚Klang' hat etwas Monadisches an sich, wie Leikert sagt. Man
kann diesen ‚Klang' nicht fixieren, nicht festhalten, und so dient
die Musik nicht dem Erkennen der Wahrheit, sondern ihrem
Vollzug und Genießen.[155] Doch der Vollzug (Katharsis) muss
von der Metapher (Pass-Wort) begleitet sein, um das Wesen des
‚Dings' zu erfüllen.

---

[153] Nach Berichten einiger Anwender der *Analytischen Psychokatharsis*
sollen speziell die *Formel-Worte* ORS-ACE-RAM und VER-OR-ATE, die in
der Broschüre „Die körperlich kranke Seele" veröffentlicht und erklärt
sind, eine derartige Wirkung haben.
[154] Leikert, S., Das kinästhetische Unbewusste, Sonderheft PSYCHE,
Sept./Okt. 2013
[155] Leikert, S., Die vergessene Kunst, Psychoanalyse der Musik, Psycho-
sozial Verlag (2005) S. 25 - 44

Erst jetzt kann ich auch entscheidend auf die Effektivität der ‚Metapher des Genießens' hinweisen. Denn ganz offensichtlich gehören so etwas wie das dunkle ‚r', ‚a' und ‚u' zu dieser Metapher. Nicht nur der Sinngehalt, der sich im *Formel-* und *Pass-Wort* versteckt ist möglicherweise entscheidend, sondern auch der phonematisch-phonologische Sprachanteil, der mit dafür sorgen könnte, dass es ein Genießen gibt, das sogar zur Heilung beiträgt. Ich könnte hier also einer optimistischen Einstellung frönen, die der pessimistischen Freuds, die der von mir zitierten Literaturwissenschaftlers E. Goebel konstatierte, gegenübersteht. Im Übrigen ist durch zahlreiche Versuche belegt, dass auch nur gedachte Worte, und Buchstabenkombinationen im Gehirn genauso repräsentiert sind, wie ausgesprochene. Ihre Wirkung in den Neuronen ist bewiesen und ist auch Teil jeder wissenschaftlichen Untersuchung von Meditationsformen.[156]

Das Genießen von JA ohne Querstrich bezieht sich hauptsächlich auf das Imaginär-Reale, in dem das Symbolische zu kurz kommt. Ich hatte dies bereits mit Freuds Hypnoseerfahrungen beschrieben, in denen zwar auch gesprochen wurde, aber das Sprechen geriet nicht ernsthaft genug, es blieb ein phonetischer Faden, der beim Erwachen aus der Hypnose weitgehend zerriss. Dieser phonetische Faden trug zum Genießen des Patienten bei, während der Hautanteil aus der Hingabe an den tranceartigen und luziden Zustand bestand, in dem sich der Patient ausbreiten konnte. Wenn ich empfehle die erste Übung der *Analytischen Psychokatharsis* zu machen, kommt es ebenfalls zu solcher Ausbreitung des Genießens, den puren „*Jouissance*'. Wie in der Hypnose bleibt sie nicht lange bestehen, wirkt aber doch so deutlich nach, dass das metonymische Verrutschen ins metaphorische Definitive – man könnte jetzt Habermas fortschreibend sagen – ins Bild-Sprach-Pragmatische der in dieser Weise noch nicht vergesellschafteten Subjekte – führt.

---

[156] Hummel, von, G., Analytische Psychokatharsis, BoD (2019)

Im Zusammenhang damit kann ich ein Problem erwähnen, das beim Ausüben der *Analytischen Psychokatharsis* zu beachten ist. Da die *Formel-Worte* ja gedanklich wiederholt werden, ist somit das Denken mit im Spiel. Es vertreibt das unwichtige andere Denken solange, bis das unbewusste Denken, das sich also nicht mehr verdrängen lässt, in Form der *Pass-Worte* zum Zug kommt. Damit kommt das Verdrängte zur Sprache und im Dialog mit dem eigenen Unbewussten kann so das zu bewältigende Problem einer unbewusst bedrängenden Wirklichkeit gelöst werden. Doch dieser Dialog erfordert ja wieder ein Denken, und wenn dies zu weit geht, verspielt man den durch die *Pass-Worte* vermittelten Fortschritt. Es ergeht einem dann umgekehrt wie Don Quichote, der die bedrängende Wirklichkeit in den Windmühlen sah, die er bekämpfen musste. Man bekämpft jetzt die bedrängende Wirklichkeit als sei sie Windmühlen gleich, d. h. als türme sie sich in Gedanken über Gedanken vor einem auf.

Die *Pass-Worte* könnten vom Einzelnen noch weiter in die Gesellschaft getragen werden, um die Methode der *Analytischen Psychokatharsis* bekannt zu machen. Ich habe in diesem Buch und auch in anderen Veröffentlichungen ja ebenfalls davon geschrieben, bzw. Beispiele gebracht und sie in eine allgemein gehaltene essayistische Betrachtung eingebunden. Das kann jeder andere auch tun, und ich glaube, dass dies mehr Effekt haben wird als die rein philosophische oder ebenso nüchterne klassisch psychoanalytische Erörterung. Man muss etwas Eigenes schreiben oder tun. Nur so lässt sich das Ziel erreichen, dass sich das Reale mit dem Imaginären und letztlich auch dem Symbolischen zusammenschließt. Denn das „Genießen des Realen ist auch das Reale des Genießens", konstatierte Lacan, vergesellschafteter Subjekte, könnte man hinzufügen. Denn alleine werde ich es nicht schaffen, das wichtige Werk der Persönlichkeitsreifung, der Erkenntnis nicht nur in der Theorie, sondern auch in der Praxis und der Wissenschaft v o m Subjekt weiter zu bringen.

Anhang: Kurze Einführung in die Praxis der *Analytischen Psychokatharsis*

Erste Übung.

Das Verfahren der *Analytischen Psychokatharsis* ist von seiner praktischen Seite her – wie schon zum Teil beschrieben – sehr einfach. Trotzdem noch eine kurze Zusammenfassung und weitere *Formel-Worte*. Man sitzt in bequemer Haltung und wiederholt rein gedanklich langsam hintereinander zwei, drei oder bis zu fünf *Formel-Worte*,[157] während man gleichzeitig darauf achtet, ob etwas vor einem auftaucht, das den Charakter eines ‚Es *Strahlt*‘ hat. Bei dem „*Strahlt*“ kann es sich um eine Erhellung, Körperbildwahrnehmung, ein Schimmern, einen ‚Lichtpunkt‘ oder eine grundlegende Luzidität handeln, dem eben solch ein Phänomen zukommt. Das *Strahlt* ist also nicht etwas, das man selbst imaginieren, erzeugen oder gar erzwingen muss. Man muss nur darauf achten, es zu erfahren.

Bei dem *Strahlt* kann es sich also um eine Erhellung, eine Körperbildwahrnehmung, ein Schimmern, einen ‚Lichtpunkt‘ oder irgendetwas handeln, dem eben solch ein Phänomen zukommt. Lacan spricht diesbezüglich von einer „Phosphoreszenz“, einem ursprünglichsten Gefühl des von Helligkeit Durchströmtseins. Dabei bezieht sich Lacan ganz klar auf etwas Gegebenes, etwas, was dem sogenannten Primärprozess des Schau- bzw. Wahrnehmungs-Triebs zugehörig ist. Das *Strahlt* ist also nicht etwas, das man selbst imaginieren, erzeugen oder gar erzwingen muss. Es ist in jedem Menschen als Primärform eines Kräftegeschehens vorhanden und muss so nur geweckt oder erwartet werden.

Genauso kann das Es *Strahlt* aber auch das im Text erwähnte Durchschauern, ‚Durchrieseln‘ zu spüren sein oder die Empfin-

---

[157] Weitere *Formel-Worte* sind in anderen Veröffentlichungen oder auch auf der hinten angegebenen Webseite zu finden. Vorerst genügen die hier erwähnten. Mehr als fünf sollte man nicht benötigen.

dung auftauchen, wie sich das eigene Körperbild verschiebt, sich weitet oder es einfach nur als Schimmern vor den geschlossenen Augen festzustellen ist.[158] Selbst ein dunkler Schimmer ist schon eine Wahrnehmung, die sich von der Dunkelheit im Kopf ganz gering abheben kann. Egal was auch immer ,gesehen' oder erfahren wird, es wird den Charakter von einem auch nur ganz geringem ,Es *Strahlt*' haben, und das genügt.

Dadurch tritt eine Entspannung ein, eine Katharsis (Reinigung), ein Befreiungserleben, das besonders dadurch gesteigert werden kann, wenn gleichzeitig die besagten *Formel-Worte* rein mental geübt werden. Es genügt dabei die Luzidität, die Katharsis, das ,Durchrieseln' zu erfahren, mit der man dann zur zweiten Übung wechselt, in der jedes zu sehr bild-wirkend Strahlendes ohnehin wieder verschwindet um dem *Spricht* Raum zu geben. Die Katharsis wird nicht nur als Folge des Erlebnisses von Furcht und Mitleid in der antiken griechischen Tragödie beschrieben, sondern auch in den vielen mythisch, magisch, mystischen Praktiken, die ich erörtert habe, als erlösend, kenntnissteigernd und therapeutisch. Wie erwähnt kommt das ,Durchrieseln' dadurch zustande, dass die verschiedenen von F. Dolto beschriebenen Körperbilder zum einheitlichen Körperbild verschmelzen.

Ich habe es oft so erlebt, als stünde man ganz, ganz leicht unter Strom wie bei einer Chill-Out- Erfahrung, die etwas mit der Lacanschen ,Jouissance' zu tun hat, von der er schreibt, sie komme auch in jeder Form des Lebens vor. Man darf sich davon jedoch nicht dazu verleiten lassen, man sei so mit allem identisch und könne von dieser Identität aus auch wirken. Der entscheidende Schritt ist der von der Luzidität, der Katharsis zur zweiten Übung, weil diese Praxis die Theorie als real verbunden darstellt

---

[158] Damit sind Erfahrungen gemeint, die etwas mit atavistischen Gefühlsreaktionen zu tun hat. Die Frühmenschen haben noch viel mit ihrer unbedeckten Haut gefühlt, ertastet und umweltbezogen kommuniziert. In der *Analytischen Psychokatharsis* wird diese Erfahrung jedoch als Bestätigung einer Erkenntnis genutzt z. B. bei den *Pass-Worten*.

und auch damit das Entscheidende vermittelt, nämlich eine Zusammenführung des *Strahlt / Spricht*..

Nach dem im Haupttest schon erwähnten R-A-D-I-C-I-T kann nun auch das *Formel-Wort* O-R-S-A-C-E-R-A-M hinzugenommen werden, denn sollte jemand wirklich Interesse haben, die analytisch-psychokathar-tische Methode zu erlernen, sind wenigstens drei dieser Formulierungen notwendig. Zwei oder gar nur eines würden einen zu schnell ermüden. In dem – einmal anders geschriebenen *Formel-Wort* C-E-R-A-M-O-R-S-A (Abbildung vorige Seite) stecken je nach Ausgangsbuchstaben folgende Bedeutungen: C eram orsa (hundertfach war ich Beginnen, cera morsa (das zerstückelte Wachs), mors acer (der Tod ist bitter), amor sacer (die Liebe ist heilig) usw.

Wie betont, kann man diese Bedeutungen gleich wieder vergessen. Sie sind Überdeterminiert und zu disparat,  also auf keinen Nenner zu bringen, und das ist wichtig, weil es nichts suggeriert. Denn übt man sie in dem einheitlichen Schriftzug, wird man niemals den bitteren Tod mit dem zerstückelten Wachs und dem hundertfachen Beginnen in einem Sinngehalt zusammenbringen. Wichtig ist nur zu verstehen, wie die *Formel-Worte* aufgebaut sind, so dass man wissenschaftlich-intellektuell das Verfahren jeder Zeit hinterfragen kann. Kommen irgendwelche Gefühle oder Ideen hoch, die unpassend sind oder Angst machen, kann man nachdenken oder sich weiter über das Verfahren belesen. Blinder Glaube ist nicht gefragt.

Bei der zweiten Übung wird nunmehr auf genau das *Spricht*, den Laut, das Echo des Körpers, also auf ein von oben / rechts im Kopf herkommendes Verlauten, auf einen Ton, Laut, aus dem tiefen Inneren geachtet.[159] Es sind schließlich Buchstaben, die aus

[159] Der Ton, der wie von Lacan zitiert, den Primat des Sprechens beweist, ist seiner Auffassung nach auch wie ein Echo aus den im Körper (im Gehirn, im Unbewussten) gespeicherten Lauten zu verstehen.

diesem ‚typographischen' Raum herausklingen und die das Unbewusste dort gespeichert hält. Genau in diesen sich weitenden
oder krümmenden Raum sind die *Formel-Worte* eingedrungen
und haben die Buchstaben in ihrer B(r)uchstabenhaf-tigkeit geweckt und evoziert.[160] Auch hier wieder gilt das Gleiche: es handelt sich um einen ganz originären Aspekt des Entäußerungs-
bzw. Sprechtriebes, der in jedem Menschen als Primärprozess
vorhanden ist und im Unbewussten sogar die Form ganz knapper,
kompakter „innerer Sätze", „ultrareduzierter Phrasen" annimmt
(alles Begriffe Lacans für diese lautliche Erfahrung).

Auch hier können anfänglich nur ein feiner Laut, ein ferner Ton
oder Ähnliches wahrgenommen werden können, der Übende wird
jedoch von Anfang an bemerken, dass es sich hier um eine Konzentration auf ein mehr oben-rechts oder oben-zentral im Kopf
befindliches Hör-Sprechsystem handelt, zu dem die Echos des
Körpers Beziehung haben, auf die hier zurückgegriffen wird.
Auch wenn das eigentliche Hör-Sprechsystem im Kopf linksseitig
angelegt ist, ist eben rechtsseitig das mehr rudimentäre, musikalische und der Regression besser zugängliche Hör-Sprechsystem
vorhanden, und seine Echostruktur deutlich zu sehen. Dazu passen dann eher die kurzen Phrasen der *Pass-Worte*, während bei
den längeren das linksseitige System (psychoanalytisch: das Vor-
bewusste, das für die Enthüllung der Identität nicht so wichtig ist)
eine Rolle spielt.

Ich habe im Text einige *Pass-Worte* als Beispiele zitiert, so dass
ich das hier nicht noch einmal wiederholen muss. Das mit modernen Methoden – wie etwa mit dem Ariadnefaden des R-A-D-I-C-
I-T gewecktes Unbewusste filtert darin besonders die Verdrängungen heraus, die nach einer Aussage streben. Zudem gehört viel-

---

[160] Oudee Dünkelsbühler, U., Zeugnis und Schrift: B(r)uch-staben an
der Couch, Les Etats Généraux de la Psychanalyse (2001), worin der Autor die elementarsten Schnitt- und Bruchstellen im psychoanalytischen
Prozess meint, wie sie sich im Traum, bei Versprechern und eben umgekehrt und konstruktiv beim Üben der *Formel-Worte* einstellen.

leicht ein wenig psychoanalytisches Wissen dazu, um solch ein Identitäts- bzw. *Pass-Wort* in den druckreifen Text zu übersetzen, was bei dem im Haupttext berichteten Spruch mit dem „Nichts gesagt" allerdings nicht allzu schwer war, denn es ging wohl um das Widerstrebende im Probanden selbst. Auch wenn jemand, wie Freud hinsichtlich einer Deutung zur konfliktbezogenen Mutter-Imago berichtete, mit empörter, affektgeladener und lauter Stimme betont: „Nein, die Mutter ist es keinesfalls"! handelt es sich höchstwahrscheinlich exakt um die Mutter. Eine zu heftige Abwehr ist in der Umkehrung die Bestätigung.

Und so ist das ablehnende „Nichts gesagt" also nichts Aberwitziges. So verblüffend eine solche gedankliche Äußerung aus dem Unbewussten auch war, sie war doch für den Probanden beeindruckend und auch zutreffend. Nichts ist so wirksam wie das aus dem eigenen Inneren kommende *Pass-* oder Identitäts-*Wort*, das er sich – über einen unbewussten Umweg – ja selber gegeben hatte. Übertragung und Auflösung der Übertragung stehen hier ganz eng beieinander oder passieren im fast gleichen Moment, so dass es nicht unbedingt einen Therapeuten braucht, der oft seinen eigenen Widerstand in die Deutung mit einbringt. Manche Passworte sind schwer zu deuten, man kann sie fallen lassen du auf andere warten.

In der ersten Übung existiert nur ein Schein, ein Es *Strahlt*, ein ,Durchrieseln' im Körperbild (vielleicht nicht ein Erschauern wie Moses es wohl bei der Erscheinung beim brennenden Dornbusch erlebt hat, sondern ein ,Durchschauern' im Körperbild, in dessen zusammengeschlossener Mehrschichtigkeit). Ich habe es anderswo als Ausdruck des weiblichen Über-Ichs und ,Vision' beschrieben. Das verneinend Paradoxe – sage ich jetzt nachträglich – hat meinen Probanden mit dem „Nichts gesagt" zu dieser Erkenntnis und Einsicht geholfen, daran hätte er als Vertreter der alltäglichen Meinung, dass die Psychoanalyse oder die *Analytische Psychokatharsis* ziemlicher Humbug ist, nicht gedacht.

In diesem Ausdruck, im *Pass-Wort*, besteht das Wesentliche des analytischen Teils des Verfahrens, auch wenn man das *Pass-Wort* manchmal also zusätzlich deuten muss. Die erste Übung bezieht sich dagegen mehr auf das Meditative, ‚Ikonische'. Einige Anwender der *Analytischen Psychokatharsis* begnügen sich mit diesem ersten Teil der Methode. Sie wollen die Katharsis in einer gesicherten und wissenschaftlich begründeten Weise erfahren, mehr nicht. Jeder kann es handhaben, wie er will. Um neurotische Konflikte zu beseitigen, muss man allerdings auch die zweite Übung dazu nehmen, die auf der ersten aufbaut, aber eben im Ton- und Gedankenhören besteht.

Wenn man sich über Psychoanalyse etwas beliest und auch sonst Kontakt zu literarischer und wissenschaftlicher und sonstiger Kultur hält, und auch den vorliegenden Text gelesen hat, einen Versuch mit den Übungen gemacht hat, kurz: ein bisschen Bildungsbürger ist, wird man die oft sofort einsehbaren *Pass-Worte* richtig deuten. So schreibt Freud, dass man sogar manche Träume, die ja nun viel entstellter sind als die *Pass-Worte*, und die in solch einem Fall auch unmittelbar vom Symbolisch-Realen herkommen, direkt vom „Blatt weg ablesen" könnte. Man braucht nicht mehr den Träumer nach Einfällen dazu zu befragen und umständliche Interpretationen anzubringen und so, unmittelbar, wirken auch die *Pass-Worte*.

Und noch ein letzter Hinweis, nach dem oft gefragt wird. Bemerkt man bei der Anwendung der *Analytischen Psychokatharsis*, dass der *Strahlt*-Anteil beim Üben zu stark ausfällt, wechselt man zur *Spricht*-Übung und umgekehrt. Ansonsten sind beide Übungen jeweils nur für etwa zwanzig Minuten durchzuführen. Der Wechsel von praktischer Erfahrung und theoretischem Denken ist wichtig, weil am Ende etwas Gemeinsames herauskommen wird: eine gedankliche Selbsterfahrung, eine praktische Logik, eine kathartische Analyse. Letztendlich finden beide Übungen zu einem inneren ‚Auftrag', einer Gewissheit von dem, was die Identitäts-Formel des Subjekts bedeutet, zusammen und so auch zur Möglichkeit am Verfahren auch weiter entwickelnd mitwirken zu können.

Andererseits habe ich bereits beschrieben, dass man manchmal nicht nur in Gedanken vom meditativen Vorgang abweicht. Manchmal weicht man sogar zwischen den einzelnen *Formel-Worten* zu Bildern, Erinnerungen, zu einem Gemisch von beiden und zu *Pass-Worten* ab, und kehrt doch wieder zum *Formel-Wort*-Reverberieren zurück. Der Fortgeschrittene wird dies durchaus als bereichernd erfahren, denn er lässt sich nicht in eine einseitige *Strahlt-* oder *Spricht*-Richtung verführen, sondern bleibt beim Fortschreiten in der engen Kombination der beiden Grundtriebe, Grundprinzipien, des Spiegel- und Echodiskurses, des Bild-Wort-Wirkenden.

LITERATURVERZEICHNIS

Barkhaus, A., Mayer, M., Identität, Leiblichkeit, Normativität, Suhrkamp (1996)

Bauriedl, T., Beziehungsanalyse, Suhrkamp (1993)

Benthien, C., Wulf, Ch., Körperteile, Rowohlt (2001)

Bezzel, C., Wittgenstein, Junius (1996)

Breuer, R., Immer Ärger mit dem Urknall, Rowohlt (1993)

Brockman, J., Vogel, S., Wie funktioniert die Welt?, Fischer Taschenbuch (2013)

Byung-Chul Han, Die Austreibung des Anderen, Fischer Wissenschaft (201)

Byung-Chul Han, Die Errettung des Schönen, Fischer Wissenschaft (201)

Camus, A., Der Mythos des Sisyphos, Rowohlt (2018)

Carnap, R., Einführung in die Philosophie der Naturwissenschaft (1969)

Damasio, A. R., Descartes` Irrtum, Dtv (1997)

Dennet, D. C., Von den Bakterien zu Bacvh – und zurück, Suhrkamp (2018)

Davies, P., Gott und die moderne Physik, Bert. M. (1986)

Eccles, J. C., Gehirn und Seele, Piper (1987)

Eichmeier, J., Höfer, O., Endogene Bildmuster, U&S – Verlag (1974)

Fischer-Lichte, E., Performativität: Eine Einführung, transcript (2012)

Freud, S., Studienausgabe, Fischer (1989)

Goel, B. S. Meditation und Psychoanalyse, Ariston (1989)

Görz, G., Einführung in die Künstliche Intelligenz, Addison-Wesley (1996)

Harari, Y. N., Homo Deus, C. H. Beck (2017)

Heidegger, M., Unterwegs zur Sprache, G. Neske (1959)

Hilbrecht, H., Meditation und Gehirn, Schattauer (2010)

Hofstadter, D., Die Analogie, Klett-Cotta (2014)

Horgan, J., An den Grenzen des Wissens, Luchterhand (1997)

Jacobs, A., Schrott, R., Gehirn und Gedicht, Hanser (2011

Jakobson, R., Semiotik, Suhrkamp (1988)

Jakobson, R., On Language, Harvard University Press (1995)

Jung. C.G., Gesammelte Werke, Walter (1983)

Kant, I., Kritik der reinen Vernunft, Reclam (1966)

Kluge, F., Etymologisches Wörterbuch, W. de Gruyter (1989)

Lacan, J., Schriften I - III, Walter, (1975)

Lacan, J., Seminare I,I, VII, XI, XX, Quadriga (1980-1995)

Lacan, J., Seminaire Nr. III, Iv, VIII, XVII, Edition Seuil (1981-1994)

Lacan, J., Die Bildungen des Unbewussten, Turia & Kant (2006)

Lacan, J., Mitschriften der Seminare,VI,IX,X,XII,XV, B.R.L.F., Strasbourg

Laplanche, J., Pontalis, J. B., Das Vokabular Der Psychoanalyse, Suhrkamp (1989)

Linke, D., Kunst und Gehirn, Rowohlt (2001)

Maar, C., Pöppel, E., Christaller, T., Die Technik auf dem Weg zur Seele, Rowohlt (1996)

Merleau-Ponty, M., Das Sichtbare und das Unsichtbare, Fink Verlag (1994)

Pinker, S., Der Sprachinstinkt, Kindler (1996)

Plato, Sämtliche Werke, Insel Verlag (1991)

Popper, K. R., Eccles, J. C., Das Ich und sein Gehirn, Piper (1989)

Potthoff, P., Die Begegnung der Subjekte, Psychosozial-Verlag (2014)

Roazen, D., Der innere Sinn, Archäologie eines Gefühls, Fischer (2012)

Roheim, G., Die Panik der Götter, Kindler (1975)

Rosset, C., Das Reale in seiner Einzigartigkeit, Merve (2000)

Rüdinger, D., Perrez, M., Anthropologische Aspekte der Psychologie, O. Müller (1979)

Rudgley, R., Abenteuer Steinzeit, Kremaye & Scheriau (2001)

Schmidt-Hellerau, C., Lebenstrieb & Todestrieb, Libido & Lethe, Verlag Intern. Psychoanalyse (1995)

Searle, J. R., Geist, Hirn und Wissenschaft, Suhrkamp (1992)

Seidler, G. H., Der Blick des Anderen, Verlag Intern, Psychoanalyse (1995)

Sinz, R., Gehirn und Gedächtnis, Fischer Utb (1981)

Strowik, E., Sprechende Körper, Fink-Verlag (2009)

Thompson, R. F., Das Gehirn, Spectrum (1994)

Thorne, K. S., Gekrümmter Raum und Verbogene Zeit, Knaur (1996)

Tipler, F. J., Über die Omegapunkttheorie, Piper (1994)

Uexküll, Th., Fuchs, M., Subjektive Anatomie, Schattauer (1994)

Weiss, Der Andere in der Übertragung, Frommann-Holzboog, (1988)

Weizsäcker, C. F. von, Die Einheit der Natur, Dtv (1995)

Weinberg, S., Der Traum von der Einheit des Universums, Bertelsmann (1993)

Weizenbaum, J., Die Macht der Computer, Stw (1977)

Wiener, O., Probleme der Künstlichen Intelligenz, Merve (1990)

Wilhelm, R., Informatik, C.H.Beck (1996)

Wilson, E. O., Der Wert der Vielfalt, Piper (199

Wolf, F. A., Die Physik der Träume, Byblos (1996)

Wygotski, L.S., Denken und 'Sprechen', Fischer (1981)

Weitere Hinweise unter www.analytic-psychocatharsis.com

Weitere Bücher des Autors im MCS-Verlag

Analytische Psychokatharsis

Psychoanalytische Theorie und kathartische Meditation können nicht einfach ineinander überführt werden. Setzt man beide Verfahren aber durch ein entscheidendes Element (einen „liguistischen Kristall") in Beziehung, lässt sich ein eigenes neues Verfahren begründen. Die Psychoanalyse und die meditativen Methoden werden diskutiert, und die Praxis des eigenen Verfahrens wird ausführlich beschrieben.

‚teetrunken'   Ausgangspunkt des Buches stellt die Lehre des Psychoanalytikers O. Graf Wittgenstein dar, der davon ausging, dass der Mensch in sich drei Teile birgt, die er nur verschiedentlich zu einer Einheit bzw. einheitlichen Persönlichkeit verbinden kann. Die letztliche und ideale Einheit nennt er den 'Trialog'. Anhand der Schilderung mehrerer Bergbesteigungen durchstreift der Autor alle möglichen kulturellen und psychologischen Fragestellungen, um im Endeffekt dahin zu kommen, den 'Trialog' durch das Wandern, Meditieren und intellektuelle Verarbeiten zu erreichen.

SIGNIFIKANT Gott?

Schon die unterschiedliche Groß-Kleinschreibung provoziert, dass der SIGNIFIKANT (Bezeichner, Bedeutender), ein Begriff aus der Linguistik, wichtiger sein könnte, als die altehrwürdige Vokabel Gott. Der Autor zeigt, das Jesus ein Vorläufer der modernen Psychotherapie war und somit sein Vorgehen auch für die heutige Psychoanalyse genutzt werden kann. Dies wird vor allem an den Gesprächen, die Jesus mit den Frauen führt, deutlich gezeigt.

Yoga und Psychoanalyse

Anhand der umfassenden Yogalehren Kirpal Singhs versucht der Autor einen Vergleich zwischen diesem yogisch - meditativen System und der Praxis der Psychoanalyse zu ziehen. Die unterschiedlichen Systeme lassen sich nicht einfach vermischen. Das Ergebnis besteht daher in einem darüber hinausgehenden, eigenen psychotherapeutischen Verfahren, das Ost und West, Theorie und Praxis gleichermaßen gerecht wird.